Kinder- und Jugendpsychiatrie –
Eine Bestandsaufnahme

Herausgegeben von
R. Lempp
A. Veltin
AKTION PSYCHISCH KRANKE

Tagungsberichte
Bd. 12

Kinder- und Jugendpsychiatrie – Eine Bestandsaufnahme

Tagungsbericht

Herausgegeben von R. Lempp
A. Veltin
AKTION PSYCHISCH KRANKE

Tagungsberichte
Band 12

1985
Rheinland-Verlag GmbH · Köln
in Kommission bei
Dr. Rudolf Habelt GmbH · Bonn

Gefördert durch das
Bundesministerium für Jugend, Familie und Gesundheit

Anschrift Abtei Brauweiler, 5024 Pulheim 2
Herstellung: Publikationsstelle des Landschaftsverbandes Rheinland
Umschlagherstellung: Renate Triltsch · Köln
Druck: Otto Ritterbach GmbH · Frechen
ISBN 3-7927-0881-7

Inhalt

Vorwort

Seit Mitte der 70er Jahre der Enquête-Bericht über die Lage der Psychiatrie in der Bundesrepublik dem Bundestag vorgelegt wurde, ist eine verstärkte öffentliche Diskussion um die Reform der Versorgung psychisch Kranker und Behinderter in Gang gekommen. Der Kinder- und Jugendpsychiatrie als einem eigenständigen Teilgebiet innerhalb der gesamten Psychiatrie wurde jedoch in dieser Diskussion neben den brennenden Fragen der Erwachsenenpsychiatrie nur in vergleichsweise geringem Umfang Beachtung geschenkt. Dieser Umstand mag auch dadurch zu erklären sein, daß es in diesem Bereich, wie die Verfasser der Psychiatrie-Enquête formulierten, bei den Reformbestrebungen „nicht um die Umgestaltung eines bestehenden Versorgungssystems, sondern um den erstmaligen Aufbau einer zusammenhängenden Versorgung" ging – hatte doch die Kinder- und Jugendpsychiatrie erst 1968 den Status eines eigenen ärztlichen Fachgebietes erlangt.

Aus diesem Grunde hat sich die AKTION PSYCHISCH KRANKE entschlossen, die Lage der Kinder- und Jugendpsychiatrie in der Bundesrepublik auf einer Informationstagung darzustellen. Die Ergebnisse dieser Tagung, deren Referate und Diskussionen einen breitgefächerten Überblick über den Stand der Entwicklungen in diesem Fachgebiet gestatten, sind in dem vorliegenden Tagungsbericht veröffentlicht.

Der Aufbau des Tagungsberichtes macht deutlich, wie facettenreich das gesamte Spektrum der Kinder- und Jugendpsychiatrie ist. Dies gilt nicht nur hinsichtlich der verschiedenen Personen- und Berufsgruppen sowie der Institutionen, die an der kinder- und jugendpsychiatrischen Versorgung mitwirken, sondern ebenso auch mit Blick auf die internationale „Landschaft" und auf die Detailfragen der Praxis der kinder- und jugendpsychiatrischen Arbeit und ihrer Randgebiete.

Wir hoffen, daß dieser Band dazu beitragen wird, die Kinder- und Jugendpsychiatrie in ihrer ganzen Komplexität verstärkt ins Bewußtsein der Öffentlichkeit zu rücken und die Dringlichkeit der hier anstehenden Probleme deutlich zu machen. So könnte er über den engeren Kreis der Fachleute hinaus auch alle diejenigen ansprechen, die aufgrund ihres Berufes oder als Eltern in die Lage geraten können, unmittelbar mit dem Problem seelischer Störungen und Erkrankungen von Kindern und Jugendlichen konfrontiert zu werden. Wir wünschen diesem Tagungsbericht, daß er der Diskussion um dieses Fachgebiet einen weiteren Anstoß geben wird, damit der Ausbau der kinder- und jugendpsychiatrischen Versorgung weiterhin mit Phantasie und Kreativität vorangetrieben werden kann.

Tübingen/Bonn, im Dezember 1985 Die Herausgeber

Eröffnung

C. Kulenkampff

Es ist eine der Aufgaben der AKTION PSYCHISCH KRANKE, dafür zu sorgen, daß die Empfehlungen des Enquête-Berichts der Sachverständigenkommission der Entwicklung angepaßt und von Zeit zu Zeit fortgeschrieben werden. Das ist auf vielen Gebieten der Versorgung psychisch Kranker und Behinderter in der Vergangenheit geschehen. Heute steht das Thema „Kinder- und Jugendpsychiatrie" an - und es ist die erste Tagung, welche die AKTION für dieses Fach nach dem Abschluß des Enquête-Berichtes veranstaltet.

Blickt man auf das nun schon vor recht langer Zeit verfaßte Kapitel „Versorgung psychisch auffälliger, gestörter und behinderter Kinder und Jugendlicher" in der Enquête zurück, so macht es einen gelungenen und in sich geschlossenen Eindruck. Die Kinder- und Jugendpsychiatrie war damals jünger als heute, und mit Recht stellten die Verfasser fest, daß es sich nicht so sehr darum handele, Veränderungen der bestehenden Verhältnisse in den Empfehlungen zum Ausdruck zu bringen, sondern eigentlich überhaupt erst ein kinder- und jugendpsychiatrisches Versorgungskonzept ins Auge zu fassen. Es wäre zu prüfen, ob dieses in die Zukunft weisende Konzept auch noch in unseren Tagen und als Horizont für weitere Entwicklungen Bestand hat.

Zweifellos haben sich erhebliche Einflußfaktoren aus dem Lager der Pädiatrie, insonderheit der Kinderneurologie und Sozialpädiatrie ergeben. Auf dem Hintergrund des Textes im Enquête-Bericht ist gar nicht zu leugnen, daß z.B. das seit Jahren im Gustav-Heinemann-Haus tätige kinderneurologische Zentrum in einer Weise Versorgung erbringt, wie das sonst für bestimmte Sektoren von der Kinder- und Jugendpsychiatrie in Anspruch genommen wurde. Nachgerade ist es ein Skandal, daß sich in der gesamten Bundesrepublik erst 28 Kinder- und Jugendpsychiater niederlassen konnten und es nicht an jeder medizinischen Hochschule einen kinder- und jugendpsychiatrischen Lehrstuhl gibt.

Die so wichtige Weiterbildung der heranwachsenden Ärzte scheint aus diesen und anderen Gründen nicht gesichert. Wenn die Deutsche Gesellschaft für Kinder- und Jugendpsychiatrie heute 1000 Fachärzte bundesweit für erforderlich hält – der Enquête-Bericht war noch von einem Bedarf von 3000 ausgegangen –, so sind dies Zielvorstellungen, von deren Erfüllung wir offensichtlich noch weit entfernt sind.

Diese und andere Probleme im Rahmen einer Bestandsaufnahme aufzugreifen und zu reflektieren, erscheint mir notwendig. Ich hoffe, daß es dieser Tagung gelingen möge, hierzu einen weiterführenden Beitrag zu leisten.

I. Der Stand der Kinder- und Jugendpsychiatrie

Kinder- und Jugendpsychiatrie – Gegenwart und Entwicklung

R. Lempp

Die gegenwärtige Situation der Kinder- und Jugendpsychiatrie in der Bundesrepublik ist nur verständlich vor dem Hintergrund ihrer geschichtlichen Entwicklung. Es ist daher notwendig, zunächst diese geschichtliche Entwicklung nachzuzeichnen. Diese stellt sich nämlich in der Retrospektive zum Teil recht eigenartig dar, sie erklärt nicht nur die gegenwärtige Stellung der Kinder- und Jugendpsychiatrie und ihre Probleme, sondern zeigt auch, wie ich hoffe deutlich machen zu können, Wege zur weiteren Entwicklung, und zwar nicht nur für die Kinder- und Jugendpsychiatrie, sondern für die Psychiatrie überhaupt.

Etwas verkürzt und vereinfacht kann man sagen, daß das Kind vor etwa 100 Jahren, am Ende des letzten Jahrhunderts auch von der Wissenschaft entdeckt wurde. Von der Gesellschaft war das Kind, genauer gesagt, die bürgerliche Familie, welche dem Kind einen eigenen, ihm angepaßten Lebensraum zuerkannte und anbot, schon im 18. Jahrhundert „entdeckt" worden (ARIÈS, ROSENBAUM). Die Wissenschaft dagegen, d.h. die medizinische Wissenschaft sah im Kind zunächst lange Zeit nur den kleinen Menschen und den unfertigen Menschen, bei dem selbstverständlich dieselben medizinischen und naturwissenschaftlichen Gesetze und Zusammenhänge galten, die die Wissenschaft um diese Zeit am erwachsenen Menschen in aufsehenerregender Weise zu entdekken begann. Wir wissen heute, daß das Kind auch medizinisch-naturwissenschaftlich einen eigenen Organismus darstellt, der in seinen Strukturen und Funktionen von denen eines Erwachsenen durchaus abweichend ist und dessen Funktionen ganz auf die spezielle Situation und die Bedürfnisse des Kindes abgestimmt sind. So bringt z.B. das Neugeborene Fähigkeiten als angeborene motorische Abläufe mit, die es später in dieser Form wieder völlig verlieren kann, wie z.B. die spezielle Form des Saugens beim Neugeborenen (PRECHTL). All dies war zu Anfang dieses Jahrhunderts noch nicht bekannt, und es war ein langer Weg, bis diese Erkenntnisse gewonnen wurden, ein Weg, der bis heute noch nicht abgeschlossen ist. Es ist noch gar nicht so lange her, als man auch wissenschaftlich die Meinung vertrat, das Neugeborene sei noch nicht schmerzempfindlich. Wohl lernte man zu Beginn dieses Jahrhunderts Schritt um Schritt die eigenen Bedürfnisse des Kindes auch in der Medizin zu berücksichtigen, beispielsweise in der Ernährung. Diese Entwicklung der wissenschaftlichen Erkenntnisse vom Kind bildete gewissermaßen die Fortsetzung und Spezialisierung der sozialen Entwicklung der Familie und des Kindes, wie sie im 19. Jahrhundert in besonders eindrucksvoller Weise stattfand und ausgehend von der bürgerlichen Schicht Vorbild für alle übrigen sozialen Schichten wurden.

Die Wissenschaft der Kinder- und Jugendpsychiatrie bezieht ihre Erkenntnisse und Erfahrungen aus zwei unterschiedlichen Quellen, zum einen aus dem medizinischen Wissenschaftsgebiet der Psychiatrie und dem der Pädiatrie, der Kinderheilkunde. Beide Disziplinen waren Ende des letzten Jahrhunderts Spezialgebiete der medizinischen Wissenschaft, wobei sich die Kinderheilkunde gewissermaßen als Spezialgebiet aus der eigentlichen Medizin – das, was wir heute innere Medizin nennen würden – herausgelöst hat, wogegen die Psychiatrie ja eigentlich erst in der Mitte und zweiten Hälfte des 19. Jahrhunderts zur Medizin gestoßen ist. Die Medizin aber verstand sich seit dieser Zeit als eine Naturwissenschaft und auch die Psychiatrie folgte diesem Zug und war stolz darauf, auch ein Teil der Medizin und damit der Naurwissenschaften zu sein. Der bekannte Psychiater Wilhelm GRIESINGER war hier wegweisend, löste die Psychiatrie aus dem Moralismus der vorangegangenen Epoche und erkannte die Bedeutung des Nervensystems, also des Gehirns für die psychischen Störungen und Krankheiten. Der Begriff der „Nerven- und Geisteskrankheiten" und die Verbindung von „Psychiatrie und Nervenheilkunde", wie sie gerade für Deutschland charakteristisch war, ging im wesentlichen auf ihn zurück (PICHOT).

Diese Unterordnung der Medizin unter die Naturwissenschaften brachte Ende des letzten Jahrhunderts der Medizin ihre großen, epochemachenden und begeisternden Erfolge, wie die Entdeckung der Erreger von Infektionskrankheiten mit der Möglichkeit ihrer chemotherapeutischen Behandlung und der Prophylaxe. Die Naturwissenschaften boten eine monokausale Betrachtungsweise an, deren Evidenz gerade bei den Infektionskrankheiten deutlich zu werden schien. So war diese Zeit voll eines wissenschaftlichen und auch therapeutischen Optimismus, was die Zukunft der Medizin und der von ihr betreuten Kranken anbetraf. Auch die Psychiatrie sucht in solchen monokausalen Verbindungen die Erklärung der Geisteskrankheiten und die Entdeckung der Lues als Ursache der progressiven Paralyse schien diesen Ansatz aufs glänzendste zu bestätigen. Auch die Psychiatrie wollte an diesen großen Erfolgen teilhaben, die die Medizin auch durch die technischen Fortschritte in Diagnostik und Therapie mit damals überwältigenden Ergebnissen feiern konnte.

Die Psychiatrie sucht seither ebenso hartnäckig wie vergeblich sich als Naturwissenschaft zu verstehen und auf diesem Weg durch die Aufdeckung nachvollziehbarer linear-kausaler Beziehungen ein Geheimnis der Geisteskrankheiten, sowohl der Melancholie wie insbesondere der Schizophrenie näherzukommen. Die Einbeziehung der Lebensgeschichte und der sozialen Bedingungen in die Erforschung der Genese der Geisteskrankheiten, wie sie schon frühzeitig von Robert GAUPP und später von Ernst KRETSCHMER vorgetragen und vertreten wurde – in ähnlicher Weise übrigens auch von der Schweizer Psychiatrie – konnte sich demgegenüber nur schwer durchsetzen, weil die Mehrdimensionalität und die immer größer werdende Zahl mitwirkender Faktoren die Verfolgung einer linear-kausalen Verbindung erschwerte, wenn nicht unmöglich machte. Auch waren die einzelnen lebensgeschichtlichen Faktoren kaum zu gewichten und daher einer mathematischen Bewertung nicht zugänglich. Die Berücksichtigung einer großen Zahl nicht quantifizierbarer Faktoren war unweigerlich mit dem Vorwurf mangelnder Wissenschaftlichkeit verbunden und in der nach dem Ersten Weltkrieg bestimmenden psychiatrischen Schule in Deutschland, nämlich in Heidelberg, wo zwar weniger ein naturwissenschaftliches als zwischen den beiden Weltkriegen ein streng logisch philosophisches Denkgebäude von den Geisteskrankheiten aufgestellt wurde, sprach man nur verächtlich von den Romantikern am oberen Neckar, nämlich in Tübingen, wo man schon damals versuchte, Formen der Geisteskrankheiten unter anderem lebensgeschichtlich zu erklären.

Die zwar nicht naturwissenschaftliche aber phänomenologisch brillante Analyse der psychischen Krankheiten, die Phänomenologie, verzichtete aber damit auch, im Grunde resignierend, auf therapeutische Ansätze und prophylaktisch-psychohygienische Möglichkeiten.

Aus der Verbindung mit der Naturwissenschaft und der ständig verfolgten Hoffnung, auch für die große Geisteskrankheit der Schizophrenie die spezifische organische Störung zu entdecken, wurden von der Psychiatrie somatische Behandlungsmethoden, die sich rein empirisch bewährt hatten, begierig aufgenommen, angefangen von Schlafkuren, über Schocktherapie bis zur Psychopharmakotherapie.

Aber soweit war man damals, als die Kinder- und Jugendpsychiatrie sich zu kristallisieren begann, noch nicht.

Zur damaligen Zeit, um die Jahrhundertwende, entstand durch Sigmund FREUD die Psychoanalyse, eine Theorie, in welcher erstmals das Kind für die späteren psychischen Störungen und Krankheiten, insbesondere für die Neurosen, eine wichtige Bedeutung erhielt. Allerdings wurde das Kind damals gewissermaßen nur als passives Objekt gesehen, das psychischen Traumen hilflos ausgeliefert war. Immerhin war die psychische Entwicklung vom Kleinkind zum Erwachsenen erstmals in eine psychologische Theorie, eben die Psychoanalyse, aufgenommen worden, allerdings nur als Einbahnstraße, auf welcher die Umwelt auf dieses Kind einwirkte und somit die Voraussetzungen schuf, die dann beim Erwachsenen zu neurotischen Ängsten, Zwängen und Fehlhaltungen führen mußten. Es gab damals in der Psychoanalyse eine langwierige Auseinandersetzung darüber, ob der Säugling erst vom 6. Lebensmonat oder schon etwas früher oder etwas später fähig sei, solche schädlichen und traumatisierenden Einwirkungen aufzunehmen. Das erste Vierteljahr wurde jedenfalls als „dummes Vierteljahr" aus der Betrachtung ausgeklammert, in dieser Zeit wurde das Neugeborene und der junge Säugling noch für völlig unempfindlich, nicht nur gegen körperliche, sondern vor allem gegen seelische Reize, angesehen. Heute wissen wir demgegenüber, daß schon vom 1. Lebenstag an, ja wahrscheinlich schon während der Schwangerschaft ein ständiges Wechselspiel zwischen dem Kind und seiner Umwelt, also zunächst seiner Mutter und dann sehr bald auch seiner weiteren Umwelt besteht und daß an diesem Wechselspiel das Kind keineswegs nur passiv beteiligt ist, sondern das Kind durch Stimulation seiner Umwelt, zunächst also seiner Eltern aktiv beteiligt ist (H. u. M. PAPOUŠEK).

Die Psychoanalyse aber fand in der wissenschaftlichen Psychiatrie, d.h. in den psychiatrischen Universitätskliniken, aber auch in den Landeskrankenhäusern praktisch keinen Eingang. Man kann den Erinnerungen von Max MÜLLER, dem Schweizer Psychiater, zwar entnehmen, daß dort die Psychoanalayse durchaus positiv aufgegriffen wurde. Einen tatsächlichen Eingang in den Alltag der Psychiatrie fand sie jedoch nicht. Die Psychiater therapierten einzelne Patienten nach der Theorie der Psychoanalyse, daneben ging der psychiatrische Alltag unverändert weiter, mit der ausdrücklichen oder stillschweigenden Voraussetzung, daß es sich wohl um noch nicht entdeckte körperliche, speziell Gehirnkrankheiten handeln müsse.

So hat die Psychoanalyse, zumindest im deutschen Sprachraum, auf die sich um diese Zeit entwickelnde Kinder- und Jugendpsychiatrie kaum einen Einfluß gehabt, da diese sich, wie wir noch sehen werden, streng an die Lehren und Konzepte der Erwachsenenpsychiatrie hielt. Anders war es dagegen in der Pädagogik, in welcher vor allem durch Anna FREUD und August AICHHORN in Wien eine enge, wenn auch bei den Psychoanalytikern selbst nicht unbestrittene Beziehung zwischen Pädagogik und Psychoanalyse hergestellt wurde. Erst nach dem zweiten Weltkrieg war es vor allem der emigrierte Wiener René SPITZ, der in den USA psychoanalytische Vorstellungen mit Verhaltensbeobachtungen bei Kindern in der frühen Entwicklung in Verbindung brachte, eine Forschungsrichtung, die später von Margret MAHLER fortgesetzt wurde.

Erst auf dem Umweg über Amerika und England kam lange nach dem zweiten Weltkrieg psychoanalytische und überhaupt psychotherapeutische Vorstellung wieder zu uns zurück. Daran war natürlich wesentlich auch die Unterdrückung der Psychoanalyse im Dritten Reich und die Vertreibung vieler jüdischer Ärzte, welche bevorzugt Träger der psychoanalytischen Theorien waren, schuld, aber auch die streng medizinisch-naturwissenschaftliche Ausrichtung der deutschen Psychiatrie verhinderte eine Integration nicht nur der Psychoanalyse, sondern der Psychotherapie überhaupt. Noch viele Jahre nach dem zweiten Weltkrieg war Ernst KRETSCHMER einsamer Rufer in der Wüste, wenn er die Integration der Psychotherapie überhaupt in die universitäre psychiatrische Wissenschaft forderte.

In der Kinder- und Jugendpsychiatrie behielt der Anteil, der von der Kinderheilkunde kam, die dort gewonnenen streng naturwissenschaftlichen Maßstäbe bei, ergänzte sie allenfalls in den entstehenden heilpädagogischen Stationen durch die Pädagogik.

Der psychiatrische Anteil der Kinder- und Jugendpsychiatrie – und dieser war in Deutschland zwischen den beiden Weltkriegen und danach in der Bundesrepublik, wie auch in der DDR, aber auch in der Schweiz der weitaus größte Anteil –, verhielt sich zunächst wie ein zu früh selbständig gewordener Jugendlicher: Er übernahm die Maßstäbe, Kriterien und Erkenntnisse seiner Elternwissenschaft ebenso sorgfältig wie kritiklos und war befriedigt, wenn er auch im Kindes- und Jugendalter das von der Erwachsenenpsychiatrie gepflegte Einteilungssystem von Psychosen und Neurosen wiedererkennen zu können meinte. So konnte Jakob LUTZ, der Schweizer Kinderpsychiater in den Jahren 1937 und 1938 erstmals nachweisen, daß die gleiche Erkrankung, wie sie in der Erwachsenenpsychiatrie als Schizophrenie bekannt war, auch in der Vorpubertät und vereinzelt auch im Grundschulalter beobachtet werden konnte.

Dadurch war es aber zu einer inversen Betrachtung von Symptomatik und Genese psychischer Krankheiten gekommen. Während die psychische Entwicklung ja vom Kinde zum Erwachsenen hin verläuft, wurden in der Kinderpsychiatrie die an Erwachsenen gewonnenen Erkenntnisse, Theorien und pathogenetischen Vorstellungen der Entwicklung entgegengesetzt auf die Kinder übertragen, wobei dadurch bedingte Widersprüchlichkeiten und Unstimmigkeiten lange Zeit übersehen wurden bzw. keine Beachtung fanden.

Dazu kam, daß die Betrachtung der Symptomatik in der Erwachsenenpsychiatrie ganz überwiegend eine Querschnittsbetrachtung war, in welcher der Entwicklungsgedanke nur in Form langfristiger Verlaufsbeobachtungen derselben Krankheit Berücksichtigung fand. Die Zuordnung bestimmter psychopathologischer Besonderheiten bei Kindern zu phasenspezifischen traumatisierenden Veränderungen an einem noch in der Entwicklung befindlichen Gerhirn in den 50er Jahren, sowohl in den USA wie auch in der DDR und in der Bundesrepublik unter dem Begriff des frühkindlich exogenen Psychosyndroms nach frühkindlicher Hirnschädigung (LEMPP) oder der minimal brain dysfunction (WENDER), waren die ersten die frühkindliche Entwicklung berücksichtigenden psychopathologischen Beschreibungen.

Das war etwa die Situation, als sich nach dem zweiten Weltkrieg die Kinder- und Jugendpsychiatrie zunächst als Wissenschaft in einzelnen Universitäten und später auch standesorganisatorisch als eine eigene Facharzt- bzw. Gebietsbezeichnung etablierte. Aus dieser Zeit stammt die Stellungnahme der Psychiatrie-Enquête zur Situation der Kinder- und Jugendpsychiatrie. Seither hat sich die Situation der Kinder- und Jugendpsychiatrie in einigen Bereichen wieder verschoben und verlagert.

Gegenwärtig haben wir eine stattliche Zahl von kinderpsychiatrischen Lehrstühlen und Abteilungen (siehe SCHMIDT), haben aber nur wenige niedergelassene Ärzte mit der Gebietsbezeichnung der Kinder- und Jugendpsychiatrie (siehe SCHYDLO). Daneben aber verlassen zur Zeit und in den nächsten Jahren eine große Zahl von Diplom-Psychologen und Sozialpädagogen die Universitäten und Fachschulen und suchen sich eine sinnvolle Tätigkeit, ihr erarbeitetes Wissen auch anzuwenden. Die Situation in der Pädiatrie ist dadurch gekennzeichnet, daß Anfang der 70er Jahre im sogenannten Pillenknick die Zahl der zur Welt kommenden und dann heranwachsenden Kinder sich auf etwa 60 % reduzierte, was zunächst zu einer spürbaren und zunächst positiv bewerteten Entlastung der überforderten Kinderarztpraxen führte, aber inzwischen auch von einem gewissen Konkurrenzkampf und der Sorge um die Existenz gefolgt wurde.

In der Zwischenzeit hat sich die Versorgung der Kinder und Jugendlichen im ambulanten Bereich weiter verbessert, vor allem durch Ausbau der ambulanten Dienste, durch eine zunehmende Zahl von Möglichkeiten einer psychotherapeutischen Beratung und Behandlung, sowohl für Kinder und Jugendliche wie auch für die Familie.

Auch im stationären Bereich ist die Situation, die zur Zeit der Enquête noch sehr gespannt war, etwas entlastet, vor allem für die kleineren Kinder im Schulalter. Hier wirkt sich nicht nur die demographische Entwicklung mit dem „Pillenknick“ aus, sondern auch die Verbesserung der ambulanten Möglichkeiten, die es gestattet, vielen Kindern eine stationäre Aufnahme zu ersparen. Auch die Heimsituation für diese Altersgruppe hat sich gebessert, wobei die Heime sich strukturell geändert haben und mehr Kleingruppen mit familienähnlichen Strukturen anbieten.

Die stationäre Platzzahl für Kinder- und Jugendpsychiatrie kann daher heute nicht mehr so gravierend angesehen werden wie zur Zeit der Enquête, wo der zukünftige Bedarf zweifellos zu hoch eingeschätzt worden war.

Für die Altersgruppe der 14- bis 18-jährigen ist dagegen nach wie vor ein Engpaß zu verzeichnen, der nicht allein dadurch erklärt werden kann, daß der „Pillenknick“ gewissermaßen noch nicht alt genug geworden wäre. Für diese Altersgruppe gilt, daß eine große Zahl der Probleme nicht mehr ambulant von zu Hause aus gelöst werden kann, sondern eine Herausnahme aus der Familie verlangen. Hier spielen soziologisch begründete Reifungsschwierigkeiten, nicht nur bei den Jugendlichen, sondern vor allem bei den Eltern, ja in unserem ganzen Gesellschaftsgefüge, eine Rolle.

Das in den letzten zehn Jahren zunehmend verschobene Verhältnis der Anzahl der Kinder- und Jugendpsychiater zu der Anzahl der Psychologen und Sozialpädagogen sowie der dafür interessierten Pädiater macht an dieser Stelle eine Bemerkung zur Zuständigkeit und zum Problem der Konkurrenz zwischen den genannten Disziplinen notwenig: Hierzu hat ebenfalls bereits die Enquête 1975 Maßgebendes über die multidisziplinäre Zusammenarbeit ausgeführt, dem im Grunde nichts Neues hinzugefügt werden muß.

Auch bei einer deutlich verringerten Zahl der Kinder in der Bundesrepublik ist der Bedarf an Beratung der Eltern und der Familie, an Begleitung, an Therapie sowie an unterstützenden, ausgleichenden und fördernden Maßnahmen noch so groß, daß Revierkämpfe unterschiedlicher, aber konkurrierender und in ihrer Aufgabe und Funktion sich teilweise überschneidender Berufssparten unangemessen, ja peinlich und abwegig sind. Keine der genannten Disziplinen, auch nicht die Kinder- und Jugendpsychiatrie kann das Feld allein für sich beanspruchen, noch ein Monopol für seinen Berufsstand fordern. Es kann nur um Kooperation und Zusammenarbeit ohne gegenseitige Ausschließung gehen. Die noch viel zu geringe Zahl der Kinder- und Jugendpsychiater ist jetzt und in nächster Zeit nicht in der Lage, die Versorgung der Kinder und Jugendlichen in der Bundesrepublik in Diagnostik, Therapie und Beratung weder im ambulanten noch im stationären Bereich allein zu gewährleisten, noch kann die immer größer werdende Zahl der Psychologen und Pädagogen alle auf sie zukommenden Aufgaben allein bewältigen, ebensowenig wie die Kinderärzte, die mehr Zeit haben, sich auch um psychische und psychosoziale Bereiche ihrer Kinder zu kümmern. Aber auch ein Kinderarzt, der sich mit einem Psychologen zusammentut, ist deswegen immer noch kein Kinder- und Jugendpsychiater, der immerhin auf Grund seiner Ausbildung die fließenden Übergänge zu psychopathologischen Veränderungen bei Kindern und Jugendlichen zu erkennen, zu beurteilen und zu behandeln vermag.

Die Versuche einer Revierabgrenzung und ein auf diesem Gebiet monopolistisches Denken bergen für alle beteiligten Berufe, besonders allerdings für den Kinder- und Jugendpsychiater die Gefahr in sich, auf umschriebene Bereiche abgedrängt zu werden, in welchen er zwar kompetent und leistungsfähig wird, an dessen Grenze er aber völlig hilflos dasteht, und das Kind gerade in seinen empfindlichen Entwicklungsphasen in Teilbereichen aufgegliedert wird und nur innerhalb dieser eine gewisse Hilfe erfahren kann. Ein in der Entwicklung befindliches Kind und ein Jugendlicher ist aber in noch viel stärkerem Maße einem vielfältigen Beziehungsgeflecht und einem ebenso vielfältigen Wirkungsgefüge seiner Umwelt ausgesetzt, so daß eine Störung, Behinderung oder Beeinträchtigung in einem Teilbereich sich immer auf alle übrigen Entwicklungsbereiche auswirken muß. Beim Kind ist mehr noch als beim Erwachsenen ein Zusammenwirken körperlicher und psychischer Faktoren gegeben, die zum Unterschied vom Erwachsenen in jedem Fall auch seine zukünftige Entwicklung mit beeinflussen. Einen Erwachsenen kann man ungestraft ohne Berücksichtigung seiner psychosozialen Bezüge allein wegen eines Beinbruchs behandeln, nicht weil der Erwachsene nicht auch in seinen psychosozialen Bezügen dadurch alteriert wäre und im Grunde auch – ähnlich wie das Kind – hier der Hilfe bedürftig wäre, sondern weil der Erwachsene auf Grund einer langfristigen und stabil gewordenen Vorerfahrung mit einer solchen Sektorenmedizin in aller Regel fertig wird, wogegen das Kind und auch noch der Jugendliche unter Umständen aus einer nur sektorenhaft behandelten Krankheit mit einer dadurch unerkannten Entwicklungsstörung auf ganz anderem Sektor reagiert und diese unberücksichtigt bestehen bleibt und zur psychosozialen Narbe wird. Es ist eben so, daß primär körperliche Störungen und Alterationen selten unerkannt und unbehandelt bleiben, seelische und psychosoziale Beeinträchtigungen dagegen häufig.

Wenn also Entwicklungsstörungen nur noch vom Pädiater oder speziell vom Neuropädiater, die Therapie solcher Entwicklungsstörungen, aber auch aller psychischen Störungen vom Psychologen, und Schulprobleme und Verhaltensstörungen durch den Sozialpädagogen behandelt werden, bleiben für den Kinder- und Jugendpsychiater schließlich nur noch die schweren psychischen Störungen, die wir als Psychosen bezeichnen, übrig, und auch dabei benötigt er zur Therapie die Psychologen und Pädagogen. Wenn nun alle diese Berufsgruppen eifersüchtig auf ihre Gebietsgrenzen schielen und den zerstückelten Patienten gewissermaßen da oder dort schweren Herzens über die Grenze abschieben, dann kann dies nur zum Schaden der betroffenen Kinder und Jugendlichen sein, muß aber auch zur Verarmung und Schmalspurigkeit aller beteiligten Disziplinen führen. Nur eine großzügige, grenzüberschreitende und gebietsüberschneidende tolerante Zusammenarbeit und Kooperation kann hier sowohl für Patienten und Klienten einerseits wie auch für die beteiligten Berufsgruppen andererseits optimale Ergebnisse bringen. In der Kinder- und Jugendpsychiatrie ist die integrierte Zusammenarbeit mit Psychologen und Pädagogen, auch mit Pädiatern eine alte Tradition, wobei allerdings die einzelnen Spezialdisziplinen nachgeordnet werden, was dem Prinzip der Koordination, Integration und Teamarbeit widerspricht.

Die fortschreitende Differenzierung und das fortschreitende Spezialistentum ist notwendig und darf und kann nicht aufgehalten werden, es kann aber seinen Problemen und Nachteilen nicht durch Revierabgrenzung und berufsständische Kleinstaaterei entgegengewirkt oder abgeholfen werden.

Der Aufgabenbereich der Kinder- und Jugendpsychiatrie, wie er in der Psychiatrie-Enquête aufgelistet wurde, gilt weiterhin. Damals wurde festgestellt, Kinder- und Jugendpsychiatrie bedeute

- Klärung der somatischen, psychosozialen und soziokulturellen Entstehungs- und Verfestigungsbedingungen,
- Behandlung (Einflußnahme auf störende Entwicklungsbedingungen und gestörte Beziehungen, kompensierende Hilfen),
- Vorbeugung (primäre und sekundäre Prävention) bei Verhaltensauffälligkeiten, Störungen des seelischen Befindens, psychischen Krankheiten sowie seelischen und geistigen Behinderungen im Kindes- und Jugendalter.

Wie sind nun, ausgehend von diesem Aufgabenbereich, aber auch ausgehend von der geschilderten Gegenwartssituation der Kinder- und Jugendpsychiatrie, ihre zukünftige Entwicklung und ihre Aufgaben zu beurteilen? Daß diese Aufgaben für die Kinder- und Jugendpsychiatrie keinen Erbhof bedeuten können und daß die Bewältigung dieser Arbeit von der Kinder- und Jugendpsychiatrie nicht im Alleingang, sondern nur mit einer multidisziplinären Zusammenarbeit möglich ist, wurde ja schon ausgeführt.

Bei den Vorstellungen über die weitere Entwicklung, wie sie sich aus den Vorgaben meines Erachtens konsequent ergibt, werden mir wohl nicht alle meiner kinder- und jugendpsychiatrischen Kollegen folgen wollen. Es soll diese Fortschreibung in die Zukunft aber als eine Anregung zur Diskussion zu weiterführenden Überlegungen zum Wohl der psychischen und sozialen Entwicklung der Kinder und Jugendlichen dienen.

Ich bin der Überzeugung, daß die Kinder- und Jugendpsychiatrie – im Grunde auch die Psychiatrie überhaupt, aber für sie zu sprechen, will ich mich nicht anmaßen – sich letztlich lösen muß vom tradierten Krankheitsbegriff, der im Grunde immer ein somatischer Krankheitsbegriff gewesen ist. Gesundheit und Krankheit sind keine Dimensionen, nach denen wir die Befindlichkeit der uns vorgestellten Kinder und Jugendlichen beurteilen können. Es gibt gerade im psychischen und psychiatrischen Bereich keine allgemeine verbindliche Grenze, die Gesundheit und Krankheit voneinander scheiden würde. Auch besteht die Gefahr, daß die Festlegung solcher Grenzen zum sozialen Machtinstrument werden kann und daß jeder Berufsstand, der sich mit dieser Grenze befaßt, die Kompetenz zur Definition mißbrauchen könnte.

Eine viel naheliegendere, einleuchtendere und nicht vom Arzt, Psychologen oder welcher Berufssparte auch immer, sondern vom Patienten und Klienten selbst bestimmte Grenze ist der Zustand des subjektiven Leidens, von dem der einzelne betroffen sein kann, ebenso aber auch seine Familie und seine Umwelt. Jeder, der leidet, sei es an sich oder seiner Umwelt, und jede Familie und jede Gruppe, die an einem ihrer Mitglieder leidet, hat Anspruch auf Hilfe, Beratung oder Therapie, unabhängig davon, ob ein solcher Zustand nun als krankhaft bezeichnet wird oder nicht. Der Begriff der Therapie oder der Behandlung, der ursprünglich der Medizin und allenfalls den Heilpraktikern vorbehalten ist, wird auf diese Weise erweitert um die Begriffe der Hilfe, Beratung und Betreuung, wobei sich die überschneidende Beteiligung aller vorhin genannten Berufssparten zwanglos ergibt.

Die Lösung vom überkommenen Krankheitsbegriff würde nicht nur die Kooperation dieser Berufssparten wesentlich erleichtern, sie würde es auch unmöglich machen, durch Zuschreibung von Krankheiten, also durch Pathologisierung soziale Ausgrenzungen und Stigmatisierungen vorzunehmen. Daran sollten zuallererst die Psychiatrie und alle ihre Disziplinen in besonderem Maße interessiert sein, weil die ubiquitäre Angst vor seelischen Störungen, Geisteskrankheiten und Persönlichkeitsveränderungen schon seit jeher alle die von ihnen behandelten und betreuten Patienten mit einer negativen Stigmatisierung versehen hat. Wenn aber für das schulängstliche Kind ebenso wie für das geistig behinderte Kind, und für den Jugendlichen mit cerebralorganischen Krampfanfällen ebenso wie für denjenigen mit sozialen Anpassungsschwierigkeiten, wenn für das magersüchtige Mädchen ebenso wie für den manifest-schizophrenen Jugendlichen nicht allein der Psychiater, sondern mit ihm ebenso der Pädiater, der Psychologe und Pädagoge zuständig ist, dann bleibt kein Raum für eine Stigmatisierung, weder des Patienten noch des Behandlers. Natürlich müssen dann somatische Probleme und medikamentöse Behandlung, wo sie nötig wird, in Zusammenarbeit mit dem Arzt erfolgen.

Auch die Einbeziehung der ganzen Familie in die Beratung und Therapie bei allen Formen sozialer Probleme, Neurosen wie Psychosen, wie sie heute modern und gewissermaßen zur allgemeinen Pflicht gemacht wurde, entspricht im Bereich der Kinder- und Jugendpsychiatrie eigentlich schon längst einer Selbstverständlichkeit, wenngleich früher natürlich noch nicht unter den systemischen Aspekten, die wir heute kennen, aber auch nicht mit dem einseitigen Rigorismus, dem man heute da und dort begegnen kann, wo Patienten, also Leidende, achselzuckend abgewiesen werden und ihnen die Hilfe verweigert wird, wenn nicht sämtliche Angehörige der Familie bereit sind, jede Woche eine Stunde gemeinsam zum Therapeuten zu gehen. Ein solcher rigoristischer Stil, der auch heute von den meisten Familientherapeuten nicht mehr vertreten wird, ist zutiefst unärztlich und untherapeutisch, weil der Arzt und Therapeut für den Patienten und Hilfesuchenden da ist und nicht umgekehrt die Hilfesuchenden zur Bestätigung einer Theorie mißbraucht werden dürfen.

Diese Abwendung vom somatisch verstandenen Krankheitsbegriff wendet sich nicht gegen die Errungenschaften GRIESINGERS, der die psychischen Krankheiten mystischen und moralischen Vorstellungen entzogen und die Gehirnfunktion als wesentlich für das Entstehen psychischer Störungen erkannt hat – er hat übrigens neben dem Postulat „Geisteskrankheiten sind Gehirnkrankheiten" sehr wohl auch psychoreaktive Faktoren gelten lassen –, sondern es geht darum, auch die „Normalität" von psychischen Störungen und Geisteskrankheiten zu erkennen und anzuerkennen, d.h. die durchweg fließenden Übergänge zwischen Normalität und Unnormalität und ihre Abhängigkeiten von kulturellen, geschichtlichen und sozialen Faktoren zu berücksichtigen. Es geht schon lange nicht mehr um die Alternative „organisch" oder „psychogen". Eine eindimensionale Betrachtungsweise kann heute nicht nur im Bereich der Psychiatrie, sondern im Grunde auch in der somatischen Medizin nicht mehr befriedigen, auf jeden Fall nicht mehr im Bereich der Psychologie, Psychosomatik und Psychiatrie. Gerade das Kleinkind zeigt uns deutlich, wie psychische Verstimmung und körperliche Krankheit zueinander gehören und sich wechselseitig vertreten können. Das Kind mit Bauchschmerzen ist traurig und das traurige Kind fühlt sich krank. Im Grunde besteht diese Entität und wechselseitige Vertretung auch noch beim Erwachsenen, nur hat dieser gelernt, das eine gegenüber dem anderen zu ignorieren, nicht immer zu seinem Vorteil, und die Medizin hat verlernt, sich beim Patienten um beides zu kümmern, auch nicht zu ihrem Vorteil. So könnten sich die Erkenntnisse der Kinder- und Jugendpsychiatrie, wie der Kinderheilkunde überhaupt, maßgebend, wegweisend und befruchtend auf die allgemeine Medizin auswirken, ebenso wie im Grunde ausgehend von einer Psychopathologie des Kindesalters eine Psychopathologie des Erwachsenenalters abgeleitet und entwickelt werden müßte in Umkehrung der geschichtlichen Entwicklung, aber im Einklang mit der physiologischen.

Organisch und reaktiv sind also, wie wir gesehen haben, keine Alternativen, sondern unterschiedlich gewichtete, selbstverständliche Komponenten einer spezifischen Konstellation. Als Organwesen sind wir eingebettet in eine Umwelt, die wir beinahe vom Tag der Zeugung ab miterleben und die uns psychisch und körperlich mitträgt.

Die Lösung vom klassischen Krankheitsbegriff scheint mir notwendig, will sich die Kinderpsychiatrie ebenso wie die Psychiatrie nicht in einer Sackgasse verrennen, in die sie, als sie sich ausschließlich der Naturwissenschaft anvertraut hat, geraten ist und wo man sie sonst mit der somatischen Behandlung schwerer Schwachsinnszustände und psychotischer Endzustände allein lassen wird, während sich das Heer der Psychologen und Pädagogen draußen, außerhalb der Sackgasse erfolgreich mit der Psychotherapie, Beratung und Behandlung aller andern psychischen Störungen jedes Alters befassen wird.

Ein solcher Ausblick verunsichert nicht nur manche Kollegen der Kinderpsychiatrie und Erwachsenenpsychiatrie, sondern viele Mediziner überhaupt. Vertritt man solche Ansichten in einem größeren Klinikum und praktiziert entsprechend den Bedürfnissen psychisch gestörter Kinder und Jugendlicher die nötigen Außenaktivitäten, soziale Aufgaben wie Schul- und Arbeitsberatung, Hausbesuche und Schulbesuche am Ort, dann kann man unter manchen Kollegen der medizinischen Disziplinen deutliche Ausgrenzungstendenzen beobachten, mit der Frage: Ist denn das noch Medizin? Ist das nicht viel mehr pädagogische Heim- und Jugendhilfe und wo bleiben da die Aufgaben für die Ärzte? Auch der vor wenigen Jahren verstorbene bekannte Kinder- und Jugendpsychiater Hermann STUTTE machte sich solche Sorgen, als er 1975 die Frage stellte, ob die Kinderpsychiatrie denn eine paramedizinische Disziplin sei. Er betonte, daß die Kinder- und Jugendpsychiatrie die Basisorientierung der Medizin beibehalten und daß der Kinderpsychiater immer ein Mediziner, also ein Arzt bleiben solle. Dem ist durchaus zuzustimmen, weil im Gesamtaspekt der diagnostischen und therapeutischen Möglichkeiten auch medizinische, in diesem Fall somatische Aspekte einen Anteil haben und Berücksichtigung finden müssen. Die genannten Ausgrenzungstendenzen unserer medizinischen Kollegen sind zunächst durchaus auszuhalten, man wird aber, nehmen sie zu, sich aus den genannten Gründen energisch dagegen zur Wehr setzen müssen und wird darauf hinweisen können, daß die Medizin insgesamt sich auf einen Holzweg begibt, wenn sie sich für die psychische Entwicklung und das psychosoziale Umfeld als Aufgabengebiet nicht mehr zuständig fühlt und die Fachkundigen dieser psychischen und psychosozialen Bereiche nicht in das Krankenhaus und in die Sprechstunde hereinlassen. Wir Kinderpsychiater müssen darum an der sich zunehmend erweiternden Nahtstelle zwischen somatischer Medizin und den psychosozialen Wissenschaften auf die Aufrechterhaltung einer Zugehörigkeit zum medizinischen Bereich, vor allem um der Medizin willen, bestehen. Ich fürchte, Psychologie und Sozialwissenschaften werden auf einer langen Strecke ganz gut auch ohne die Medizin auskommen, wenn auch mangelhaft und ohne Ausschöpfung aller Möglichkeiten zur Hilfe und Therapie, aber die Medizin wird auf die Dauer nicht ohne einen Schaden für sich selbst und für die von ihr betreuten Patienten auf die Psychologie und die sozialen Wissenschaften verzichten können. In der Aufrechterhaltung dieser Verbindung, in der Vermittlung und in der Integration sehe ich für die Psychiatrie und innerhalb dieser, beginnend bei der Kinder- und Jugendpsychiatrie, eine wesentliche Aufgabe für die Zukunft.

Ein solcher Verzicht auf den klassischen Krankheitsbegriff bzw. seine Erweiterung auf alles, was sich als subjektives Leiden äußert, bringt natürlich auch im Bereich der Verwaltung, insbesondere der Krankenversicherung Probleme mit sich, die hier im Einzelnen nicht erörtert werden können. Es sei hier nur soviel dazu gesagt, daß ich schon an anderer Stelle, z.B. im Rahmen des 5. Jugendberichts der Bundesregierung und vor dem allgemeinen Fürsorgeerziehungstag (AFET) darauf hingewiesen habe, daß letztlich nur eine Zusammenfassung aller Zuständigkeiten und Ressourcen für die gesundheitlichen, pädagogischen, rechtlichen und sozialen Bedürfnisse aller Jugendlichen unter 18 Jahren eine befriedigende Lösung bringen können, die dazu noch den Vorteil hätte, viel Geld einzusparen.

An dieser Stelle möchte ich aber noch einen Schritt weitergehen, auf dem mir vielleicht noch eine Reihe weiterer Kollegen nicht mehr folgen möchten:

In dieser koordinierten und zum Teil integrierten Form von Beratung, Begleitung, Hilfe, Erziehung und Therapie kann dies nicht mehr Sache eines einzelnen Spezialisten sein. Dies gilt jedenfalls für ernstere psychische Störungen bei Kindern und Jugendlichen. Schon Anna FREUD hat erkannt, daß eine ambulante Psychotherapie, d.h. eine Übertragung zwischen Therapeut und Kind, dann häufig an seine Grenzen stößt, wenn der überwiegende Einfluß der Eltern und Familie negativ wirksam ist, weil die dort erlebte Beziehung die viel größere Wirksamkeit haben muß. Anna FREUD hat deswegen auch frühzeitig die Bedeutung stationärer Behandlung psychisch kranker Kinder in der Hempstead-Klinik verwirklicht. Ich meine allerdings, daß wir heute mit einer weitgehenden Einbeziehung der Familienangehörigen in die Behandlung bis in die Vorpubertät hinein die meisten psychischen Störungen auch ambulant behandeln können. Ganz anders ist die Situation allerdings bei fehlender und nicht erreichbarer Kooperation der Eltern und dann, aus Gründen der Reifung und Lösung, bei Jugendlichen in der Vorpubertät und Pubertät. Hier ist häufig bei schweren seelischen Störungen eine stationäre und längerfristige Behandlung erforderlich. In solchen Fällen kann aber die Psychotherapie sich nicht auf die Tätigkeit eines einzelnen Spezialisten für eine halbe oder eine Stunde am Tag beschränken. Das Erlebnis seiner Umgebung und die Erfahrung mit seinen Pflegern und Betreuern über den ganzen Tag sind für die Behandlung und ihren Erfolg mindestens ebenso wichtig und bedeutsam, wie die einzelne therapeutische Stunde. Zumindest kann das Verhalten der Mitarbeiter den Erfolg einer therapeutischen Einzelsitzung in 5 Minuten wieder zunichte machen und umgekehrt. Auch ist sowohl bei Kindern wie bei Jugendlichen Psychotherapie und Pädagogik im Grunde nicht zu trennen und es käme auch niemand auf den Gedanken, sein Kind einmal in der Woche eine Stunde zur Erziehung zum Pädagogen zu schicken, wie das bei der Psychotherapie die Regel ist. Therapie findet wie Pädagogik eigentlich immer statt. Dies bedeutet keine unzulässige Erweiterung des Therapiebegriffs, sondern bedeutet lediglich, daß alle Mitarbeiter einer stationären Einrichtung, in der sich ein psychisch gestörter Jugendlicher aufhält, in das therapeutische Konzept unter gegenseitiger Information, unter gegenseitiger Kontrolle und unter fachlich qualifizierter Beratung (Supervision) einbezogen werden müssen. Daraus darf natürlich nicht eine Unzahl von sich gegeneitig Konkurrenz machenden Einzeltherapeuten werden, sondern es muß ein sich gegenseitig abstützendes und korrigierendes Team entstehen, das auch eine gemeinsame Verantwortung zu übernehmen in der Lage ist. Daß eine solche Teamarbeit weder zum institutionellen Chaos, noch zum ineffektiven Debattierklub werden muß, beweisen mir unsere eigenen Erfahrungen, aber auch die an einzelnen anderen Kliniken, wo so gearbeitet wird. Daß die ärztliche Verantwortlichkeit dadurch nicht in Frage gestellt zu werden braucht und auch nicht in Frage gestellt wird, daß sie sich vielmehr auf ein weit besser kontrolliertes System stützen kann, als bei einer herkömmlich vertikalen Verantwortungsstruktur, habe ich an anderer Stelle schon ausgeführt.

Ich habe diese strukturelle Umgestaltung einer kinder- und jugendpsychiatrischen Institution nicht deshalb hier vorgestellt, um einer alsbaldigen Revolution kinderpsychiatrischer Institutionen einzuleiten, und auch nicht, um ein gar nicht mehr so neues Arbeitskonzept mit dem Feuer einer Ideologie anzupreisen und durchzusetzen, sondern lediglich als ein Angebot einer Möglichkeit, von der ich allerdings glaube, daß sie mit Geduld, Mühe und Ausdauer erreicht werden kann und dann auch in der Lage wäre, die sich in den letzten Jahren zuspitzenden Probleme für das Fach der Kinder- und Jugendpsychiatrie zu entschärfen und zum Heile der zu betreuenden Kinder und Jugendlichen und ihrer Familien eine Integration mit den mitbetroffenen Schwesterdisziplinen zu ermöglichen. Bei der Beibehaltung des klassischen medizinischen Modells fürchte ich, daß die Kinder- und Jugendpsychiatrie eine hübsche, aber seltene Orchideenblüte am Stamm der Psychiatrie im Walde der Medizin bleiben wird, mit einer von vornherein begrenzten Blütezeit. Wenn wir in der Kinder- und Jugendpsychiatrie mehr wollen und davon überzeugt sind, daß unsere Arbeit notwendig und hilfreich ist für die unzähligen Probleme von Kindern, Jugendlichen und ihren Familien, dann müssen wir neue Wege suchen und die inzwischen entstandenen veränderten Verhältnisse der Gesellschaft und der Heilberufe berücksichtigen.

Diese weit ausgreifende Darstellung eines nach meiner Ansicht und Erfahrung geeigneten Weges braucht niemand zu erschrecken und zu verunsichern, weil sie niemandem etwas wegnimmt, was er nicht ohnehin verliert oder schon verloren hat. Sie soll vielmehr eine Einladung und ein Angebot zur Zusammenarbeit ohne gegenseitigen Ausschluß sein, um den Kindern und Jugendlichen in ihrer Auseinandersetzung mit einer veränderten Umwelt und Gesellschaft erfolgreich zu helfen.

Literatur

AICHHORN, A.: Verwahrloste Jugend. Die Psychoanalyse in der Fürsorgeerziehung. Huber, Bern 1951

ARIÈS, Ph.: Geschichte der Kindheit. dtv-wissenschaftliche Reihe. München 1978

Deutscher Bundestag, 7. Wahlperiode: Bericht über die Lage der Psychiatrie in der Bundesrepublik Deutschland – zur psychiatrischen und psychotherapeutisch/psychosomatischen Versorgung der Bevölkerung – Drucksache 7/4200 Bonn Bad Godesberg 1975

FREUD, A.: Einführung in die Technik der Kinderanalyse. London, Imago 1949 und München, Kindler 1966

FREUD, A.: Einführung in die Psychoanalyse für Pädagogen. Huber, Bern Stuttgart 1956

GAUPP, R.: Krankheit und Tod des paranoischen Massenmörders Hauptlehrer Wagner, eine Epikrise. Z.Neur. *163*, 48 (1938)

GRIESINGER, W.: Die Pathologie und Therapie der psychischen Krankheiten für Ärzte und Studierende. 1. Auflage, Suttgart 1845

HORNSTEIN, BÄUERLE, GREESE, LEMPP, WOLLENHAUER, PROTT, SOMMERKORN: Situation und Perspektiven der Jugend. Problemlagen und gesellschaftliche Maßnahmen. Beltz Verlag, Weinheim u. Basel 1982

KRETSCHMER, E.: Der sensitive Beziehungswahn. Springer, Berlin Göttingen Heidelberg 1927/1950

KRETSCHMER, E.: Psychotherapeutische Studien. Thieme, Stuttgart 1949
LEMPP, R.: Frühkindliche Hirnschädigung und Neurose. 3. Auflage, Huber, Bern Stuttgart Wien 1978
LEMPP, R.: Abteilung für Kinder- und Jugendpsychiatrie in einem Klinikum. Aufgaben-Bedürfnisse-Probleme. Praxis der Kinderpsychiatrie *32*, 161-166, 1983
LEMPP, R.: Konflikthaftigkeit in Entscheidungsprozessen zwischen Jugendhilfe, Psychiatrie und Strafvollzug. In: Neue Schriftenreihe der Arbeitsgemeinschaft für Erziehungshilfe e.V. (AFET) – Bundesvereinigung – Heft 35/1984, 25-37
LUTZ, J.: Die Schizophrenie im Kindesalter. Schweiz.Arch.Psychiat. *39*, 335 (1937), *40*, 141 (1938)
MAHLER, M.: Symbiose und Individuation. Band I: Psychosen im frühen Kindesalter. Klett-Kotta 1979
MÜLLER, M.: Erinnerungen. Springer, Berlin Heidelberg New York 1982
PAPOUŠEK, M. u. H.: Intuitives elterliches Verhalten im Zwiegespräch mit dem Neugeborenen. Sozialpädiatrie in Klinik und Praxis. 1981, *3*, 229-238
PRECHTL, H.F.R.: Die entwicklungsneurologischen Grundlagen des frühen Verhaltens. In: Die Psychologie des 20. Jahrhunderts, Band VI. Kindler, Zürich 1980
PICHOT, P.: Ein Jahrhundert Psychiatrie. Hoffmann-La Roche 1984
ROSENBAUM, H.: Formen der Familie. Suhrkamp-Tb Frankfurt 1982
SPITZ, R.: Die Entstehung der ersten Ojektbeziehungen, Klett, Stuttgart 1960
STUTTE, H.: Kinderpsychiatrie – eine paramedizinische Disziplin? Acta Paedopsychiatrica. 1975, *42*, 97-98

Extramurale Aufgaben der Kinder- und Jugendpsychiatrie

F. Specht

Wenn mit dem Thema so ausdrücklich auf die *extramuralen* Aufgaben hingewiesen wird, dann mag das für einen Kinder- und Jugendpsychiater merkwürdig erscheinen. Diese Hervorhebung könnte ja den Eindruck vermitteln, als fände Kinder- und Jugendpsychiatrie vor allem *intra* muros statt, setze also eine stationäre Aufnahme voraus, und als müsse nun deswegen hervorgehoben werden, daß es auch *extra* muros Kinder- und Jugendpsychiatrie gibt. – Kinder- und Jugendpsychiater werden kaum in den Unterscheidungen intra und extra muros denken. Selbst dann nämlich, wenn eine stationäre Behandlung unumgänglich ist, wird sie nur dann sinnvoll und wirksam sein, wenn sie im Zusammenhang eines Vorgehens steht, das nicht nur vor und nach, sondern auch während des zeitweiligen Aufenthaltes in einer Einrichtung mit den eigentlichen Lebensbereichen von Kindern und Jugendlichen in Verbindung bleibt.

Allerdings: Erkundet man, welche Vorstellungen über Kinder- und Jugendpsychiatrie in der Öffentlichkeit vorhanden sind – nicht selten auch in medizinischer, pädagogischer, sozialpädagogischer und psychologischer Fachöffentlichkeit – dann herrscht offenbar das Bild der stationären Einrichtung vor. Das drückt sich u.a. auch in Redewendungen aus, bei denen Fachgebiet und stationäre Einrichtung gleichlautend bezeichnet werden – auf die gleiche bedenkliche Weise, wie dies auch in der Erwachsenenpsychiatrie geschieht – Redewendungen wie: „ein Kind wird in *die* Kinder- und Jugendpsychiatrie eingewiesen.“

Wie das Verhältnis zwischen ambulanter und stationärer Versorgung aussehen *kann*, soll ein Diagramm zeigen:

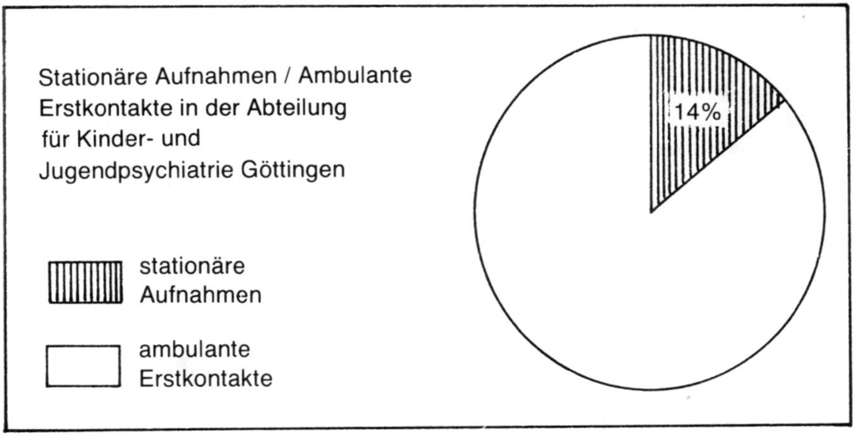

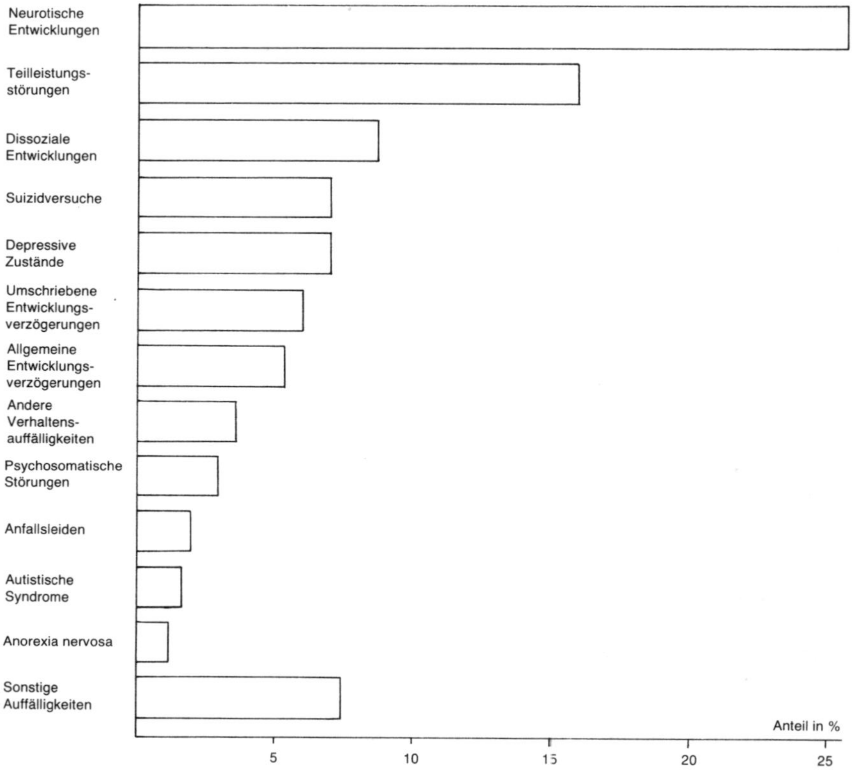

Abb. 1: Diagnosenverteilung: Erstkontakte 1982 (N = 450)

Es zeigt für die Abteilung für Kinder- und Jugendpsychiatrie der Universität Göttingen den Anteil der ausschließlich ambulant versorgten und der stationär aufgenommenen Patienten während eines Jahres. Ein derartiges Verhältnis zwischen ambulanter und stationärer Versorgung setzt allerdings strukturelle Bedingungen voraus, die nicht überall gegeben sind. Diese Bedingungen betreffen einmal das Einzugsgebiet: Die Einrichtung liegt in einer Großstadt unterer Größenordnung, und sie ist auch aus der näheren ländlichen Umgebung gut erreichbar. Mit wachsender Entfernung allerdings nimmt die Kenntnis von ihrer Arbeitsweise ab, und man trifft eher die schon erwähnte Gleichsetzung von Kinder- und Jugendpsychiatrie mit einer ausschließlich stationären Einrichtung an. – Eine *weitere* – entscheidende – Voraussetzung ist aber die uneingeschränkte Beteiligung an der ambulanten kassenärztlichen Versorgung, deren Grundlage die Poliklinikverträge der Universität sind.

Die personelle Ausstattung des ambulanten Bereiches der Abteilung erlaubt nicht nur gründliche diagnostische Klärung und Beratung der Familien, sondern bei einem Teil der Kinder und Jugendlichen auch längerwährende ambulante

Behandlung. Bei anderen wird die notwendige ambulante Behandlung zusammen mit entsprechenden Einrichtungen in Süd-Niedersachsen in die Wege geleitet.

Derartige institutionelle Bedingungen sind gegenwärtig wohl vor allem bei den Universitäts-Einrichtungen anzutreffen. Leider sind sie keineswegs bei allen kinder- und jugendpsychiatrischen Kliniken oder Fachabteilungen in *dieser* Weise gegeben. Das Diagramm (Abb. 1) dürfte aber keinen Zweifel lassen, daß solche struktrurellen Voraussetzungen für kinder- und jugendpsychiatrische Einrichtungen unerläßlich sind.

Es entspricht dies auch dem Modell kinder- und jugendpsychiatrischer Zentren, wie es einst in der Psychiatrie-Enquête entworfen wurde. Auch dort ging man davon aus, daß sie *nur* mit einem entsprechend ausgestatteten ambulanten Funktionsbereich in der Lage sind, die Probleme von Kindern, Jugendlichen und ihren Familien anzunehmen, *ohne* sich gleich für eine der Sache nach nicht unbedingt notwendige stationäre Aufnahme entscheiden zu müssen. Wenn dies wegen struktureller Mängel nicht der Fall ist, wird natürlich verständlich, wie es zu dem Bild einer überwiegend intramuralen Kinder und Jugendpsychiatrie kommen kann.

Ambulante Funktionsbereiche an kinder- und jugendpsychiatrischen Einrichtungen sind eine Möglichkeit, wie problembelastete Kinder und Jugendliche, Kinder und Jugendliche mit Beeinträchtigungen, Störungen und Gefährdungen ihrer geistigen und seelischen Entwicklung erreicht werden können, ohne daß sie ihre Lebensbereiche zu verlassen brauchen.

Wenn ich nun über weitere extramurale Möglichkeiten und Aufgabenbereiche sprechen werde, dann könnte dies eine sehr trockene Aufzählung werden, die zudem nicht vollständig sein wird. Ich werde deswegen zunächst einen Überblick herstellen und dann einzelne Beispiele etwas näher beleuchten. Dabei will ich so vorgehen, daß ich jeweils unterschiedliche institutionelle Bedingungen, unter denen kinder- und jugendpsychiatrische Tätigkeiten vor sich gehen, beschreibe und von daher dann einzelne Aufgabenbereiche heraushebe. (Abb. 2).

In der Übersicht sind Beispiele für drei Tätigkeitsbereiche aufgeführt:

- Dienste und Einrichtungen mit ambulanten Aufgaben unter kinder- und jugendpsychiatrischer fachlicher Verantwortung,
- andere Dienste, z.B. im Bereich von Jugendhilfe oder der Förderung von Behinderten, in denen Kinder- und Jugendpsychiater haupt- oder nebenamtlich in multidisziplinären Arbeitsgruppen mitwirken, teilweise auch leitend,
- Tätigkeiten von Kinder- und Jugendpsychiatern, die einzelfall-, problem- oder gruppenbezogen in anderen Einrichtungen und Diensten stattfinden.

Von den zuerst genannten ambulanten Funktionsbereichen ist bereits die Rede gewesen. Sie brauchen nicht Bestandteil einer Einrichtung zu sein, die auch über stationäre Plätze verfügt. Es gibt Beispiele dafür, wie sie sich als Dependance auch an einem anderen Ort führen lassen oder wie sie in Verbin-

- Ambulante Funktionsbereiche in Verbindung mit
  - stationärer Einrichtung
  - Tagesklinik
- Ambulante Dienste im Zusammenhang mit Gesundheitsämtern
- Kinder- und Jugendpsychiater in freier Praxis

Kinder- und Jugendpsychiater in anderen Diensten

- Erziehungsberatungsstellen
- Jugendberatungsstellen
- Therapeutische Heime
- Einrichtungen (teilstationär, stationär) für behinderte Kinder und Jugendliche

Beratung und Behandlung durch Kinder- und Jugendpsychiater in anderen Diensten und Einrichtungen

- Schulen
- Heime, Internate
- Jugendämter
- Einrichtungen für Behinderte
- Jugendvollzugsanstalten

Abb. 2: Kinder- und Jugendpsychiatrische Dienste

dung mit einer Tagesklinik eingerichtet werden können. Entwicklung und Erfahrungen bei einer solchen Struktur hat PAUL (1985) für Kassel beschrieben.

Werfen wir noch einen Blick auf die Inanspruchnahme und auf die Arbeitsweise eines ambulanten Funktionsbereiches für Kinder und Jugendpsychiatrie (Abb. 3).

Sie ist hier in einem Ablauf-Diagramm dargestellt, beginnend mit der Kontaktaufnahme, häufig über einen strukturierten telefonischen Vorkontakt mit einem Mitarbeiter der Abteilung (Arzt, Psychologe, Sozialarbeiter). Die einzelnen Schritte der dann folgenden diagnostischen Klärungen sollen hier nicht weiter erörtert werden. Am Ende des Ablaufes finden sich dann zahlreiche Möglichkeiten für die Umsetzung der diagnostischen Klärung in therapeutisches Handeln. Das geschieht allerdings nur zum Teil im eigenen ambulanten Funktionsbereich. Häufig ist dazu eine Zusammenarbeit mit anderen Einrichtungen oder Fachleuten notwendig. Zusammenarbeit bei der Umsetzung kann mehrerlei bedeuten:

Zusammenarbeit kann z.B. heißen: Erklären der Besonderheiten oder Schwächen, der Probleme, Konflikte oder Belastungen eines Kindes, damit diese in seinen Lebensfeldern besser berücksichtigt werden. Dies ist häufig der Inhalt einer Zusammenarbeit mit Schulen oder auch mit Heimen.

Zusammenarbeit kann aber auch heißen, daß bestimmte therapeutische Maßnahmen von anderen übernommen werden. Das hat verschiedene Gründe. Die

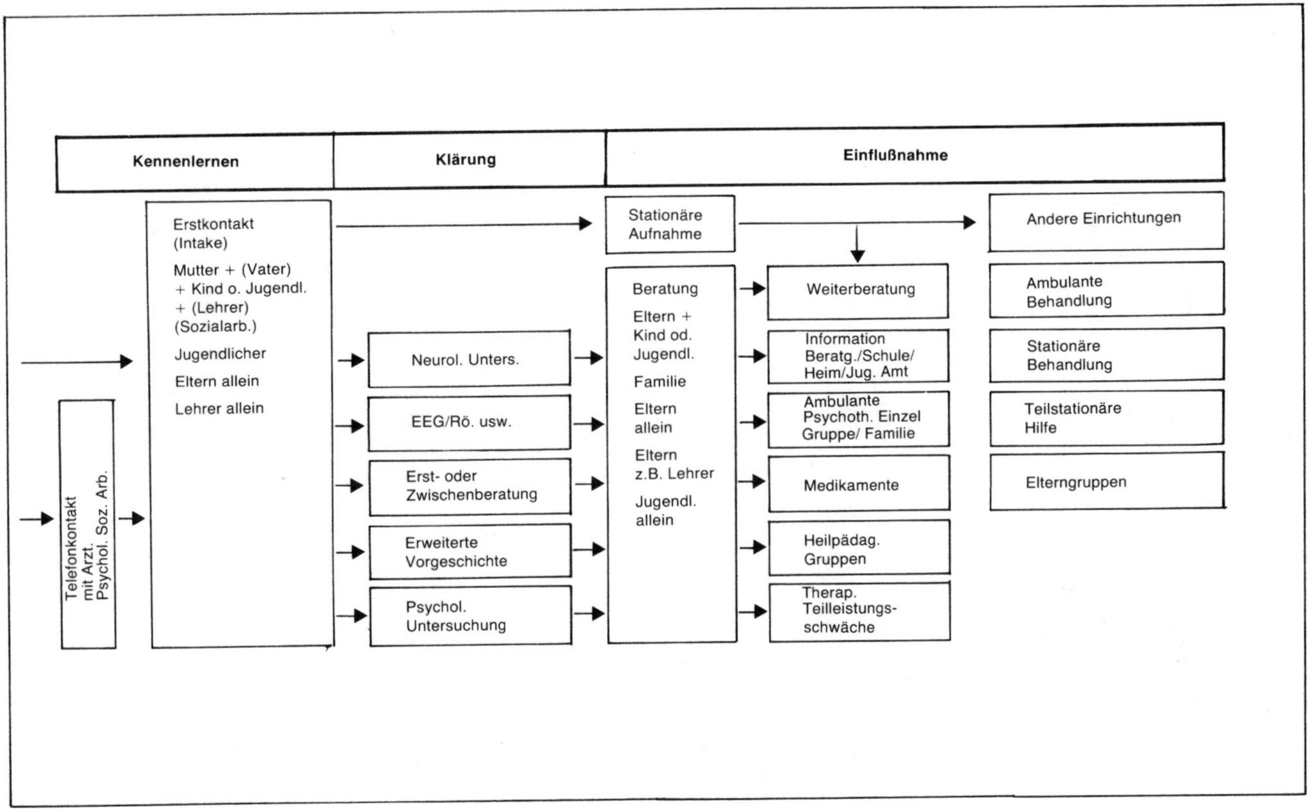

Abb. 3: Arbeitsweise der Kinder- und Jugendpsychiatrischen Sprechstunde

personelle Kapazität jeder kinder- und jugendpsychiatrischen Poliklinik ist letztlich begrenzt, so daß nicht jede Maßnahme selber durchgeführt werden kann. So übersteigt z.B. die Anzahl der Kinder, deren Auffälligkeiten Ausdruck einer behandlungsbedürftigen neurotischen Entwicklung sind, zumeist die eigene Behandlungskapazität. Sie kann erweitert werden, durch eine Zusammenarbeit mit Kinder- und Jugendlichenpsychotherapeuten, die in eigener Praxis tätig sind. – Es können aber auch räumliche Entfernungen sein, deretwegen die Übernahme einer Behandlung durch eine andere Einrichtung zweckmäßiger ist. Wenn eine Familie langfristig beratend begleitet werden muß oder wenn eine Familientherapie die Zeit aller Familienmitglieder beansprucht, kann dies z.B. – bei entsprechender Kompetenz – von einer dem Wohnsitz näher gelegenen Erziehungsberatungsstelle übernommen werden.

Kooperation zwischen kinder- und jugendpsychiatrischen Einrichtungen und anderen Diensten ist zweifellos notwendig. Sie ist eine ganz wesentliche Voraussetzung extramuraler Tätigkeit auf dem Gebiet der Kinder- und Jugendpsychiatrie. Es hört sich im übrigen immer sehr gut an, wenn von Kooperation geredet wird. Nicht selten wird aber tatsächlich *nur* davon geredet. Zusammenarbeit zwischen verschiedenen Diensten erfordert nämlich beträchtliche Anstrengungen, um sich gegenseitig über Arbeitsweise, Erwartungen an den anderen sowie über tatsächliche Möglichkeiten zu unterrichten, sich über Mitteilungswege zu einigen und fachsprachliche Verständigungsbarrieren zu überwinden.

Unter die kinder- und jugendpsychiatrischen Dienste im engeren Sinn sind in der Übersicht auch die in freier Praxis tätigen Kinder- und Jugendpsychiater eingeordnet. Deren Aufgabe und Arbeitsweisen werden in einem eigenen Vortrag dargestellt. Wenn ihre Anzahl (64) nicht sehr hoch ist, dann weist dies besonders deutlich auf das Mißverhältnis hin, das zwischen den Versorgungsbedürfnissen und der Anzahl von Kinder- und Jugendpsychiatern besteht. Seit Einführung der Gebietsbezeichnung Kinder- und Jugendpsychiatrie im Jahr 1969 erhielten 464 Ärzte (darunter 46% Frauen) die entsprechende Facharztanerkennung. Eine nicht geringe Anzahl von Ärzten hat darüber hinaus eine Weiterbildung zum Kinder- und Jugendpsychiater begonnen, wegen des bisher komplizierten Weiterbildungsganges aber nicht oder noch nicht abschließen können. Am 31.12.1983 waren den Landesärztekammern nur 273 auf dem Gebiet in Fachkrankenhäusern, Gesundheitsbehörden, Beratungsdiensten und in eigener Praxis tätige Ärzte (darunter 48% Frauen) mit der Gebietsbezeichnung Kinder- und Jugendpsychiatrie gemeldet.

Kinder- und jugendpsychiatrische Dienste bei Gesundheitsämtern haben unterschiedliche Aufgabenbereiche. Der Schwerpunkt liegt zumeist bei Vorklärung, Beratung von Familien, diagnostischer Mitwirkung und Beratung in Einrichtungen für behinderte Kinder und Jugendliche oder in Heimen und Schulen. Wenn gelegentlich die Koordinierungsaufgaben von Kinder- und Jugendpsychiatern hervorgehoben sind, dann trifft dies wohl vor allem auf die kinder- und jugendpsychiatrischen Dienste bei den Gesundheitsbehörden zu. Die Kenntnis der gesamten Breite der Entstehungsbedingungen seelischer und geistiger Entwicklungsstörungen auf der einen Seite und die Kenntnis der vielfältigen Möglichkeiten von Berücksichtigung, Behandlung und Förderung auf der anderen Seite erleichtern es, aus der Position dieser Dienste rechtzeitig geeignete Wege für ein Kind oder einen Jugendlichen zu finden. Zum Teil nehmen diese kinder- und jugendpsychiatrischen Dienste aber auch aufsuchende und nachgehende Aufgaben im Sinne eines sozialpsychiatrischen Dienstes wahr.

An dieser Stelle wird im übrigen noch einmal deutlich, daß an der Versorgung von Kindern und Jugendlichen mit Beeinträchtigungen und Störungen ihrer geistigen und seelischen Entwicklung, mit psychischen Störungen und Erkrankungen eine Reihe verschiedener Dienste und Einrichtungen beteiligt sind. In diesem Netz sind kinder- und jugendpsychiatrische Einrichtungen dadurch gekennzeichnet, daß sie unter ärztlicher Leitung biomedizinische, psychotherapeutische, psychologische, heilpädagogische und sozialtherapeutische Kompetenz zusammenfassen.

So wie es unterschiedliche Einrichtungen gibt, so sind auch zahlreiche Fachrichtungen an der Versorgung beteiligt. Die Aufzählung der in einer kinder- und jugendpsychiatrischen Einrichtung vertretenen Kompetenz macht das genügend deutlich. Kinder- und Jugendpsychiater mit ihrer ärztlichen Grundausbildung bringen – auch dann, wenn sie in anderen Diensten an der Versorgung beteiligt sind – die Verbindung biomedizinischer und psychotherapeutischer Kenntnisse, die Berücksichtigung körperlich-psychischer und psychisch-körperlicher Zusammenhänge ein.

Aus dem zweiten Bereich der Übersicht: Kinder- und Jugendpsychiater in anderen Diensten, greife ich deren Tätigkeit in Erziehungs- und Familienberatungsstellen heraus.

Die Geschichte der Erziehungsberatungsstellen reicht bis in die ersten Jahre dieses Jahrhunderts zurück. Die Bezeichnung „Erziehungsberatungsstelle" bürgerte sich ein, nachdem am Beginn der 20er Jahre in Wien für jeden Bezirk eine derartige Einrichtung entstand. Aufgabe war schon damals nicht einfach das Erteilen von Ratschlägen, sondern rechtzeitige Klärung und Einflußnahme bei Gefährdungen und Störungen der Entwicklung von Kindern und Jugendlichen. Zu den Aufgaben der Erziehungsberatungsstellen gehören Diagnostik, beratende und therapeutische Interventionen, aber auch vorbeugende Aktivitäten (z.B. Gruppen für Eltern und Erzieher) sowie aufklärendes Vorgehen. Eine Reihe der schon über Jahrzehnte bestehenden Erziehungsberatungsstellen verdanken ihre Gründung psychiatrisch oder psychotherapeutisch tätigen Ärzten. Teilweise waren sie – wie auch in einigen anderen Ländern – zunächst dem Gesundheitswesen zugeordnet. In der Bundesrepublik Deutschland sind sie – auf der Grundlage des Jugendwohlfahrtsgesetzes – Teil der Jugendhilfe, knapp zur Hälfte in kommunaler Trägerschaft, sonst in Trägerschaft von freien Wohlfahrtsverbänden. Gegenwärtig gibt es in der Bundesrepublik nicht ganz 790 Erziehungsberatungsstellen (Hauptstellen sowie Nebenstellen, wenn diese über eine eigene personelle Ausstattung verfügen). Sie haben unterschiedliche Arbeitsschwerpunkte und unterscheiden sich auch hinsichtlich ihrer personellen Ausstattung (nicht alle sind ausreichend ausgestattet): So wie in kinder- und jugendpsychiatrischen Einrichtungen multidisziplinäre Arbeitsgruppen tätig sind, so ist auch für Erziehungsberatungsstellen die multidisziplinäre Arbeitsgruppe eine wesentliche Voraussetzung, um der Vielfalt an Problemen gerecht werden zu können. Die Förderungsrichtlinien für Erziehungsberatungsstellen sehen dabei von jeher die haupt-, zumindest aber nebenamtliche Mitwirkung eines Arztes vor. Wenn neuerdings einzelne Bundesländer auf diese Forderung verzichtet haben, bedeutet dies eine bedenkliche Einschränkung der Klärungs- und Interventionsmöglichkeiten. Allerdings ist tatsächlich der Anteil an Ärzten, die in Erziehungsberatungsstellen mitwirken, *relativ* zurückgegangen. Relativ bedeutet, daß ihre Anzahl nicht in der gleichen Weise zugenommen hat wie die der Psychologen und Sozialarbeiter, als sich im Laufe der 70er Jahre die Anzahl der Erziehungsberatungsstellen in der Bundesrepublik verdoppelte. Während 1965 von den bei einer Erhebung durch TUCHELT erfaßten Stellen noch 24% einen zumeist psychiatrisch oder psychotherapeutisch ausgebildeten Arzt als Leiter hatten, waren es Ende 1982 zwar der Zahl nach nicht weniger, sie machten aber nur noch knapp 6% aus. Zur Hälfte handelte es sich bei den ärztlichen Leitern um Kinder- und Jugendpsychiater.

Die folgende Übersicht zeigt, in welchem Umfang Ende 1982 Ärzte überhaupt in Erziehungsberatungsstellen mitwirkten.

	Vollzeit	Teilzeit	Stunden-/ fallweise
Fachkräfte insgesamt	2.592	970	1.190
Davon Ärzte	52 (2%)	38 (4%)	302 (25%)
Davon Kinder- und Jugendpsychiater	21	7	55

Abb. 4: Ärztliche Mitwirkung in Erziehungsberatungsstellen (Stand 31.12.1982)

Der größte Teil der Ärzte wirkt nur fall- oder stundenweise in Erziehungsberatungsstellen mit. Neben Kinder- und Jugendpsychiatern handelt es sich um Nervenärzte, nur zu einem geringen Teil um Ärzte anderer Fachrichtungen. Mit ihrer Gesamtzahl machen Ärzte dennoch nach den Psychologen und Sozialarbeitern bzw. Sozialpädagogen die drittstärkste Berufsgruppe an den Erziehungsberatungsstellen aus.

Bei einer für das Jahr 1981 vorgenommenen Umfrage (PRESTING), an der sich 80% der Erziehungsberatungsstellen beteiligten, erklärten von den Stellen *ohne* ärztliche Mitwirkung 85%, daß sie eine solche Mitwirkung für erforderlich halten. Dafür standen aber zum Teil keine Personalmittel, zum Teil auch keine interessierten Ärzte zur Verfügung. Auch hier tritt das Mißverhältnis zwischen Bedarf und Anzahl von Kinder- und Jugendpsychiatern mit abgeschlossener Weiterbildung hervor.

Die Umfrage ergab im übrigen zur Tätigkeit der Ärzte folgendes: Die hauptamtlich voll- oder teilzeitbeschäftigten Ärzte nahmen regelmäßig folgende Aufgaben wahr: Erstkontakte, Erhebung der Vorgeschichte, Gesprächsführung mit Kindern und Jugendlichen, Eltern- und Familienberatung. Zur Hälfte führten sie regelmäßig psychoanalytische bzw. tiefenpsychologisch fundierte Psychotherapie oder auch Gesprächstherapie durch. Körperliche Untersuchungen machten einen verhältnismäßig geringen Anteil der Tätigkeiten aus. – Bei denjenigen Ärzten dagegen, die nur mit geringen Zeitanteilen in einer Erziehungsberatungsstelle mitwirkten, waren die Aufgaben mehr zu körpermedizinischen Tätigkeiten hin verlagert. Erklärlicherweise war dann zumeist auch die Beteiligung am Austausch und an den Beratungen innerhalb der Arbeitsgruppe begrenzt, d.h. die Integration in das Team nur schwach.

Das Beispiel der Erziehungsberatungsstellen zeigt hinsichtlich der kinder- und jugendpsychiatrischen Aufgabenbereiche und hinsichtlich der Beteiligung kinder- und jugendpsychiatrisch ausgebildeter Ärzte somit ein sehr verschiedenartiges Bild. Optimale Mitwirkung in einer multidisziplinären Arbeitsgruppe einerseits und erhebliche Defizite andererseits stehen einander gegenüber.

Ich komme zum dritten Bereich der Übersicht: Externe kinder- und jugendpsychiatrische Beratung in anderen Einrichtungen und Diensten. Es bedeutet dies, daß Kinder- und Jugendpsychiater, aber auch andere Mitarbeiter aus kinder- und jugendpsychiatrischen Diensten ihre Kenntnisse zur Problembeurteilung und Problemlösung dort zur Verfügung stellen, wo Probleme in Erscheinung treten: Es *kommen* nicht Kinder und Jugendliche in Poliklinik oder Beratungsstelle, sondern es *gehen* Kinder- und Jugendpsychiater dorthin, wo Fragen aufgetreten oder Sorgen entstanden sind.

Klärendes Vorgehen und Interventionen können sich dabei an Kinder und Jugendliche wenden, die in der jeweiligen Institution aufgesucht werden. Gespräch, Untersuchung, Beratung oder auch Behandlung ist jedoch nur *ein* Weg der Beteiligung. Ein anderer Weg ist die Beratung der Mitarbeiter einer Institution, die Ergänzung ihrer Überlegungen durch kinder- und jugendpsychiatrische Kompetenz.

Als Beispiel beschreibe ich die Beratungstätigkeit in einer Schule. Seit fast 10 Jahren nehmen Mitarbeiter unserer Abteilung für Kinder- und Jugendpsychiatrie an Förderkonferenzen einer Integrierten Gesamtschule teil. Ausgangspunkt war der Wunsch der Schule, Sorgen mit bestimmten Schülern erörtern zu können, ohne sich gleich dafür entscheiden zu müssen, diese Schüler in einer Poliklinik oder Beratungseinrichtung vorstellen zu müssen. Auf unserer Seite lag der Gedanke zugrunde, Entwicklungsprobleme, die im Unterricht oder im Zusammenleben von Schülern und Lehrern in Erscheinung treten, dort in ihren Entstehungs- und Auslösungszusammenhängen zu *verstehen*, um ihr Anwachsen oder ihre Verfestigung eben auch dort zu *verhindern*. Bei einer derart schulzentrierten Förderkonferenz beschreibt zunächst die Lehrergruppe Verhalten, Beziehungsformen, Befinden oder Arbeitsweise des Schülers, der ihr Sorgen bereitet. Es folgt dann ein strukturiertes Besprechungsvorgehen, mit dem Feststellungen und Wahrnehmungen sowie die ausgelösten Empfindungen und Gedankenverbindungen der Konferenzteilnehmer gesammelt und verglichen werden. Gemeinsam werden dann mit der erweiterten Kompetenz der Gruppe Problembeurteilungen und Lösungsmöglichkeiten erarbeitet. Das Ergebnis war überwiegend so, daß neue Ansätze für das Verständnis des Problemschülers und für eine Veränderung seiner Situation entwickelt wurden. Der Vorschlag, die Familie solle sich mit dem Schüler an einen ambulanten Dienst wenden, war die Ausnahme. Neben den schülerzentrierten Gruppenberatungen ergaben sich aber auch problem- oder methodenzentrierte und auch lehrerzentrierte Beratungen (Vgl. a. SPECHT 1982).

Mit dieser Beschreibung habe ich mich immer weiter fort von kinder- und jugendpsychiatrischen Einrichtungen hineinbewegt in die Lebensbereiche von Kindern und Jugendlichen. Zugleich habe ich mich von der gewohnten Diagnostik und Behandlung entfernt und dem Bereich der Prävention genähert. Mit der zuletzt beschriebenen kinder- und jugendpsychiatrischen Beratung dürfte nämlich Vorbeugung auf zweierlei Weise bewirkt werden: Einmal wurde häufig für den einzelnen Schüler das Anwachsen der Probleme bis zur Behandlungsbedürftigkeit vermieden: Er war nur vorübergehend ein „Fall" für die Förderkonferenz, er brauchte kein „Fall" für eine Institution zu werden. Zum anderen aber trug das besondere Beratungsvorgehen auch dazu bei, daß sich Sichtweise und Erfahrungen der Beteiligten – der kinder- und jugendpsychiatrische Berater übrigens eingeschlossen – erweiterten. Das heißt, daß künftig ähnliche Schule-Schüler-Probleme auch ohne externe Mitwirkung verstanden und gelöst werden können.

Wenn zu Anfang für einen ambulanten kinder- und jugendpsychiatrischen Funktionsbereich gezeigt wurde, wie sich die Anlässe für eine Inanspruchnahme klassifizieren lassen und in welchem Umfang sie beteiligt sind, dann führt dieser Schritt in den präventiven Bereich auch eher fort von üblichen diagnostischen Klassifikationen.

Deswegen sei abschließend das Aufgabengebiet der Kinder- und Jugendpsychiatrie einmal ohne Aufzählung von Diagnosengruppen gekennzeichnet. Es geht darum:
- Besonderheiten von Kindern und Jugendlichen
  * Erkennen * Erklären * Berücksichtigen * Beeinflussen
- Verhindern, daß sich Krisen und Störungen der Entwicklung zu bleibenden Leiden oder Abweichungen verfestigen.
- Verhindern, daß Auswirkungen von Beeinträchtigungen zunehmen.
- Hilfsquellen und Veränderungsmöglichkeiten in den Lebensfeldern von Kindern und Jugendlichen aufspüren und freisetzen.

Literatur

PAUL, G.: Möglichkeiten und Grenzen tagesklinischer Behandlung in der Kinder- und Jugendpsychiatrie.
In: Prax. Kinderpsychol. Kinderpsychiat. 34 (1985) 84-90
PRESTING, G.: Zur Tätigkeit von Ärzten an Erziehungsberatungsstellen in der Bundesrepublik Deutschland und Berlin-West.
(Zusammenfassungen unter: Mitteilungen der Bundeskonferenz für Erziehungsberatung. In: Prax. Kinderpsychol. Kinderpsychiat. 32 (1983) 189, 270f.)
TUCHELT-GALLWITZ, A.: Organisation und Arbeitsweise der Erziehungsberatungsstellen in der Bundesrepublik Deutschland. Weinheim: Beltz 1970
SPECHT, F.: Erfahrungen mit der Förderkonferenz an einer integrierten Gesamtschule. In: GERLICHER, K. (Hg.): Schule-Elternhaus-Beratungsdienste. Göttingen: Vandenhoeck & Ruprecht 1982

Kinder- und Jugendpsychiatrie in internationaler Sicht

H. Remschmidt

1. Historische Gesichtspunkte

Geschichte der Kinder- und Jugendpsychiatrie ist zunächst Geschichte der Kindheit, Geschichte der Erziehung, der Philosophie und Psychologie, sie wird erst später Geschichte der Psychiatrie und Pädiatrie und *sehr spät* eigentlich Geschichte der Kinder- und Jugendpsychiatrie.

Wie kommt dies? Gab es früher keine psychischen Erkrankungen bei Kindern und Jugendlichen? Es spricht alles dafür, daß dem nicht so ist. Nur spielten Kinder und Kindheit eine vergleichsweise untergeordnete Rolle - und wo dies nicht so war (zeitweise in der Antike), waren doch die Sitten rauh: man setzte kranke Kinder aus und auch ihre Tötung war straffrei.

Eine Untersuchung an 600 Familien in Delphi anhand von Inschriften hat ergeben, daß nur in 6 Familien zwei oder mehrere Töchter vorhanden waren. Dies ist weit weniger als der statistischen Wahrscheinlichkeit entspricht. Damals (2. und 3. vorchristliches Jahrhundert) nahm die Bevölkerung Griechenlands rapide ab, „weil die Menschen dem Snobismus, der Habgier und dem Leichtsinn verfallen sind, nicht mehr heiraten oder, wenn sie es tun, die Kinder, die ihnen geboren werden, nicht aufziehen wollen, sondern meist nur eins oder zwei, damit sie im Luxus aufwachsen und ungeteilt den Reichtum ihrer Eltern erben" (POLYBIOS, um 120 v. Chr.).

Erst die jüdische und christliche Tradition führt hier zu einer Wende – wenngleich sehr langsam. Im Mittelalter wurde das Kind wie ein kleiner Erwachsener betrachtet. Die erste Biographie über die Kindheit soll durch einen französischen Abt Anfang des 12. Jahrhunderts veröffentlicht worden sein. Die Auffassung des Kindes als „Miniatur-Erwachsener" zeigte sich auch in den Kinderkreuzzügen, in denen um 1212 rund 60.000 Kinder zugrunde gegangen sind. Eine wesentlich veränderte Einstellung zum Kind entsteht im 18. Jahrhundert im Zuge gewaltiger technischer und sozialer Revolutionen. Das Kind wird allmählich als eigenständiges Wesen betrachtet mit eigenen Bedürfnissen, Rechten und Pflichten. In der Folgezeit setzte sich mehr und mehr die Auffassung von der Eigenständigkeit des Kindes durch, der Entwicklungsgedanke gewann den ihm gebührenden Platz, und auch in rechtlicher Hinsicht wird das Kind zunehmend als ein schutz- und förderungswürdiges Individuum mit eigener Persönlichkeit, eigenen und originären Bedürfnissen sowie auch Rechten betrachtet.

2. Die deutschsprachige Kinder- und Jugendpsychiatrie

Die deutschsprachige Kinder- und Jugendpsychiatrie ist stark mit der europäischen und internationalen verknüpft. Wenn sie hier zunächst in einem eigenen Abschnitt gewürdigt wird, so deshalb, weil sie einerseits ganz wesentlich zur Entwicklung der europäischen Kinderpsychiatrie beitrug und zum anderen, weil sie eine spezifische pädagogische und heilpädagogische Vorgeschichte hat, die für den deutschen Sprachraum typisch ist.

2.1 Pädagogik, Heilpädagogik und Philosophie

Diese Disziplinen bestimmen vom Ausgang des Mittelalters bis ins 18./19. Jhdt. die Geschichte der deutschsprachigen Kinderpsychiatrie. Zwar beschrieb PARACELSUS von HOHENHEIM (1493 - 1541) als erster den Zusammenhang zwischen dem endemischen Kropf und Schwachsinn und sein Schüler Felix PLATER (1536 - 1614) den erblichen Schwachsinn. Derlei medizinische Beobachtungen, die eigentlichen Vorläufer der Kinder- und Jugendpsychiatrie als einer medizinischen Disziplin, sind zu dieser Zeit allerdings sehr selten.

Eine gewisse Ausnahme stellt die Epilepsie dar, über die wir sehr frühe medizinische Schilderungen bereits aus der Antike und auch aus dem Mittelalter besitzen.

In der Folgezeit herrschen jedoch pädagogische, heilpädagogische und philosophische Strömungen vor.

Der Begriff der Heilpädagogik wurde sinngemäß schon bei John LOCKE (1693) und bei Jean-Jacques ROUSSEAU (1762) verwandt.
In den deutschen Sprachraum eingeführt wurde er durch die Leipziger Heilpädagogen GEORGENS und DEINHARDT, die 1861 eine „Heilpädagogik mit besonderer Berücksichtigung der Idioten und der Idiotenanstalten“ veröffentlichten.

Die Folgezeit wird geprägt durch das Werk von Johann Heinrich PESTALOZZI (1746 - 1827), von Friedrich FRÖBEL (1778 - 1852), Johann Heinrich WICHERN (1808 - 1881), der 1833 als Gründer des ersten „rauhen Hauses“ zur Rettung verwahrloster Kinder Erwähnung verdient und Theodor HELLER (1869 - 1938). HELLER, der bei WUNDT in Leipzig promoviert hatte (1895), gründete eine heilpädagogische Anstalt und ist der Erstbeschreiber der „Dementia infantilis“ (1908), die seinen Namen trägt. Er verfaßte ferner auch einen „Grundriß der Heilpädagogik“ (1905).

2.2 Entwicklung der Kinderpsychiatrie zu einer medizinischen Disziplin

Parallel zu den pädagogischen, heilpädagogischen und philosophischen Strömungen (z.T. mit, z.T. ohne wechselseitige Beeinflussung) entwickelte sich die Kinderpsychiatrie zu einer medizinischen Disziplin. Als früher Vorläufer kann Henry MAUDSLEY gelten, der in seiner „Physiology and Pathology of Mind“ (1867) ein Kapitel von 34 Seiten mit dem Thema „Insanity of Early Life“ verfaßte, das als Vorläufer späterer kinderpsychiatrischer Lehrbücher aufgefaßt werden kann.

Eine eigene kinderpsychiatrische Abteilung mit Ambulanz und stationärer Aufnahmemöglichkeit wurde allerdings erst 1930 eingerichtet; erst in den fünfziger Jahren wurde ein Lehrstuhl für Kinder- und Jugendpsychiatrie am Maudsley-Hospital errichtet.

Ein wichtiger Markstein in der Geschichte der Kinder- und Jugendpsychiatrie ist das Jahr 1887, in dem das erste kinderpsychiatrische Lehrbuch, verfaßt von EMMINGHAUS, erschien mit dem Titel „Psychische Störungen im Kindesalter". Der Psychiatriehistoriker HARMS bezeichnete es als „die Wiegenstunde der Kinderpsychiatrie".

1899 wurde erstmals die Bezeichnung „Kinderspychiatrie" durch den Franzosen M. MANHEIMER verwendet, der sein Buch „Les Troubles Mentaux de l'Enfance" (1899) im Untertitel „Précis de Psychiatrie Infantile" nannte (STUTTE, 1980). Etwa zur gleichen Zeit erscheinen Lehrbücher von MOREAU de TOURS (1888) und IRELAND (1898), die noch nicht den Terminus „Kinderpsychiatrie", aber verwandte Bezeichnungen im Titel führen.

Die weitere Entwicklung ist gekennzeichnet durch folgende Namen:
STROHMAYER (1910 - 1923), der eine „Psychopathologie des Kindesalters" verfaßte,
Theodor ZIEHEN (1915 - 1926) mit seinem Lehrbuch „Die Geisteskrankheiten im Kindesalter",
Sante de SANCTIS (1925), der den Begriff „Neuropsichiatria infantile" prägte und die „Dementia precocissima" beschrieb,
August HOMBURGER (1926), der sein einflußreiches Werk „Vorlesungen über die Psychopathologie des Kindesalters" nannte,
Moritz TRAMLER, dessen „Lehrbuch der allgemeinen Kinderpsychiatrie" als erste klare Umgrenzung des Fachgebietes angesehen werden kann (Erstauflage 1942, 4. Auflage 1964).

Wichtige Weiterentwicklungen dieser Ansätze waren der Handbuchartikel über das Gesamtgebiet der Kinder- und Jugendpsychiatrie von STUTTE (1960) sowie die Lehrbücher von LUTZ (1961) und das deutschsprachige „Lehrbuch der speziellen Kinder- und Jugendpsychiatrie" von HARBAUER, LEMPP, NISSEN und STRUNK (1971).

Die Weiterentwicklung der deutschsprachigen Kinder- und Jugendpsychiatrie wurde aber auch durch die Gründung wissenschaftlicher Zeitschriften wesentlich gefördert.

Hier lassen sich drei Entwicklungen nachzeichnen:
(1) 1898 wurde das Periodikum „Die Kinderfehler" gegründet, das dann seine Fortsetzung in der „Zeitschrift für Kinderforschung" fand, die 1944 mit dem 50. Band ihr Erscheinen einstellen mußte.

Erster Redakteur war Werner VILLINGER. Diese Zeitschrift fand ihre Fortsetzung in dem von VILLINGER und STUTTE und später von STUTTE herausgegebenen „Jahrbuch für Jugendpsychiatrie und ihre Grenzgebiete" (seit 1956), das 1973 als „Zeitschrift für Kinder- und Jugendpsychiatrie" fortgesetzt wurde.

(2) 1934 wurde durch TRAMER die „Zeitschrift für Kinderpsychiatrie" gegründet, die heute als „Acta paedopsychiatrica" fortgeführt wird.

(3) Als Periodikum mit zunächst stärkerer psychoanalytischer Orientierung und später interdisziplinärem Ansatz wurde 1951 die „Praxis für Kinderpsychologie und Kinderpsychiatrie" begründet (von Annemarie DÜHRSSEN und Werner SCHWIDDER), die ebenfalls weite Verbreitung und einen großen Leserstamm gefunden hat.

Die Etablierung einer neuen Fachdisziplin gelingt aber nur, wenn sich auch entsprechende Organisationen bzw. Fachgesellschaften entwickeln.

Für die deutsche Kinder- und Jugendpsychiatrie kam der entscheidende Anstoß aus Frankreich: dort hatte Georges HEUYER, der Nestor der europäischen Kinderpsychiatrie und Inhaber des ersten europäischen Lehrstuhls für dieses Fachgebiet (seit 1949) im Jahre 1937 den ersten internationalen Kongreß veranstaltet.

Dort fand auch die Gründung der International Association of Child Psychiatry statt, die später ihren Namen änderte in International Association for Child Psychiatry and Allied Professions und 1978 in Melbourne ihren Namen erneut änderte in International Association for Child and Adolescent Psychiatry and Allied Professions.

An diesem ersten internationalen Kinderpsychiater-Kongreß nahm auch eine deutsche Delegation teil, die von Paul SCHRÖDER (Leipzig) geleitet wurde.

Im Jahre 1939, auf dem letzten Vorkriegskongreß der deutschen Gesellschaft für Psychiatrie, kam es dann zur Gründung einer „Kinderpsychiatrischen Arbeitsgemeinschaft", die den Auftrag erhielt, eine wissenschaftliche Gesellschaft zu gründen.

Die Kommission trat am 27.3.1939 zusammen. Dieser Tag kann somit als Geburtsstunde der heutigen „Deutschen Gesellschaft für Kinder- und Jugendpsychiatrie" angesehen werden (vgl. STUTTE 1980).

Die offizielle Gründung unserer Fachgesellschaft erfolgte jedoch erst am 5.9.1940 in Wien, als „Deutsche Gesellschaft für Kinderpsychiatrie und Heilpädagogik" unter dem Protektorat des Nobelpreisträgers WAGNER von JAUREGG. Bereits damals auf der Gründungsversammlung war auch ein Vertreter der Deutschen Vereinigung für Jugendgerichte und Jugendgerichtshilfen anwesend, mit der unsere Fachgesellschaft auch heute noch sehr enge Beziehungen unterhält.

Vorsitzender dieser ersten deutschsprachigen Fachgesellschaft wurde Paul SCHRÖDER, der jedoch ein Jahr nach der Gründung starb. Sein Nachfolger wurde der Schriftführer der Gesellschaft, Werner VILLINGER, der über Bethel, Breslau und Tübingen schließlich nach Marburg kam und dort den psychiatrischen Lehrstuhl übernahm.

Die kinderpsychiatrische Abteilung, später Lehrstuhl, wurde Hermann STUTTE übertragen.

Durch den Krieg wurden die berufspolitischen Aktivitäten behindert. Das Verbandsorgan, die „Zeitschrift für Kinderforschung", mußte ihr Erscheinen mit dem 50. Band einstellen.

In der Nachkriegszeit kam es 1948 auf dem Kongreß der deutschen Gesellschaft für Psychiatrie und Nervenheilkunde in Göttingen zu Bemühungen um die Wiedergründung unserer Gesellschaft. Im Jahre 1949 fand das erste Nachkriegs-

Symposium der Kinderpsychiater in Marburg statt. 1950 kam es auf dem deutschen Psychiater-Kongreß in Stuttgart zur offiziellen Wiedergründung bzw. Neugründung der Gesellschaft als „Deutsche Vereinigung für Jugendpsychiatrie".

Mit dieser Gründung wurde die kinderpsychiatrische Fachgesellschaft als ärztliche Organisation etabliert und gleichzeitig auch eine Trennung von nicht-ärztlichen Berufsgruppen durchgeführt, die allerdings auch weiterhin als außerordentliche Mitglieder der Gesellschaft angehören konnten.

Seit ihrer Wiedergründung als eigene medizinische Fachdisziplin hat die Kinder- und Jugendpsychiatrie Kontakte zu zahlreichen Nachbardisziplinen aufgenommen: Zur Heilpädagogik, Pädagogik und Sonderpädagogik (ein wesentlicher Förderer dieser Beziehungen war seitens der Sonderpädagogik H. von BRAKKEN), zur Jurisprudenz (hier waren insbesondere SEVERTS und SCHÜLER-SPRINGORUM maßgebliche Partner), zur Psychologie (sehr enge Kontakte bestanden zu BUSEMANN und WEWETZER), zur Psychiatrie (SCHRÖDER, VILLINGER, BÜRGERPRINZ) und zur Pädiatrie (CZERNY, LAZAR, BENNHOLDT-THOMSEN, HARBAUER).

Diese engen Beziehungen zu verschiedenen Nachbardisziplinen haben auch dazu geführt, daß kinder- und jugendpsychiatrisches Wissen in anderen Fachgebieten verbreitet wurde und daß auch vor anstehenden Gesetzesreformen kinder- und jugendpsychiatrischer Sachverstand stets gefragt war.

Im Hinblick auf die fachliche Orientierung hat sich die europäische und deutschsprachige Kinder- und Jugendspsychiatrie in eine Richtung entwickelt, die aus verschiedenen Quellen gespeist wird und die sowohl im diagnostischen als auch im therapeutischen Bereich als im guten Sinne eklektisch angesehen werden kann. Dennoch existieren in der klinischen Ausrichtung gewisse theoretische Schwerpunkte, die sich unter vier Gesichtspunkten kennzeichnen lassen:

(1) die *neuropsychiatrische* Tradition.

Sie geht auf den Einfluß der Psychiatrie und Neurologie zurück, aus der die Kinder- und Jugendpsychiatrie wesentliche Impulse erhalten hat.

Viele Abteilungen haben sich aus der Erwachsenenpsychiatrie heraus entwickelt. Diese Tradition findet sich nicht nur im deutschsprachigen Raum, sondern auch in Frankreich und z.T. sehr ausgeprägt in den sozialistischen Ländern, einschließlich der DDR.

Diese Entwicklung hat neuerdings wieder Auftrieb erhalten durch die Entwicklung der „Neuropsychologie", die die Beziehungen zwischen Erleben und Verhalten einerseits und Hirnfunktionen andererseits untersucht und die man auch als „Fortsetzung der Neurologie mit psychologischen Mitteln" bezeichnen könnte.

(2) die *heilpädagogisch-klinische* Tradition.

Sie ist insbesondere in der Bundesrepublik, in Österreich und der Schweiz an verschiedenen Kliniken verbreitet. Wesentliche Promotoren dieser Entwicklung waren in Österreich Hans ASPERGER, in der Schweiz Paul MOOR und in der Bundesrepublik Heinrich KOCH.

(3) die *psychodynamisch-psychoanalytische* Tradition.

Sie ist ausschließlich in Westeuropa und in der westlichen Welt verbreitet, nicht in den Ostblockstaaten.

Sie wurde begründet durch Sigmund FREUD. Wesentliche Impulse erhielt sie durch Anna FREUD (* 1895), durch Melanie KLEIN (1882 - 1960), durch Alfred ADLER (1870 - 1937), August EICHHORN (1887 - 1949), René SPITZ (1887 - 1974) und in der Bundesrepublik insbesondere durch Annemarie DÜHRSSEN.

Seit 1948 existiert eine Ausbildung zum Psychagogen, seit 1970 können Psychagogen zu den Krankenkassen zugelassen werden.

Verschiedene Kliniken im deutschsprachigen Raum sehen das psychodynamisch-psychoanalytische Konzept als Basis an, integrieren jedoch auch andere Ansätze, da sich gezeigt hat, daß nur ein kleiner Teil der kinder- und jugendpsychiatrischen Patienten mit Hilfe der analytischen Psychotherapie behandelt werden kann. Andererseits ist das psychodynamische Denken eine sehr wichtige Grundlage zum Verständnis einer Vielzahl psychischer Störungen und auch familiärer Aspekte.

(4) die *empirisch-epidemiologisch-statistische* Tradition.

Sie wird insbesondere in den angelsächsischen Ländern, vor allem in England und den USA, vertreten und ist in ihrer Ausrichtung nicht einer speziellen theoretischen Richtung verpflichtet. Sie geht von der Objektivierung empirischer Sachverhalte aus, ist darum bemüht, umfassende Versorgungsmodelle zu entwickeln und diagnostische wie therapeutische Methoden einer kritischen Evaluation zu unterziehen.

In das diagnostische und therapeutische Konzept dieser Richtung sind alle Ansätze integrierbar, die sich um die Objektivierung ihres klinischen Handelns bemühen. Auch diese Richtung hat eine lange Tradition.

3. Europäische Kinder- und Jugendpsychiatrie

Die deutschsprachige Kinder- und Jugendpsychiatrie ist natürlich Teil der europäischen. Wie die deutsche, so hat auch die europäische Kinderpsychiatrie zahlreiche Vorläufer.

Ihr organisatorischer Zusammenschluß erfolgte jedoch erst relativ spät, später als die Gründung der internationalen Fachgesellschaft und unterbrochen durch den Krieg, dessen Auswirkungen auch aufgrund persönlicher Verluste und unliebsamer Erfahrungen die Kontaktaufnahme der Ausländer zu uns Deutschen sehr erschwerten (vgl. STUTTE, 1981).

Besondere Verdienste um die Gründung der europäischen Kinder- und Jugendpsychiatrie und den Zusammenschluß europäischer Kinder- und Jugendpsychiater haben sich FRIEDEMANN und VILLINGER erworben.

FRIEDEMANN schrieb 1967 über die Vorstufen der Union Europäischer Pädopsychiater (UEP):

„Ein ergreifendes und beispielhaftes Zeugnis menschlicher Größe bot uns der hochverehrte Georges HEUYER, an dessen Sohn sich die Feindesmacht im Geiselmord versündigt hatte. Auch für Herrn TRAMER war nicht leicht, die Empfindungen hintanzustellen, die noch immer nach der Ausmerzung naher verwandter Familien in ihm kochen, die als Kollektivopfer des Rassenwahns gestorben waren". Unter diesen schwierigen menschlichen Bedingungen muß man den Zusammenschluß der europäischen Kinderpsychiater sehen.

Das erste Symposium europäischer Pädopsychiater fand am 30. und 31.10.1954 in Magglingen (Schweiz) statt. Damals klagte Georges HEUYER über unseriöse Methoden und mangelhafte wissenschaftliche Sondierung sogenannter neuerer Erkenntnisse. Seine Ausführungen haben bis heute ihre Gültigkeit nicht verloren:

„Wir sind voller Angst vor der steigenden Flut von Nichtskönnern und Schwätzern, die das Kind nur mit Worten oberflächlich behandeln wollen" (zit. nach FRIEDEMANN, 1967).

Am 31.10.1954 erfolgte die Gründung der Union Europäischer Pädopsychiater Moritz TRAMER wurde zum Präsidenten gewählt, Jakob LUTZ zum geschäftsführenden Präsidenten. Als Vizepräsidenten fungierten MICHAUX, de SANCTIS und VILLINGER. Zum Schriftführer wurde FRIEDEMANN gewählt.

Über die Gründungsversammlung und die Beschlüsse finden sich detaillierte Ausführungen im Jahrbuch für Jugendpsychiatrie, Bd. 6 (1967).

Die offizielle Gründung der Union Europäischer Pädopsychiater, verbunden mit dem ersten Kongreß der UEP, erfolgte jedoch erst 1960 in Paris. Der Kongreß war zugleich das 6. Symposium Europaeicum Paedopsychiatricum. Der Kongreß stand unter der Leitung von MICHAUX.

Weitere Kongresse fanden 1963 in Rom, 1967 in Wiesbaden, 1971 in Stockholm, 1975 in Wien, 1979 in Madrid und 1983 in Lausanne statt.

In der jetzigen Amtsperiode (1979 - 1983) erfolgte eine Umbenennung der Union Europäischer Pädopsychiater in „European Association for Child and Adolescent Psychiatry" (EACAP).

4. Die internationale Kinder- und Jugendpsychiatrie

Auf wesentliche Meilensteine der Gründung der internationalen Gesellschaft für Kinder- und Jugendpsychiatrie wurde bereits eingegangen.
1937 erfolgte ihre Gründung unter HEUYER in Paris als „International Association for Child Psychiatry". Der Name wurde später geändert in „International

Association for Child Psychiatry and Allied Professions" (IACP and AP). Seit 1968 ist der Name „International Association for Child and Adolescent Psychiatry and Allied Professions" (ACAP and AP).

Der Vorstand der International Association for Child and Adolescent Psychiatry hat in den letzten Jahren Studiengruppen (internationale und regionale) begründet, die wichtige Entwicklungen auf dem Gebiete der Kinder- und Jugendpsychiatrie analysieren und Vorschläge zur Weiterentwicklung machen.

Die internationalen Kongresse verteilten sich seit 1958 auf folgende Regionen: 1958 in Lissabon (unter FONTES), 1962 in Scheveningen (unter van KREVELEN), 1966 in Edinburgh (unter J. BOWLBY), 1970 in Jerusalem (unter LEBOVICI), 1974 in Philadelphia (unter ANTHONY), 1978 in Melbourne (unter SOLNIT) und 1982 in Dublin (unter HERSOV).

5. Kinder- und jugendpsychiatrische Institutionen

An dieser Stelle kann keine ausführliche Darstellung der Geschichte kinder- und jugendpsychiatrischer Institutionen gegeben werden. Es sei hier auf die Ausführungen von STUTTE (1966) hingewiesen, die auch Grundlage der folgenden Beschreibung sind.

5.1. Stationäre Kinder- und Jugendpsychiatrie

„Prähistorische Anfänge" stellen die Schwachsinnigen-Anstalten, die Anstalten für Epileptiker und Geisteskranke in früheren Jahrhunderten und vor allem um die Mitte des 19. Jhdts. dar. Es können hier nur einige wichtige Meilensteine genannt werden: 1850 erfolgte durch LePAULMIER in Paris die Gründung der ersten gesonderten Kinderabteilung in einer psychiatrischen Klinik. 1864 begründete Heinrich HOFFMAN in Frankfurt die Kinderabteilung an der „Städtischen Anstalt für Irre und Epileptische". Sie ist somit die erste deutschsprachige kinder- und jugendpsychiatrische Klinik.

1911 wurde an der Wiener Kinderklinik unter LAZAR (in der Amtszeit von PIRQUET) die erste heilpädagogische Beobachtungsstation an einer Kinderklinik errichtet. Ihr folgte 1921 die Begründung einer ähnlichen Abteilung an der Psychiatrischen Universitätsklinik durch KRAMER und von der LEYEN. 1922 wurde in Tübingen eine eigene kinderpsychiatrische Abteilung durch VILLINGER unter GAUPP gegründet, 1926 in Leipzig durch SCHRÖDER und im gleichen Jahr durch HOMBURGER in Heidelberg. An der Heidelberger Klinik gab es bereits 1917 Anfänge einer ambulanten Behandlung.

Die Entwicklung im Ausland geht in etwa der hier skizzierten parallel: 1917 wurde in Moskau unter GILJAWORSKI eine Kinderabteilung gegründet, 1920 in Prag unter HERFORD und 1925 in Paris unter HEUYER. Es folgten Abteilungsgründungen in Zürich (LUTZ) (Beginn 1921) und Rom (Sante de SANCTIS, später BOLLEA).

Die universitäre Kinder- und Jugendpsychiatrie erreichte mit der Gründung ihres ersten Lehrstuhls in Baltimore (Leo KANNER) ihre Begründung als vollgültige akademische Disziplin.

Es folgte 1949 die Errichtung des zweiten Lehrstuhls in Paris (G. HEUYER), es folgten London (um 1950, CAMERON, später RUTTER), 1954 Marburg (Hermann STUTTE) und 1964 Frankfurt (Hubert HARBAUER).

In der Folgezeit wurden in Deutschland, im europäischen und außereuropäischen Ausland zahlreiche Lehrstühle gegründet.

Die erste selbständige kinder- und jugendpsychiatrische Landesklinik wurde 1926 unter LÖWENSTEIN in Bonn gegründet. Sie erhielt den Namen „Rheinische Provinzialanstalt für seelisch abnorme Kinder" und trägt heute den Namen „Rheinische Landesklinik für Kinder- und Jugendpsychiatrie".

5.2. Ambulante Kinder- und Jugendpsychiatrie

Sie wurde stark beeinfußt durch die Child Guidance-Bewegung (1909 in der USA durch HEALY gegründet). 1909 gründete FÜRSTENHEIM in Berlin eine „Medico-Pädagogische Poliklinik für Kinderforschung, Erziehungsberatung und ärztlich-erzieherische Behandlung". FÜRSTENHEIM ging später nach Frankfurt und gründete dort 1916 im Frankfurter Gesundheitsamt eine „Ärztlich-heilpädagogische Jugendsichtungsstelle", die von der Zielsetzung her auch heute noch existiert. 1922 erfolgte in München die Gründung der ersten Erziehungsberatungsstelle durch SEIF.

Inzwischen existieren in der Bundesrepublik 790 Erziehungsberatungsstellen, die einen wesentlichen Anteil an der kinder- und jugendpsychiatrischen Versorgung im weitesten Sinne haben.

In jüngster Zeit wird auch kinder- und jugendpsychiatrischen Landeskliniken, im Gefolge der Psychiatrie-Enquête, die Einrichtung einer Ambulanz gestattet. Für die Universitätsklinken war eine eigene Ambulanz ohnehin schon in früheren Jahrzehnten selbstverständlich.

Ein neues Versorgungsangebot ist die Einrichtung mobiler kinder- und jugendpsychiatrischer Dienste. Diese dezentrale Entwicklung in der kinder- und jugendpsychiatrischen Versorgung hat Vorbilder in Schweden, der Schweiz und in Kanada. In der Bundesrepublik wird sie bislang nur in der Region Marburg-Biedenkopf sowie in dem angrenzenden Landkreis Waldeck-Frankenberg praktiziert. Die beiden Landkreise werden durch einen dezentralen kinder- und jugendpsychiatrischen Dienst versorgt, der aus zwei Teams, jeweils bestehend aus Arzt (Kinderpsychiater), Psychologe und Sozialpädagoge, zusammengesetzt ist. Für jeden der beiden Landkreise ist ein derartiges Team zuständig, das im wesentlichen drei Aufgaben hat:

- das Abhalten von Sprechstunden an verschiedenen Orten der Landkreise
- die Nachbetreuung ehemals stationärer Patienten und
- die Institutionsberatung.

Die Institutionsberatung erstreckt sich auf eine Vielzahl von Einrichtungen, die mit psychisch kranken und behinderten Kindern und Jugendlichen zu tun haben.

Der kinder- und jugendpsychiatrische Dienst versorgt pro Jahr über 300 Patienten und deren Familien. Die Patienten werden dem Dienst über andere Kliniken, niedergelassene Ärzte, Ämter und Behörden zugewiesen. Ein großer Teil der Eltern sucht die Sprechstunden mit ihren Kindern aus eigenem Antrieb auf.

Neuerdings existieren internationale Bestrebungen, die ambulante Tätigkeit durch teilstationäre Angebote zu ergänzen und stationäre Behandlungsangebote möglichst zu beschränken. Diese Entwicklung ist begrüßenswert, wird jedoch ein gefächertes stationäres Behandlungsangebot nicht überflüssig machen.

Tagesklinische Behandlungsmöglichkeiten existieren im kinder- und jugendpsychiatrischen Bereich in der Bundesrepublik noch in geringem Umfange, obwohl die Heckscher-Klinik in München über die älteste kinder- und jugendpsychiatrische Tagesklinik verfügt.

6. Ausbildung, Fort- und Weiterbildung

Die Aufgaben, die die Kinder- und Jugendpsychiater erwarten, sind nicht gering. Ein Blick auf epidemiologische Daten macht dies deutlich. In Mitteleuropa machen Kinder und Jugendliche unter 18 Jahren rund 23 bis 27% der gesamten Population aus. Es kann angenommen werden, daß zwischen 7 und 15% der Schulkinder Verhaltensauffälligkeiten, emotionale Störungen oder Lernstörungen aufweisen, die einer näheren diagnostischen Abklärung oder Behandlung bedürfen. Die Quote an psychischen Störungen in der Adoleszenz bewegt sich in auslesefreien Stichproben zwischen 13 und 16%. Für die aus diesen Zahlen ableitbaren Notwendigkeiten der kinder- und jugendpsychiatrischen Versorgung steht in ganz Europa, aber auch in den USA, Kanada und vielen anderen Ländern nur eine unverhältnismäßig geringe Zahl an ausgebildeten Fachärzten zur Verfügung. Nach MAY (1976) existieren nur in zwei europäischen Ländern (der Schweiz und Schweden) fünf und mehr Kinder- und Jugendpsychiater auf 100.000 Kinder und Jugendliche unter 15 Jahren. Bezieht man die Zahl der Kinderpsychiater auf die Zahl der Erwachsenenpsychiater des jeweiligen Landes, so schwankt der prozentuale Anteil im europäischen Vergleich zwischen 0 und 21%. Die geringsten Quoten (unter 5%) findet man in der Türkei, in Irland, in Griechenland und Jugoslawien, die höchsten in Island (18,2%) und in Schweden (21%). In der Größenordnung zwischen 10 und 15% bewegen sich England und Wales, Finnland, Dänemark, Schottland, die Schweiz (14,7%) und die Bundesrepublik (11,7%). In der Bundesrepublik macht die Anzahl der Kinder- und Jugendpsychiater nur 1 bis 2% aller Facharztanerkennungen aus. Als optimale Relation zwischen Kinderpsychiatern und Erwachsenenpsychiatern wird ein Verhältnis von 1:3 angesehen. Die epidemiologischen Zahlen über die Verbreitung kinder- und jugendpsychiatrischer Erkrankungen und die geringe Zahl von Fachärzten stehen in einem grotesken Mißverhältnis. Die Folgerung daraus ist, daß für die Facharztweiterbildung mehr getan werden muß: mehr heißt dabei Stellenvermehrung und damit Vermehrung der Ausbildungsplätze, *aber auch* eine bessere Qualifizierung der Facharztweiterbildung. Eine Umfrage über die Situation der Facharztweiterbildung in 20 europäischen Ländern ergab, daß nur wenige Länder nicht über eine eigene Spezialisierung im Fach Kinder- und Jugendpsychiatrie verfügen (unter ihnen Belgien, die Niederlande, Spanien und Bulgarien). Alle übrigen befragten Länder (alle skandinavischen Länder, England und Irland, Frankreich, Italien, die Tschechoslowakei, Ungarn, die Sowjetunion sowie als deutschsprachige Länder Österreich, die Schweiz, die Deutsche Demokratische Republik und die Bundesrepublik) verfügen über eine geregelte Facharztweiterbildung. Facharztprüfungen sind in einigen osteuropäischen Ländern, in England und in der Bundesrepublik obligatorisch.

In den USA existiert ein geregeltes Facharztweiterbildungsprogramm mit sehr hohen Anforderungen und, verbunden mit einer schwierigen Prüfung, die von einem eigenen Certification Committee des American Board of Psychiatry and Neurology abgenommen wird.

Die Facharzt-Curricula der verschiedenen Länder weisen zum Teil große Unterschiede auf. An allgemeinen Tendenzen läßt sich folgendes herausstellen:

1. die romanischen Länder und die osteuropäischen Länder haben eine starke neuropsychiatrische Tradition. Ihre Curricula enthalten dementsprechend einen starken Schwerpunkt auf dem Gebiete der Neurologie und Neuropsychiatrie. Psychodynamisches und psychoanalytisches Wissen hingegen spielt in den meisten dieser Länder keine Rolle. Eine Ausnahme bildet hier Frankreich und die französisch sprechende Schweiz.

2. in Skandinavien und den Niederlanden existieren zwei Trends: der eine geht in die Richtung einer eklektischen und mehr neuropsychiatrischen Orientierung (er ist stark im Zunehmen begriffen), der andere in die Richtung einer psychodynamischen Orientierung. Dies trifft auch auf die deutschsprachigen Länder zu mit der Ausnahme der DDR.

3. in England finden wir eine starke empirische Ausrichtung basierend auf den Ergebnissen der Epidemiologie und der Sozialwissenschaften. Gleiches gilt für die USA, Kanada und andere englisch sprechenden Länder (wie Australien, Neuseeland usw.). Was die Therapie betrifft, so dominieren in diesen Ländern die Verhaltenstherapie und verschiedene Formen der Familienarbeit einschließlich unterschiedlicher familientherapeutischer Ansätze. Die psychodynamische Richtung ist in den englisch sprechenden Ländern stark im Rückzug begriffen.

Aus dem internationalen Vergleich lassen sich im Hinblick auf die Facharztweiterbildung für die Bundesrepublik folgende Empfehlungen ableiten:

1. Im Hinblick auf die Notwendigkeit zur Differenzierung der Facharztweiterbildung erscheint es notwendig, eine regionale bzw. überregionale Zusammenarbeit zwischen zwei oder mehreren Kliniken zu realisieren. Es zeigt sich immer mehr, daß nicht alle Kliniken das gesamte Spektrum der Facharztweiterbildung adäquat realisieren können. In manchen Ländern (z.B. der Sowjet-

union oder der Tschechoslowakei) existieren spezielle Akademien für die Facharztweiterbildung, die z.T. derartige Funktionen wahrnehmen. In der Bundesrepublik wurden bis Ende 1983 insgesamt 464 Facharztanerkennungen ausgesprochen.

2. Aus der Analyse der Weiterbildungs-Curricula für fast alle Länder ergibt sich die Notwendigkeit, mehr für die Psychotherapieweiterbildung einschließlich der Familienarbeit und -therapie zu tun. Kinder- und Jugendpsychiater sind geradezu prädisponiert für die Arbeit mit Familien (gleichgültig, ob man dies Familientherapie oder Familienarbeit nennt).

3. Die Weiterbildung sollte stark an dem bislang existierenden empirischen Wissen orientiert sein und aus ihm adäquate Präventionsmaßnahmen abzuleiten versuchen. Es gibt eine Reihe von wissenschaftlichen Erkenntnissen, die nicht in die Praxis umgesetzt sind.

4. Die künftige Weiterbildung sollte in stärkerem Maße die Kenntnis und Anwendung wissenschaftlicher Methoden berücksichtigen. Es ist unfruchtbar, eine Aufteilung zwischen praktischer und wissenschaftlicher Arbeit herbeizuführen. Vielmehr sollte jede praktische Arbeit auf der Basis wissenschaftlicher Grundlagen erfolgen. Dies wird jedem in der Praxis Stehenden dann am besten einsichtig, wenn er selbst (und sei es nur punktuell) irgendwann auch einmal wissenschaftlich gearbeitet hat.

7. Fortschritte kinder- und jugendpsychiatrischer Forschung

Der Fortschritt eines jeden Fachgebietes läßt sich an seinem wissenschaftlichen Standard messen. Nur durch Forschung und Neuentwicklung wird es möglich sein, angemessen zu untersuchen und effektiv zu behandeln. Versorung allein genügt nicht, auch nicht Engagement. Engagement ist notwendige, aber nicht hinreichende Voraussetzung für die Wirksamkeit entsprechender Behandlungsmaßnahmen. Nicht die Zahl der Kliniken, die Zahl der Ärzte, Psychologen und anderen Mitarbeiter sind der Maßstab, an dem sich die Wirksamkeit der Kinder- und Jugendpsychiatrie messen läßt. Viel wichtiger ist, was diese Berufsgruppen wie und mit welchem Erfolg, nach welchen Kriterien (und selbstverständlich mit Engagement – das wird vorausgesetzt) tun. Fortschritte der kinder- und jugendpsychiatrischen Forschung lassen sich in folgenden Gebieten ausmachen:

(1) Auf dem Gebiete der Klassifikation und Dokumentation sowie der Anwendung neuer Untersuchungsmethoden
Die Bemühungen um die Vereinheitlichung der diagnostischen Klassifikation hat in den letzten Jahren zu zwei multiaxialen Klassifikationssystemen (dem MAS und DSM III) geführt. Die Entwicklung dieser beiden Klassifikationssysteme ist im transkulturellen Vergleich als großer Fortschritt zu werten. Mit Hilfe derartiger Systeme, die weltweit angewandt werden, wird es auch möglich, multizentrische Studien über Länder- und Sprachgrenzen hinweg durchzuführen. Eine Vielzahl von Untersuchungen wurden unternommen, um ver-

schiedene kinder- und jugendpsychiatrische Krankheitsbilder, unabhängig vom kulturellen Hintergrund zu erfassen. Dabei haben sich folgende Dimensionen auch in einem transkulturellen Vergleich als zutreffend erwiesen (QUAY, 1979):

(1) Störungen des Sozialverhaltens (Conduct Disorders)
(2) Angst- und Rückzugssyndrome
(3) Syndrome der Unreife
(4) Sozialisiertes aggressives Verhalten
(5) Psychotische Störungen und Autismus
(6) Hyperaktivitätssyndrome

Eine Kommission der WHO und eine weitere der American Psychiatry Association arbeiten an einer Weiterentwicklung dieser beiden Klassifikationssysteme.

(2) In der kinder- und jugendpsychiatrischen Epidemiologie
Epidemiologische Untersuchungen, die an auslesefreien Stichproben durchgeführt werden, haben uns genaue Anhaltspunkte über Art und Häufigkeit kinder- und jugendpsychiatrischer Erkrankungen geliefert, zum Teil auch über ihre Entstehungsbedingungen und über ihre „Verdünnung hin zum Normbereich". Derartige Studien können zum wichtigen Ausgangspunkt für die Planung kinder- und jugendpsychiatrischer Einrichtungen (ambulant, teilstationär oder stationär) werden. In diesem Zusammenhang sind auch epochale Trends von Bedeutung (z.B. die gesicherte Zunahme der Anorexia nervosa in den westlichen Zivilisationen). Aus derartigen Untersuchungen lassen sich auch Risikomodelle zur Entstehung kinder- und jugendpsychiatrischer Erkrankungen ableiten, z.B. solche, die von Dispositionen und Wechselwirkungen zwischen pathogenen und protektiven Faktoren ausgehen.

(3) In der Neuropsychologie des Kindes- und Jugendalters
Auf diesem Gebiet gibt es wichtige neue Erkenntnisse über die funktionelle Hemisphärenasymmetrie, die Sprachentwicklung, über die Auswirkungen von cerebralen Vorschädigungen und ihren Zusammenhang mit einer erhöhten Vulnerabilität für Belastungsfaktoren generell. Es zeichnen sich auch Erkenntnisse ab, die eine große Bedeutung für die Therapie haben können, z.B. im Bereich der sogenannten funktionellen Übungsbehandlungen. Wie aktuell dieses Gebiet ist, zeigt die Verleihung des Nobelpreises an die amerikanischen Forscher SPERRY und HUBEL und WIESEL, die ihre Erkenntnisse auf dem Gebiet der Neuropsychologie gewonnen haben.

(4) In der Familienforschung
Familienforschung muß breit angelegt sein und läßt in dieser Breite noch viele Erkenntnisse erwarten. Sie reicht von der Genetik bis zur familiären Kommunikations- und Interaktionsforschung. Wichtige und wegweisende Erkenntnisse hat hier die sogenannte high-risk-Forschung erarbeitet, ferner die Humangenetik, die Kommunikations- und Interaktionsforschung, letztere besonders im Hinblick auf Erfassung und Beurteilung der frühen Eltern-Kind-Beziehungen. Im Lichte der Familienforschung haben auch manche familien-

pathologischen Störungsmuster, wie z.B. das Mißhandlungssyndrom oder die Schulphobie ein neues Verständnis und eine neue Interpretation erfahren.

(5) In der Therapieentwicklung und Therapieevaluation.
Auch auf dem Gebiet der Therapie kristallisieren sich empirisch fundierte Behandlungsmethoden heraus, die pragmatisch sind und sich eher an Indikationen als an Gesichtspunkten therapeutischer Schulen orientieren. Zu diesen gehören z.B. die funktionellen Übungsbehandlungen, manche Methoden der Verhaltenstherapie, problemzentrierte Familientherapien und fokale psychoanalytisch orientierte Ansätze. Gerade auf dem Sektor der Psychotherapie ist es wesentlich, sich an klinisch bewährten und empirisch fundierten Behandlungsmethoden auszurichten und nicht an solchen, die am Schreibtisch ersonnen sind und ihre Bewährungsprobe noch nicht bestanden haben. Nicht Therapiegläubigkeit, sondern Therapieevaluation ist das Gebot der Zeit.

(6) Ein letzter und wichtiger Fortschritt zeichnet sich auf dem Gebiet des Ausbaus und der Evaluation ambulanter, teilstationärer und komplementärer Bereiche ab.
Die Prinzipien der Psychiatrie-Enquête: Gemeindenähe, umfassende Versorgung *aller* Patientengruppen, Gleichstellung von körperlich Kranken und psychisch Kranken, haben auch in der Kinder- und Jugendpsychiatrie ihre Wirkung nicht verfehlt. Neue Methoden der Versorgung werden erprobt und evaluiert. Es ist zu hoffen, daß diese Ansätze zu einer wesentlichen Verbesserung der Versorgungssituation führen werden.

8. Organisatorische und berufspolitische Perspektiven

Forschung und klinische Praxis allein reichen nicht aus, um die Weiterentwicklung unseres Fachgebietes in der notwendigen Qualität und im notwendigen Umfang zu sichern. Es müssen auch organisatorische und berufspolitische Maßnahmen ergriffen werden, die der Forschung und der klinischen Praxis die nötige Breitenwirkung verschaffen. In diesem Sinne erscheinen folgende Schritte notwendig:

(1) Qualitative Verbesserung und Erweiterung der Facharztweiterbildung.
Der Facharzt für Kinder- und Jugendpsychiatrie wird seine umfassende Position als zuständiger Arzt für psychische und neuropsychiatrische Erkrankungen im Kindes- und Jugendalter nur behaupten können, wenn die Facharztweiterbildung qualitativ verbessert wird. Dazu gehört ein gegliedertes Curriculum, das die wesentlichen Inhalte des Facharztweiterbildungskataloges enthält und zugleich seine didaktisch gute Vermittlung garantiert. Gleichzeitig muß in die Facharztweiterbildung eine psychotherapeutische Ausbildung integriert werden, die den künftigen Facharzt in die Lage versetzt, ein breites Spektrum psychischer Störungen und Erkrankungen selbständig und eigenverantwortlich psychotherapeutisch zu behandeln. Die Grundvoraussetzun-

verantwortlich psychotherapeutisch zu behandeln. Die Grundvoraussetzungen dafür sind beim Kinder- und Jugendpsychiater besser als in jeder anderen Berufsgruppe.
Um diese Ziele aber in qualifizierter Form zu erreichen, erscheint der Zusammenschluß mehrerer Kliniken zu einem regionalen „Weiterbildungsverbundsystem" erforderlich. Die Anforderungen an die Facharztweiterbildung sind heute so differenziert, daß nicht jede Abteilung, insbesondere nicht rein klinische Institutionen ohne wissenschaftliche Möglichkeiten diesen Anforderungen gerecht werden kann. Der regionale Zusammenschluß ist hier die weiterführende Methode der Wahl.

(2) Intensivierung der originär kinder- und jugendpsychiatrischen Forschung. Das Forschungsfeld des Kinder- und Jugendpsychiaters ist überaus breit und interessant, aber zuwenig beackert. Nur die enge Verflechtung von Forschung und klinischer Praxis kann beide Bereiche weiterbringen.
Hier müssen zwei Dinge geschehen: einerseits muß das z.T. noch verbreitete Vorurteil überwunden werden, wonach sich klinische Praxis und wissenschaftliche Tätigkeit ausschließen. Beides läßt sich gut kombinieren. Zum anderen muß die Weiterbildung in Forschungsmethodik ebenfalls gefördert werden. Auch dies kann nur an einigen wenigen Stellen geschehen, so daß hier das Gleiche gilt wie für die Verbesserung der Facharztweiterbildung. An den von der DFG für die Forschung ausgegebenen Mitteln nehmen Psychiatrie und Kinderpsychiatrie einen sehr geringen Prozentsatz ein.

(3) Förderung der Niederlassung für Kinder- und Jugendpsychiater in eigener Praxis. Im Hinblick auf diese Notwendigkeit sind zwei Hindernisse zu überwinden: das eine liegt in der Gebührenordnung, das andere im überaus komplexen und langwierigen Weiterbildungsgang zum Facharzt für Kinder- und Jugendpsychiatrie. Im Hinblick auf die Gebührenordnung müssen spezifische Ziffern geschaffen werden, die dem niedergelassenen Kinder- und Jugendpsychiater die notwendige wirtschaftliche Grundlage geben.
Hinsichtlich der Facharztweiterbildung müßte eine Vereinfachung dahingehend erfolgen, daß nur noch ein externes Fach (Psychiatrie *oder* Pädiatrie) als obligat angesehen wird. Dies mag bedauerlich sein; das Durchlaufen dreier Fachgebiete in einem Zeitraum von 4-5 Jahren ist jedoch eine so starke Erschwernis, daß man bei Aufrechterhaltung der derzeitigen Modalität mit einer nennenswerten Steigerung kinder- und jugendpsychiatrischer Facharztweiterbildungen nicht rechnen kann.

(4) Systematischer Ausbau der extramuralen Kinder- und Jugendpsychiatrie. Eine Facharztgruppe, die so gering an Zahl ist, muß ihre Möglichkeiten potenzieren. Dies geschieht am besten dadurch, daß eine intensive konsiliarische Tätigkeit von Fachärzten für Kinder- und Jugendpsychiatrie ausgeübt wird. Dazu gehört die Betreuung von Schulen und Sonderschulen, von Heimen, Kindergärten, Behinderteneinrichtungen usw. Ein systematischer Ausbau von Konsiliardienst und Institutionsberatung wird die Situation der dort

untergebrachten Kinder und die Sorge ihrer Familien positiv verändern und zugleich mehr Gemeindenähe in die kinder- und jugendpsychiatrische Praxis bringen.

(5) Ausbau der ambulanten und teilstationären Behandlungsangebote. Die Entwicklungen der letzten Jahre haben gezeigt, daß mit dem Ausbau ambulanter und teilstationärer Behandlungsangebote die Quote der stationären Behandlungsfälle reduziert werden kann. Insofern ist diese Entwicklung ein Gebot der Stunde. Sie darf aber nicht dazu führen, notwendige stationäre Behandlungsangebote kurzschlüssig aufzulösen oder in nicht vertretbarer Weise zu reduzieren.
In diesem Feld sind sehr detaillierte Indikationen zu erarbeiten und ein durchlässiges System zwischen stationärer, ambulanter und teilstationärer Behandlung zu errichten, das flexibel ist und jedem Kind und seiner Familie das indizierte Behandlungsangebot garantieren kann.

(6) Konzentrierung der Öffentlichkeitsarbeit und der Berufspolitik auf empirische Grundsätze. Wir sollten als Kinder- und Jugendpsychiater neuen Modeströmungen nicht kritiklos anheimfallen. Die schlichte Frage nach dem Erwiesenen sollte Maßstab unserer Betrachtungen bleiben. Soziale und soziologische Betrachtungsweisen sind wichtig und wurden lange unterschätzt; wir dürfen aber auch derartige Strömungen nicht überschätzen.

Für den Bereich der Kinder- und Jugendpsychiatrie gilt Ähnliches, was Hartmut von HENTIG (1975) über gewisse pädagogische Experimente ausführt:

„An den Sozialwissenschaften verführt uns die Möglichkeit, angesichts schwieriger Forderungen in die Mechanik notwendiger Prozesse auszuweichen: die Verhältnisse sind schuld; ich bin falsch sozialisiert; ich darf nicht nur schwach sein - ich muß es sein, weil ich sonst anderen Angst einflöße.

Natürlich meinen die genannten Wissenschaften etwas anderes – aber sie leihen sich dem Determinismus einerseits und einer naiven Zuversicht andererseits: wenn eines Tages alle ihren Freud gelesen haben, wenn nur alle oft genug sich in Rollenspielen befreit, in Soziogrammen ihre Realität, in gruppendynamischen Sitzungen ihre wahren Wirkungen auf andere erfahren haben, würden sie sich angemessen, sozial, erfolgreich verhalten. (...) Meine Hypothese ist: die ständige Vermehrung der pädagogischen Maßnahmen hilft den Kindern und Jugendlichen nicht nur nicht; sie erzeugt einen Zustand besonderer Anfälligkeit und Ausgeliefertheit; mehr Institutionen und mehr Informationen belehren nur darüber, wie man mit diesen, nicht, wie man mit *sich* und seiner Welt lebt."

Diese Ausführungen eines erfahrenen Pädagogen machen skeptisch gegenüber übertriebenen Hoffnungen und Fortschrittsglauben. Sie fordern zugleich auf, sich auf den Kernbereich unserers Fachgebietes wieder zu besinnen, auf das *kranke* Kind und seine Familie. In diesem Bereich haben wir viele lohnende Aufgaben, die unabhängig von jeweiligen Modeströmungen bewältigt werden müssen.

So tragen wir am besten, jeder in seinem Bereich, zur Weiterentwicklung der Kinder- und Jugendpsychiatrie bei.

Literatur *

ARIÈS, Ph.: Geschichte der Kindheit. Deutscher Taschenbuch-Verlag, München 1975
FRIEDEMANN, A.: Vorgeschichte der Entwicklung der UEP. Jahrbuch Jugendpsychiat. 6, 17-26, 1967
HARBAUER, H., LEMPP, R., *Nissen*, G., STRUNK, P.: Lehrbuch der speziellen Kinder- und Jugendpsychiatrie. Springer, Berlin–Heidelberg–New York (1971)
HENTIG, H. von: Vorwort zu Philippe Ariès „Geschichte der Kindheit". dtv, München 1975
LUTZ, J.: Kinderpsychiatrie. Rotapfel, Zürich 1961
NISSEN, G.: Zur Geschichte der deutschen Kinder- und Jugendpsychiatrie. Z. Kinder-Jugendpsychiat. 2, 148-162, 1974
PLESSEN, M.-L., ZAHN, P.von: Zwei Jahrtausende Kindheit. Verlagsgesellschaft Schulfernsehen, Köln 1979
STUTTE, H.: Kinder- und Jugendpsychiatrie, in: Gruhle, H.W., Jung, R., Mayer-Gross, Müller, M. (Hrsg.): Psychiatrie der Gegenwart, Springer, Berlin–Göttingen–Heidelberg 1960
ders.: Zur Geschichte jugendpsychiatrischer Institutionen, in: Förster, E., Wewetzer, K.-H. (Hrsg.): Jugendpsychiatrische und psychologische Diagnostik, Huber, Bern–Stuttgart 1966
ders.: 30 Jahre Deutsche Vereinigung für Jugendpsychiatrie, Nervenarzt 41, 313-317, 1970
ders.: Zur Geschichte des Terminus „Kinderpsychiatrie", Acta paedopsychiat. 41, 209-215, 1974
ders.: Über die Anfänge der „Europäischen Kinderpsychiatrie", Acta paedopsychiat. 46, 189-192, 1980/81
WEYGANDT, W.: Der jugendliche Schwachsinn. Enke, Stuttgart 1936

* Genauere Quellenangaben finden sich in den historischen Arbeiten von Hermann STUTTE, dessen Gedenken diese Arbeit gewidmet ist.

Kinder- und Jugendpsychiatrie in Skandinavien

K. Tolstrup

Offenbar stehe ich hier in meiner Eigenschaft als „Skandinavier", einer Nationalität, die es überhaupt nicht gibt, sondern sechs verschiedene Völker mit sechs verschiedenen Sprachen. Doch können ein Däne, ein Norweger und ein Schwede in ihrer eigenen Muttersprache miteinander reden. Das ist besonders wichtig, wenn von Gefühlen und Gedanken zwischen Menschen, so wie in der Psychiatrie, die Rede ist. Im Alltage zu Hause sind wir ganz verschieden, wenn wir aber im Ausland sind, *fühlen* wir die kulturellen Ähnlichkeiten und die Berechtigung des Begriffes Skandinavien, oder *Norden*, wie wir es am liebsten nennen.

Auch in der Kinder- und Jugendpsychiatrie sind die Ähnlichkeiten im Norden größer als die Unterschiede. Die nordischen Länder sind alle reich und haben eine gute Gesundheits- und Sozialfürsorge, sowie einen effektiven Unterricht. Diese drei Gebiete sind ja für die seelische Gesundheit der Familien und der Kinder ganz wichtig. Die selbständige medizinische Spezialität Kinderpsychiatrie wurde bei uns früh von der Psychiatrie getrennt, z.B. in Dänemark schon 1954. Ungefähr zur selben Zeit begann ein obligatorischer Unterricht in Kinderpsychiatrie für medizinische Studenten. Im Augenblick ist die akademische Lage, daß Dänemark, Finnland und Norwegen je eine und Schweden drei ordentliche Professuren haben. Neulich hat Schweden außerdem zwei außerordentliche Professuren bekommen. Mit fünf Professuren der Kinder- und Jugendpsychiatrie für acht Millionen Menschen hat Schweden wahrscheinlich den Weltrekord. Dänemark und Norwegen unterscheiden sich von Schweden und den meisten anderen Ländern außerhalb Nordens dadurch, daß in diesen zwei Ländern die Spezialität nur Kinder umfaßt, mit einer Altersgrenze von ungefähr vierzehn Jahren. Die Jugendlichen mit den schweren Mißbrauch-, Sexual- und Kriminalitätsproblemen werden in Dänemark von spezifischen jugendpsychiatrischen Kliniken behandelt, wie auch die psychotischen Patienten.

Ich bin dänischer Kinderpsychiater und als solcher vorwiegend mit der Psychiatrie des eigentlichen Kindesalters beschäftigt. In dem folgenden werde ich einige der aktuellen Probleme der dänischen Kinderpsychiatrie besprechen.

Wie groß ist der Bedarf für Kinderpsychiatrie in Dänemark mit fünf Millionen Einwohner, wovon ungefähr eine Million unter 16 Jahre alt sind? Entsprechend epidemiologischen Untersuchungen in anderen Ländern zeigt die dänische Forschung, daß ein Minimum von fünf bis fünfzehn Prozent der Kinder – abhängig von Alter und Wohnort – solche psychischen Leiden, Beschwerden oder Probleme darbieten, daß ihnen geholfen werden muß oder müßte. Wenn man leichtere oder vorübergehende Probleme einschließt, wird das Bedarfprozent viel höher, bis über dreißig Prozent. Die Diskussion geht auch in Dänemark immer darüber, wo die Grenze zwischen der absolut notwendigen und der sehr wünschenswerten Hilfe liegt.

Welche Personen und Professionen sollen diesen Kindern und ihren Familien helfen? Erstens ist klar, daß die sechzig dänischen Kinderpsychiater, wovon die meisten in den 15 kinderpsychiatrischen Spezialkliniken arbeiten, nicht alle 100.000 psychisch leidenden Kinder – wenn wir zehn Prozent zugrunde legen – behandeln können. Oder *sollen*. Denn es ist nicht nur eine quantitative, sondern auch eine qualitative Frage. Vielen von diesen Kindern wird besser in der Schule von dem Lehrer oder Schulpsychologen oder von dem praktischen Familienarzt als von dem Spezialarzt geholfen. Die Frage ist, wie man die verschiedenen Professionen durch Koordination ihrer Arbeit am besten ausnützt.

Eine gute Ausnützung des Kinderpsychiaters ist davon bedingt, daß er zwei Funktionen, nämlich als *Experte* und als *Konsulent*, hat. Mit Expertenfunktion meine ich hier die *direkte* Untersuchung und Behandlung des schwer psychisch kranken Kindes. Sie gilt den Kinderpsychosen, und den Kindern mit gemischten psychischen und somatischen Störungen.

Schwerer zu beschreiben und praktisch abzugrenzen, aber auch interessanter, finde ich, ist die Funktion des Kinderpsychiaters als Konsulent oder Berater für andere Professionen oder „teams", die mit psychisch gestörten Kindern und Familien arbeiten. Die Ausbildung des Kinderpsychiaters geht überall in Westeuropa in einer multiprofessionellen Gruppe vor sich. Hier lernt der Kinderpsychiater, und zwar mehr als seine Kollegen von anderen ärztlichen Spezialitäten, in dem „teamwork" mit Psychologen, Sozialberatern, Pädagogen und vielen anderen zusammenzuarbeiten. Er ist dabei gezwungen, Teile seiner traditionellen ärztlichen Autorität aufzugeben – oft ein schmerzlicher, aber sehr gesunder Prozeß: Wer das nicht akzeptiert und durchführt, wird kein guter Kinderpsychiater werden. Ist er aber durchgekommen, hat er gute Voraussetzungen für die Arbeit als Konsulent.

Um die Möglichkeiten einer differenzierten Konsulentenfunktion zu beleuchten, werde ich eine Untersuchung, die in Kopenhagen durchgeführt wurde, und ihre Ergebnisse kurz erwähnen.

Durch zwei Jahre arbeitete ich als kinderpsychiatrischer Konsulent für eine Gruppe von sechs praktischen Familienärzten in Kopenhagen. In dem ersten Jahre des Forschungsprojektes wurde das Vorkommen von psychischen Störungen und psychosomatischen Leiden unter den Kindern in der Konsultation der Ärzte registriert. Zehn Prozent der Kinder unter fünfzehn Jahren wurden von dem Familienarzt nach bestimmten Kriterien als kinderpsychiatrisch auffallend beschrieben. Mehr als die Hälfte von diesen waren psychosomatisch gestört. Es ist nicht überraschend, daß man zum Arzt z.B. wegen Magenschmerzen des Kindes geht, die sich dann nach der Untersuchung des Arztes als psychisch bedingt zeigen. Aber es war überraschend, wie wenige von den registrierten Kindern als *verhaltensgestört* diagnostiziert wurden - viel weniger als erwartet in derselben Region von Kopenhagen. Die Erklärung ist sicher, daß die Eltern wegen Verhaltensstörungen des Kindes *nicht* zum Arzt, sondern vielleicht zu den Pädagogen und Lehrern gehen.

In dem zweiten Jahre des Projektes trat ich als Konsulent in die Arbeit. Die Kinder wurden fortlaufend von dem Familienarzt registriert, wie oben erwähnt, und die psychisch gestörten wurden jetzt in drei Gruppen eingeteilt. Eine Gruppe, sechzehn Prozent, wurde an andere Professionelle, z.B. an Schulpsychologen oder Sozialberater in anderen Institutionen oder, in den schwersten Fällen, an die regionale kinderpsychiatrische Klinik überwiesen. Eine zweite Gruppe, 78 Prozent, wurde von dem Familienarzt selbst weiterbehandelt, von mir supervisiert. Die dritte und kleinste Gruppe, sechs Prozent, wurde von mir in der Konsultation des Familienarztes untersucht und danach in eine der erst erwähnten Gruppen geschickt und weiterbehandelt.

Während des ganzen Projektes hatte ich als Konsulent fortlaufend engen Kontakt mit den sechs Familienärzten. Alle relevanten Papiere wurden mir zugeschickt, und wir hatten regelmäßige Gespräche und Konferenzen. Die Pointe ist natürlich, daß mit einem Konsulenten sowohl Visitation als auch Behandlung ökonomischer und effektiver wird als mit der traditionellen Überweisung zur Spezialuntersuchung und -behandlung. Während eines Jahres kam ich, direkt oder indirekt, in Kontakt mit fast ebenso vielen Kindern wie ein kinderpsychiatrisches Ambulatorium in derselben Zeit, und zwar ein Ambulatorium mit vier Professionellen. Also eine ökonomisch gute Ordnung. Aber noch wichtiger ist, daß viele Kinder von ihrem eigenen Familienarzt, den sie vorher kannten und der sie und ihre alltäglichen Lebensverhältnisse kannte, behandelt wurden. Der praktische Arzt lernte mehr Kinderpsychiatrie, und die ganze Familie bekam eine bessere und mehr heimliche Behandlung. Endlich lernte ich, der sogenannte Spezialist, sehr viel von meinen allgemeinmedizinischen Kollegen, und ich sah und hörte von einer Reihe von leichteren Fällen, die sonst nie zu dem Spezialisten kommen. Leider erlaubte meine Zeit nicht eine Fortsetzung dieser Zusammenarbeit nach den zwei Jahren, die für das Projekt angesetzt waren.

Dieses Modell für eine Konsulentfunktion ist meiner Meinung nach für die Arbeit mit psychisch gestörten Kindern sehr fruchtbar und kann für die anderen Professionen in dem Gebiete gebraucht werden. Und nicht notwendigerweise immer mit dem Kinderpsychiater in der Rolle als Konsulent.

Wenn die Ressourcen eines Landes am besten ausgenützt werden sollen, ist es eine wichtige Frage, ob eine gewisse quantitative Harmonie zwischen Experten- und Konsulentenfunktion besteht oder erhalten werden kann. Ein ähnliches Problem heißt: Zentralisierung und Dezentralisierung.

Rigshopitalet in Kopenhagen, wo ich arbeite, hat zwei Aufnahmegebiete: 1) Ganz Dänemark für ausgesuchte Fälle, und 2) eine Region von Kopenhagen mit 80.000 Einwohnern. Also eine Mischung von Zentralisierung und Dezentralisierung. In der täglichen Arbeit erleben wir die Vor- und Nachteile beider Prinzipien. Zentralisierung heißt gute Expertenbehandlung, aber Risiko für einen schwachen Kontakt mit dem fernliegenden Heim und den lokalen Behörden. Dezentralisierung gibt die Möglichkeit für engen Kontakt mit der Familie und den lokalen „teams", birgt aber das Risiko für ungenügende Sachkenntnis. Das Problem ist das Gleichgewicht dazwischen zu erreichen. In Dänemark ist seit ungefähr zehn Jahren das Prinzip der Dezentralisierung sozialpolitisch ganz vorgezogen.

Eine andere wichtige Frage gilt dem Verhältnis zwischen Behandlung und Vorbeugung. Kinderpsychiatrische-psychologische Behandlung ist teuer, fordert Menschen und Zeit. Ganz natürlich fragen die Bevölkerung und die Politiker, ob es nicht möglich ist, mehr vorzubeugen als zu behandeln?

Wir wissen wohl, daß Vorbeugung bei vielen psychischen Störungen bei Kindern - und dadurch häufig auch später bei Erwachsenen - möglich ist. Wir sprechen hier von sogenannter „primärer" Vorbeugung, das heißt Bekämpfung der Krankheitsursachen. Eine liebevolle und sichere Mutter, ein interessierter Vater, der Zeit für seinen Jungen hat, ein verständnisvoller Lehrer und treue Kameraden, eine ungebrochene Ehe der Eltern und eine gute Familienwohnung, und dazu genügend Geld: wenn ein Kind unter solchen Verhältnissen aufwächst, hat er/sie nur ein minimales Risiko, psychisch gestört oder krank zu werden. Es sind aber zwei Vorbehalte dabei: Erstens fragt man, wie solche paradiesähnlichen Lebensumstände für alle Kinder erhalten werden? Zweitens muß festgestellt werden, daß sogar in solchen Idealfamilien hin und wieder ein psychisch leidendes Kind vorkommen kann.

In Dänemark und Skandinavien überhaupt ist es gelungen, durch soziale Veranstaltungen einen langen Schritt auf dem Wege nach guten äußeren Lebensverhältnissen für Kinder zu kommen.

Und doch haben wir auch in Dänemark viele psychisch gestörte Kinder und Familien. Also müssen wir sogenannte „sekundäre" Vorbeugung versuchen. Daß heißt, die leichten Fälle und bedrohten Kinder und Familien aufsuchen und früh behandeln. Dies läßt sich z.B. bei den jährlichen vorbeugenden Untersuchungen beim Familienarzt in den ersten sechs Lebensjahren des Kindes machen. Oder in der Schule, wenn der Lehrer oder Schularzt darauf aufmerksam ist. Auf diesem Gebiet haben wir in Dänemark doch vieles nachzuholen.

Es ist aber nicht wahrscheinlich, daß die kinderpsychiatrischen Leiden durch Vorbeugungsmaßnahmen ausgerottet werden können. Es werden immer viele Kinder und Familien übrig bleiben, die doch Hilfe brauchen. Und augenblicklich kommt die Frage: Wenn die Ressourcen begrenzt sind, und jedenfalls geringer als der Bedarf, wem sollen wir dann helfen, und wem sollen wir ungeholfen sein lassen? Oder wen sollen wir *erst* behandeln? Die offenbar meist sozial invalidierten, das heißt die psychotischen Kinder und die kompliziert Oligophrenen? Oder die verhaltensgestörten asozialen, die der Gesellschaft so viel Beschwerden und Kosten zufügen, und die später sogar kriminell werden? Oder die stillen neurotischen Kinder, die nur *innen* leiden? Ich glaube, daß die meisten Dänen offenbar meist invalidierten Kindern die höchste Priorität geben wollen.

Wir Professionelle müssen diese Prioritätsfragen stellen. Aber wir müssen auch bereit sein, die Gegenfragen von der Bevölkerung und den Politikern zu beantworten. Z.B. die Frage: wie effektiv ist eure kostspielige Behandlung eigentlich? Und ein wenig beschämt müssen wir antworten: davon wissen wir zu wenig, wir brauchen mehr Forschung. Und häufig hat Forschung über Behandlungseffektivität eine fortfahrende teure Behandlung, die dann geschätzt werden soll, als Voraussetzung. Es ist aber kein Grund anzunehmen, daß Kinderpsychiatrie jemals billig sein wird, weil die Behandlung irgendeine Form der Psychotherapie einschließen muß, und das bedeutet Menschen, und Menschen sind teuer. Es ist jedenfalls ganz unwahrscheinlich, daß reine Medizin je vielen von diesen Kindern und Familien wird helfen können.

Wie überall in Westeuropa besteht in Dänemark zur Zeit eine relative ökonomische Krise, die Einschränkungen auch auf dem Gebiete der Kinderpsychiatrie und deren Grenzgebieten zur Folge hat. Daraus folgt auch, daß wir nicht nur neue Initiativen und deren Ausbau von bestehenden Aktivitäten aufschieben müssen, sondern auch der Stillegung und Beschränkung von wohl funktionierenden Institutionen entgegensehen sollen. Wir werden dann als Professionelle gefragt: Welche kinderpsychiatrische Aktivität ist am ehesten entbehrlich? Wir werden durch diese Frage zu einer, man könnte es vielleicht „umgekehrten" Prioritätensetzung nennen, gezwungen. Mit den Entwicklungsländern verglichen ist es natürlich ein „Luxusproblem", aber wie erklärt man einer Familie, daß die Behandlung *ihres* Kindes ein „Luxus" ist?

Zusammenfassung:

Die Kinder- und Jugendpsychiatrie in Skandinavien ist dadurch gekennzeichnet, daß diese reichen Länder eine gute Gesundheits- und Sozialfürsorge und einen ausgezeichneten Unterricht haben und damit gute Möglichkeiten für Zusammenarbeit auf allen drei Gebieten, um den psychisch gestörten Kindern und Familien zu helfen. Der Bedarf an Hilfe übersteigt doch die Ressourcen. Eine bessere Ausnützung dürfte z.B. durch Koordination der berührten Professionen, darunter Konsulentenfunktion, und eine geplante Prioritätensetzung der zu behandelnden gestörten Kinder erreicht werden. Die jetzige, sogenannte ökonomische Krise hat durch die Einschränkungen der Institutionen eine „umgekehrte" Prioritätsliste erzwungen.

Diskussion zum Stand der Kinder- und Jugendpsychiatrie

(gekürzte Fassung)

Moderation: C. Kulenkampff

Schlack: Herr Lempp, Ihr Vorschlag, den tradierten Krankheitsbegriff abzuschaffen oder aufzulösen, hat vom konzeptionellen Gesichtspunkt her etwas sehr Einleuchtendes; er hat aber vom praktischen Gesichtspunkt her auch etwas sehr Gefährliches: Sie müßten nämlich erst die RVO ändern. Sie kennen vielleicht den etwas spitzen Satz von Minister Blüm: So weit, daß wir den Liebeskummer auf Krankenschein behandeln, werden wir hoffentlich nie kommen. Wenn wir also den Krankheitbegriff abschaffen, dann werden sich die Krankenkassen dankbar und höflich, aber freundlich lächelnd aus der Kostenträgerschaft verabschieden, und wir würden das soziale Netz, in dem die psychisch Kranken jetzt noch getragen werden, sehr gefährden.

Lempp: Ich hatte ja kurz angedeutet, daß sich hier Probleme abzeichnen. Es wäre aber verhängnisvoll, wenn wir unsere wissenschaftliche und praktische klinische Einteilung, unser Vorgehen und auch die Rechtfertigung unseres Tuns prinzipiell von recht zufälligen gesetzlichen Gegebenheiten abhängig machen wollten. Zu sagen, was in der Wissenschaft Sache ist, bestimmt die Gesetzgebung der RVO, ist der falsche Weg - das sollte eigentlich umgekehrt sein. Eine Lösung sehe ich im Grunde nur in einem mächtigen Schritt nach vorne, indem wir wenigstens für die Kinder- und Jugendpsychiatrie prinzipiell überhaupt nicht fragen: Wer ist zuständig, wer ist schuld, sondern nur noch: Was hat er nötig, welche Hilfen sind geboten? Wenn ich daran denke, daß allein im Lande Baden-Württemberg das Landessozialgericht, also die 3. Instanz, jährlich etwa 80 Verfahren zu bewältigen hat, die sich nur darum kümmern, ob der Steuerzahler aus der linken oder aus der rechten Hosentasche zahlen soll, d.h. ob dieser Kostenträger oder jener zuständig ist, dann könnte das zum Beispiel alles eingespart werden, wenn wir eine allgemeine Zuständigkeit, ein übergreifendes Jugendhilferecht hätten. Dies schlägt z.B. der Strafrechtler Karl Peters, aber auch andere gute Fürsprecher, etwa der Landesrat Saurbier, vor. In diese Richtung müßte es gehen. Auf keinen Fall aber sollten wir uns in dem, was wir für richtig halten, zumindest in unseren theoretischen Überlegungen gleich von vornherein durch rechtliche Gegebenheiten entmutigen lassen.

Tolstrup: Die Fragen zu Krankheitsbegriff und Diagnostizierung sind auch international recht wichtig. Ich glaube, daß hier ein Scheinproblem liegt. Wenn ich Herrn Lempp recht verstehe, handelt es sich nicht darum, den Krankheitsbegriff auszurotten oder keine Diagnosen zu stellen, sondern darum, eine Verfeinerung der Krankheitsbeschreibung zu erreichen. Es wird viel diskutiert, bist du Diagnostiker oder bist du Therapeut - aber man muß natürlich beides sein. Man kann nicht behandeln, wenn man nicht die feine, die richtige Diagnose stellt, d.h. eine verfeinerte Klassifikation oder Beschreibung macht. Und international ist diese Verfeinerung der Klassifikation ja auch sehr praxisnah angelegt. Auf der anderen Seite ist richtig, daß wir nicht den alten Krankheitsbegriff mit einer einzelnen Diagnose, die für alle Zeiten dieselbe bleibt, beibehalten können. Aber z.B. die sog. multidimensionale Klassifikation, die nicht nur die Symptome und den prognostischen Verlauf der Krankheit andeutet, sondern auch die Familienumstände, die sozialen Umstände, die biologischen Befunde, die Familienstruktur mit einbezieht, ist eine solche verfeinerte Beschreibung und Diagnose. Sie ist eine Erweiterung des klassischen und vielleicht zu alten Krankheitsbegriffes, aber doch in Fortsetzung der Tradition; und ich finde es auch hier sehr notwendig, daß die Kinderpsychiater zum großen Teil in der Tradition bleiben.

Lempp: Ich sehe die Verbindung zwischen Diagnose und Krankheitsbegriff nicht so eng. Zunächst zur Diagnose: In der Diagnose sehe ich vor allem ein Mittel zur Verständigung zwischen den Psychiatern: In der Psychiatrie stehen wir ja vor der Schwierigkeit, daß wir empirisch argumentieren und in den wenigsten Fällen etwas Gesichertes über die Pathogenese aussagen können. Die Zuschreibung zu dieser oder jener Krankheitsgruppe ist doch häufig sehr theoretisch; vielleicht hat sie sich auch durchaus praktisch bewährt, aber ob sich diese praktische Bewährung nicht eher nach den gegebenen Organisationsstrukturen unserer Krankenkassen richtet, scheint mir manchmal eine Frage zu sein. Wenn ich den traditionellen Krankheitsbegriff abgelehnt habe, so deshalb, weil er von der Medizin her m.E. doch mehr an das Somatische geknüpft war. Mit dem psychischen Krankheitsbegriff, bei den Neurosen, tun wir uns immer schwer festzustellen, wo beginnt die Neurose und wo beginnt die normale psychische Beziehungsstörung. Es ist ja in der Tat nicht einfach, dies effektiv festzulegen.

Ein Beispiel: Ich bekam gestern einen Brief von einer Krankenkasse, die die psychotherapeutische Behandlung bei einem 10-jährigen Schulkind ablehnt. Es sei ja offensichtlich, daß es sich hier nicht um eine tiefenpsychologisch fundierte Psychotherapie handeln könne, sondern mehr um eine heilpädagogische Behandlung. Was soll dieser Unsinn? Natürlich leidet das Kind an Schulproblemen, aber natürlich auch an den aus den Schulproblemen erwachsenden Beziehungsschwierigkeiten zu den Lehrern, Mitschülern und vor allem zu den Eltern. Also brauche ich auch eine tiefenpsychologisch fundierte Psychotherapie, was immer auch man darunter verstehen will. Also schreibe ich das hin und habe wieder einige 10 bis 20 Minuten darauf verwandt, Spiegelflechterei zu betreiben, bloß damit die Leute zu ihrem Geld kommen und das Kind zu seiner Hilfe. Die Krankenkasse will eine Bestätigung, daß es sich um etwas Krankhaftes handelt – wozu? Dem Kind soll geholfen werden und darauf müssen wir bestehen! Wer das dann macht und wer das dann bezahlt, ist eigentlich nicht unser Bier, sondern da sollten sich die Verwaltungsleute bitte nach uns richten, die wir helfen und therapieren wollen. Das sollen die unter sich ausmachen.

Frau Kohte-Meyer: Ich bin Herrn Lempp sehr dankbar dafür, daß er diese Dinge so klar ausspricht. Wir sind in Kreuzberg in einer ambulanten Beratungsstelle im Rahmen des Modellprogramms der Bundesregierung auch in der Beratung ausländischer Familien tätig; und wir sehen in der konkreten Arbeit in der Beratungsstelle beim Gesundheitsamt und auch im Modellprojekt große Schwierigkeiten im Hinblick auf die Anschlußfinanzierung und ständige Schwierigkeiten und Spiegelflechtereien im Hinblick auf die aktuellen Hilfen, die die einzelnen Kinder brauchen. So wie unser Fachgebiet von den Referenten beschrieben wurde, finden wir weder nach der RVO noch nach dem Bundessozialhilfegesetz finanzielle Mittel, entsprechend zu arbeiten. Wesentliche Anteile unserer Arbeit sind konsiliarischer Art; 50% aller Kinder kommen vom Jugendamt, von den Schulärzten zu uns, und wir geben das Wissen dort weiter: fachspezifisch, kinderpsychiatrisch, kinderpsychologisch. Und dennoch sagen wir nicht als „wissenschaftliche Experten", daß diese konsiliarischen Anteile unserer Arbeit genauso finanzierbar sein müssen, wie die anderen, sondern wir richten uns nach den potentiellen Geldgebern in der Benennung der Störung als Krankheit oder Behinderung, passen uns Verwaltungsrichtlinien an.

Franke: Ich bin gerade dabei, mir eine kinderpsychiatrische Einrichtung in Lüdenscheid aufzubauen, und möchte den Gegensatz durchaus noch verschärfen und ihn nicht zudecken. Herr Tolstrup plädiert sozusagen für eine etwas verfeinerte bzw. eine etwas ausgearbeitete Diagnostik. Aber in meinen Augen ist das Problem damit überhaupt nicht gelöst. Die multidimensionale Diagnostik, von Herrn Remschmidt und Herrn Schmidt in Deutschland bekannt gemacht und verbreitet, stellt zwar neue Kriterien zur Verfügung, ändert aber die Qualität der Diagnose im Prinzip nicht. Das, was Kinder- und Jugendpsychiater leisten müssen oder leisten wollen oder können, entscheidet sich ja daran, inwieweit sie selber ihre eigene Identität definieren, und diese Frage ist in meinen Augen ungelöst. Sie ergibt sich zum Teil aus dem Widerspruch, in dem wir alle stehen, nämlich aus dem Gegensatz zwischen unserer Tätigkeit und unserer Ausbildung, die somatisch orientiert ist und uns erst irgendwann in Richtung Psychotherapie führt. Die Meinung, daß vor die Therapie die Diagnose gestellt ist, wird in Medizinerkreisen allgemein als richtig empfunden, aber von sehr vielen Psychotherapeuten in Frage gestellt. Auch Hilde Bruch, nicht gerade eine unbekannte Therapeutin, weist im Vorwort zu ihrem Buch „The golden Cage" (Der goldene Käfig) darauf hin. Viele Diagnosen werden ja erst am Ende der Psychotherapie gestellt, keineswegs am Anfang. Das klingt paradox, aber es ist wohl die Realität.

Aber ebenso ist Realität, daß wir uns in der Finanzierung und in der praktischen Handhabe unserer Arbeit mit der Verwaltung herumschlagen müssen. Die Forderung, daß die Verwaltung von uns abhängig sein soll, ist inhaltlich ohne Frage richtig. Die Realität aber ist eine ganz andere: Wenn es um Stellenverhandlungen geht, welche räumlichen Möglichkeiten geschaffen werden, dann sind es die finanziellen Gegebenheiten, die uns die Umgebungsbedingungen diktieren. Deswegen stellt sich die Frage der Selbstdefinition für jeden Kinderpsychiater und jeden, der sich damit beschäftigt: Ob einer neurologisch, neuropädiatrisch, psychiatrisch oder auf der anderen Seite psychodynamisch, psychotherapeutisch orientiert ist, muß jeder für sich selber entscheiden und abwägen, welche Möglichkeiten er hat und welche Fähigkeiten er einbringen kann. Der Versuch dies zusammenzubringen, ist in meinen Augen bis heute keineswegs gelungen und wir sind auch nicht auf dem Wege dahin, das zu schaffen, weil Ausbildung und eigene Identität bisher nicht zusammengegangen sind; ich sehe im Moment auch noch keinen Weg.

Remschmidt: In verschiedenen Bemerkungen wird hier der Eindruck erweckt, daß Diagnose oder diagnostisches Vorgehen primär etwas mit den Krankenkassen zu tun hätten. Das ist eine Betrachtungsweise, die auf einer sehr oberflächlichen Ebene bleibt, denn auch wenn wir keine Krankenkasse hätten, müßten wir, wenn es uns darauf ankommt, eine Störung zu erkennen, zu beschreiben und zu begreifen, diagnostisch vorgehen. Also lassen wir die Bezeichnung Diagnose weg: Wenn ich als Kinderpsychiater zum ersten Mal mit einem psychisch gestörten Kind konfrontiert würde und ich wüßte nichts von Krankenkassen und nichts von Diagnosen, so würde ich – und vermutlich jeder von uns – versuchen zu beschreiben, was ich an dem Kind beobachten kann und was mir das Kind sagt, worunter es leide. Und wenn ich das Kind verstanden habe, dann würde ich versuchen, aus meinem Verstehen des Kindes therapeutische Maßnahmen abzuleiten. Das ist also ein ganz einfacher Weg, der hat überhaupt nichts zu tun mit irgendwelchen alltäglichen Schwierigkeiten, wie sie hier genannt worden sind. Denn wenn ich das nicht tue, unterliege ich der Gefahr, voreilig mit dem Kind etwas zu tun, was dem Kind in seiner Familie nicht hilft. Daher müssen wir sehr genau differenzieren und die alltäglichen Schwierigkeiten, die wir mit unserem System haben, von den grundsätzlichen Fragen trennen.

Wir müssen uns auch fragen, wo die Entwicklung überhaupt hingeht. Wir dürfen nicht einfach kurzschlüssig sagen, weil wir Schwierigkeiten mit unseren Krankenkassen haben, dürfen wir keine Diagnose stellen. Es gehört für meine Begriffe zur Ernsthaftigkeit der Auseinandersetzung mit einem Krankheitsbild hinzu, daß wir dieses Krankheitsbild beschreiben und verstehen – nichts anderes tut die Diagnostik. Wenn Sie sich einmal mit den Komponenten in der Diagnostik auseinandersetzen, die international in den letzten Jahren im Hinblick auf kinderpsychiatrische Erkrankungen diskutiert werden, so werden Sie feststellen, daß erstmalig in der Geschichte der Psychiatrie und Medizin der soziale Bereich schon in der Diagnose so stark wie nie zuvor berücksichtigt wird. Es ist hier das multiaxiale Schema genannt worden, und ich will dieses nicht als eine Errungenschaft hinstellen, die der Weisheit letzter Schluß wäre. Es muß weiterentwickelt werden und ist unvollkommen in vieler Hinsicht. Aber es muß uns zu denken geben, daß die Amerikaner viele Jahre, nachdem diese europäische Entwicklung begonnen hat, auch ein System gemacht haben, das in derselben Weise den sozialen Komponenten ebensoviel Aufmerksamkeit schenkt. Hier ist eine massive Forschung in Gang gekommen, und wir müssen diese Aspekte berücksichtigen. Deshalb sollten wir sorgfältig zwischen unseren alltäglichen Finanzierungsproblemen und den grundsätzlichen Fragen der Diagnostik und des Krankheitsbegriffs unterscheiden. Das sind zwei ganz unterschiedliche Aspekte. Wir müssen natürlich überlegen, wie man überhaupt die finanziellen Modalitäten verändert. Das ist aber eine ganz andere Frage, und da muß man sicherlich etwas tun. Aber das kann man nicht erreichen durch Abschaffung des Krankheitsbegriffes.

Tolstrup: Ganz kurz, exemplarisch. Wenn Hilde Bruch gesagt hat, daß keine Diagnostik gemacht zu werden bräuchte, dann muß ich sagen, daß sie selbst ihre vorzügliche Psychotherapie nicht machen könnte, wenn die Diagnose einer Anorexie nicht vorher gestellt worden wäre.

Teilnehmer aus Frechen: Was heißt denn, eine Diagnose stellen - das heißt doch, Durchblick bekommen, durchschauen; das hat Herr Remschmidt eben gesagt. Ob nun damit das Kind, wie manche meinen, in eine bestimmte Schublade gelegt wird, oder ob man sich ein Ziel für das, was man machen möchte, definiert, das hängt davon ab, wie gut die diagnostischen Schemata sind, über die wir verfügen. Aber ohne diesen Ansatz kann man m.E. nicht vorgehen. Wenn wir andererseits das Kind und sein Verhalten in seinem System betrachten, Herr Lempp, ob wir das nun Krankheit nennen oder Störung oder ob wir das nun das Sosein des Kindes in seiner Umwelt nennen, haben wir doch auf jeden Fall ein Betrachtungsobjekt, das wir uns vergegenwärtigen müssen; und dieses Ding wegzuräumen und uns nur daran zu orientieren, daß der Patient oder vielmehr seine Familie, die ihn schickt oder bringt oder vorschiebt, einfach sagt, hier ist jemand, der leidet - da, meine ich, ist Vorsicht geboten. Wir mögen von einem Krankheitsbegriff wegkommen wollen, wenn damit eine naturwissenschaftlich-kausale Verknüpfung biologischer Ursachen mit irgendwelchem Verhalten assoziiert wird, aber davon sind wir ja im Grunde schon weg. Nur, auf ein Betrachtungsobjekt für diese Phase vor der Therapie können wir wohl nicht verzichten; und wenn Herr Franke sagt, daß bei vielen Therapien die Diagnose erst am Schluß gestellt werden kann, dann sind dies offensichtlich langwierige diagnostische Prozesse, aber eben noch keine Interventionen.

Jungmann: Ich habe Herrn Lempp so verstanden, daß er einen Beitrag zur Frage der Behandlungsnotwendigkeit liefern wollte, und da finde ich mich dann sehr leicht wieder. Ich würde meinen, daß der Krankheitsbegriff von unseren medizinischen Fachdisziplinen her in Richtung der Behandlungsnotwendigkeit ausgeweitet werden muß. Das gilt sowohl für die Zuordnung zu einer bestimmten Therapieform, als auch für die Diskussion um Psychiatrie allgemein, untereinander und auch mit uns als Kinder- und Jugendpsychiater, und es gilt ganz sicher in der Zusammenarbeit mit den Kostenträgern - und die sind nun mal eine ganz wichtige Größenordnung. Wenn wir uns angesichts ökonomischer Zwangslagen mit Zukunftsperspektiven auseinandersetzen wollen, dann müssen wir nachschauen, was entbehrlich ist. Und wenn man aus der Praxis kommt, wird man mit dieser Frage wirklich jeden Tag konfrontiert, das ist wohl nachfühlbar. Ich würde gerne den Appell von Herrn Lempp ausweiten, denn solange wir Mediziner das den Verwaltungsleuten überlassen, sind wir doch selber schuld. Wir Mediziner müßten überlegen, ob wir nicht auch in diese Entscheidungsgremien hineingehören, in denen über Krankheit, insbesondere über Behandlungsnotwendigkeit diskutiert und entsprechend geplant wird. Bei uns in Baden-Württemberg ist es ja so, daß wir dort Juristen haben; und wir brauchen uns doch nicht zu wundern wenn dort am Schluß niemand unser Konzept der Behandlungsnotwendigkeit versteht.

Lempp: Es ist ein bißchen der Eindruck erweckt worden, als ob wir bei uns in Tübingen gar nicht den Patienten anschauen würden, uns nur ein Bild machen würden, uns lediglich ein Urteil verschaffen wollten, was denn nun fehlt. Wenn man das als Diagnostik bezeichnet , d'accord, da habe ich gar nichts dagegen, das ist selbstverständlich und notwendig. Es ging mir ja auch gar nicht so sehr um die Diagnose, sondern es geht mir mehr um den Krankheitsbegriff, d.h. um die Frage, ist das krank oder ist das noch normal? Der Krankheitsbegriff ist auf eine Grenze angewiesen, die wir schon im somatischen Bereich schwer genug haben, sicher zu ziehen, aber da kann man sich sehr schnell einigen. Im psychischsozialen Bereich schwimmt diese Grenze aber völlig, und es ist auslegungsbedürftig, wie ich sie ziehe. Mein Ansatz war auch gar nicht die Krankenkasse, wir sind da etwas auf ein Gebiet abgeglitten, daß mir gar nicht so sehr am Herzen liegt, sondern eher die berufspolitische Situation. Wenn wir uns darauf festnageln lassen, ihr dürft nur behandeln, beraten und untersuchen, was krank ist, dann werden wir uns der großen Zahl der Psychologen und Pädagogen, die jetzt auftauchen werden, nicht entgegenstellen können, dann darf ich z.B. keine Eltern in der Scheidungssituation beraten, wie sie mit ihren Kindern umgehen sollten, und ich kann vieles von dem nicht tun, was ich heute tue und von dem ich meine, es nicht schlecht zu tun und es zu können, obwohl es dabei sicher nicht um krankhafte Dinge geht, in keinem Moment. Aber es sind Leute, die Hilfe benötigen, und ich glaube, ich kann ebenso wie viele meiner kinderpsychatrischen Kollegen wirksame Hilfen geben. Diese Möglichkeit sollten wir uns nicht dadurch nehmen lassen, daß wir uns eingrenzen lassen auf ein Gebiet, das eindeutig als krank zu definieren ist.

Kulenkampff: Ich würde Herrn Lempp zustimmen wollen, daß der Krankheitsbegriff in der Gesetzgebung traditionell eine Gewichtigkeit in Richtung des Somatischen hat, die besonders in dem Fach Kinder- und Jugendpsychiatrie offenbar störend ist. Andererseits würde ich Herrn Jungmann beipflichten, daß natürlich der Gesetzgeber oder die Adminstratoren eine solche Einschränkung nicht von alleine aufheben. Es ist sicherlich eine Aufgabe der Fachwelt und der Kinder- und Jugendpsychiater, einen entsprechenden Druck auszuüben, um zu einer Verbesserung der Bestimmungen zu kommen.

Frau Kamphues: Herr Lempp hatte angeboten, den Krankheits- und Gesundheitsbegriff, über den wir jetzt die ganze Zeit gesprochen haben, nicht abzuschaffen, aber vielleicht zu verändern, und den Vorschlag gemacht, das subjektive Leiden mehr in den Vordergrund zu stellen. Ich denke, das ist sehr schwierig, weil das subjektive Leiden ja nur bei wenigen Krankheitsbildern ausgeprägt ist. Bei den neurotischen Störungen steht es ja im Zentrum, aber gerade bei dissozialem Verhalten und auch bei anderen Störungen kann man es ganz vernachlässigen, so daß ich diesen Begriff des subjektiven Leidens äußerst schwierig finde.

Lempp: Ich glaube, daß wir die Augen davor nicht verschließen sollten, daß auch der dissoziale Jugendliche, der sehr vergnügt erscheinen kann, vielleicht doch im Grunde irgend einen Leidensdruck hat, der allerdings nicht offen zur Schau gestellt wird. Aber lassen wir das dahingestellt. Ich habe ausdrücklich gesagt: Es können auch andere darunter leiden, die Familie, die Mitschüler, ja die Gesellschaft insgesamt. Auch das ist ein Grund helfend einzugreifen.

Grenner: Es ist hier oft der Begriff Tagesklinik gefallen. Ich würde gern wissen, ob einer der Referenten oder auch jemand hier im Saal Erfahrung damit hat, wie weit es möglich ist, tagesklinische Behandlung im stationären Rahmen zu machen. Es wird immer wieder vorgeschlagen, tagesklinisch notwendig zu behandelnde Patienten im Rahmen eines stationären Programms mitzuführen; d.h. sie nehmen an den normalen Dingen teil, die auch die stationär zu behandelnden Patienten durchlaufen und gehen dann nur eben nach der Behandlung am Spätnachmittag nach Hause. Ich weiß nicht, wie weit beides nebeneinander möglich ist, oder ob sich das gegenseitig ausschließt.

Remschmidt: Es gibt verschiedene Möglichkeiten, Tageskliniken in unserem Fach zu realisieren. Es gibt Tageskliniken als eigene Institutionen, die getrennt sind vom stationären Bereich, und es gibt sogenannte integrierte Tageskliniken. Letztere bieten die tagesklinische Behandlung von Patienten auf einer Station an, auf der sonst auch vollstationäre Patienten sind. Beides wird in verschiedenen Ländern und zum Teil auch bei uns praktiziert. In beiden Fällen ist es notwendig, und jetzt kommen wir wieder auf die beliebte Debatte der organisatorischen und finanziellen Probleme, mit den Krankenkassen einen Abschluß herbeizuführen bezüglich eines Tagessatzes und sich von den zuständigen Gesundheitsbehörden auch das Ganze genehmigen zu lassen. Im Prinzip ist das möglich; man kann natürlich fragen, ob es gut ist, eine integrierte Tagesklinik zu machen, oder was man in einem speziellen Fall tun sollte. Es gibt positive und negative Aspekte der integrierten Tagesklinik. Im allgemeinen haben tagesklinische Patienten ja ein eigenes sehr spezielles Programm, das sich von dem der vollstationären Patienten unterscheidet. Andererseits soll die tagesklinische Behandlung ja zur Verkürzung des vollstationären Aufenthaltes dienen, was natürlich wieder die Brücke schlägt. Sehr gut ist es, wenn man dies sozusagen überlappend machen kann, d.h. daß etwa unter der gleichen Trägerschaft beides existiert, so daß der Patient, wenn er stationär behandelt werden muß, stationär ist, aber am nächsten Tag tagesklinisch sein kann. Da gibt es verschiedene Möglichkeiten und wechselseitige Vor- und Nachteile.

van Husen: Herr Remschmidt, Sie haben in Ihren Ausführungen eine für mich sehr bedeutsame Zahl erwähnt, nämlich, daß Ihr extramural-tätiges Team, Arzt und Psychologe, lediglich etwa fünf Prozent an stationär behandlungsbedürftigen Fällen erbracht habe. Das hieße, daß der ambulante Versorgungsbedarf unermeßlich hoch ist im Vergleich zur stationären Behandlungsnotwendigkeit. Wir die wir in der Klinik tätig sind, wissen ja, daß wir im ambulanten Bereich viel zu wenig tun können, da uns die personellen Voraussetzungen fehlen, und sicherlich in dem einen oder anderen Fall von der stationären Behandlung absehen könnten. Was mich interessiert, ist jetzt: Hat dieser Modellfall, das Hinausgehen von Arzt und Psychologen als kinder- und jugendpsychiatrisches Team in die Bevölkerung entscheidend dazu beigetragen, auch die Zusammenarbeit mit bestehenden Einrichtungen zu fördern oder die ambulante Nachsorge zu verbessern, oder waren es primär Aktivitäten, die isoliert stattgefunden haben in Bereichen, die sonst unterversorgt waren? Denn ich denke, daß dieser Modellfall für uns alle, die wir im klinischen Bereich tätig sind, eine gewisse Aufforderung beinhalten würde, so zu agieren, damit tatsächlich die Nachsorge, bei der es bei uns ja doch hapert, besser würde.

Remschmidt: Ohne Zweifel hat sich die Nachsorge der stationären Patienten verbessert. Die Mitglieder des ambulanten Teams lernen den Patienten, noch während er stationär ist, kennen, so daß sie, wenn sie ihn dann zu Hause besuchen, nicht als Fremde kommen, sondern als jemand, der den Patienten aus der Klinik kennt. Das ist ein sehr wichtiges Prinzip, das nicht immer, aber in der Mehrzahl der Fälle funktioniert. Andererseits findet das Ganze zum Teil durchaus in einer unterversorgten Region statt. Wir haben zwei Landkreise, in denen diese Teams tätig sind. Der eine ist der Landkreis Waldeck-Frankenberg, in dem eigentlich sonst nichts Kinder- und Jugendpsychiatrisches angeboten wird, während im zweiten Landkreis Marburg-Biedenkopf eine recht dichte Versorgung vorhanden ist. Also mit anderen Worten: Für die beiden Teams für jeden Kreis gibt es unterschiedliche Aufgaben.

Die Frage nach der Kooperation kann ich nicht mit einem Satz beantworten. Viele Einrichtungen, in denen Kinder sind, haben das Angebot einer Zusammenarbeit sehr dankbar aufgenommen. D.h. sie fordern das Team an, und im Landkreis Marburg-Biedenkopf können die Mitarbeiter sich gar nicht mehr retten vor Anfragen. Das ist vielleicht auch ein Zeichen dafür, daß es gut klappt. Im nördlichen Kreis war es nicht so einfach, weil dort mit zunehmender Distanz von Marburg die Kenntnisse über die Kinderpsychiatrie und ihre Aufgaben abnehmen und das Feld erst erschlossen werden mußte. In dem einen Ort, in dem zuerst Sprechstunden stattfanden, lief es zunächst gar nicht. Wir haben uns immer gefragt, warum das so ist. Und dann haben wir einige Hintergründe gelernt und nach einem Jahr lief es dann auch recht gut. Da haben wir auch unsere Erfahrungen gemacht. Aber dieses System – das steht ohne Zweifel fest, das können wir belegen durch ganz klare Zahlen – ist ein effektives System; wir wissen nur nicht, wie man es auf Dauer finanziert. Und da kommen wir wieder zu den finanziellen Fragen zurück. Es gibt nämlich bis jetzt keine Finanzierungsmöglichkeit, die sich heute schon absichern läßt.

Trost: Sie sagten, die Kassen oder die Kostenträger suchten sich das Billigste aus. Ich bin mir da überhaupt nicht sicher. Ich habe da auch ganz konkret eine Frage in Bezug auf den Landschaftsverband Rheinland: Wir haben in der Viersener Klinik jetzt mitbekommen, daß die Anträge auf Eingliederungshilfe nach dem BSHG, die bislang von den örtlichen Sozialämtern gestellt und bearbeitet wurden und dann praktisch nur noch zur Kostenübernahme nach Köln geschickt worden sind, jetzt nicht mehr diesen Weg gehen, sondern daß stattdessen jetzt in Köln einige neue Verwaltungsmitarbeiter eingestellt worden sind, um diese ganze Sache zentral zu bearbeiten und, wie wir fürchten, verschärft zu beurteilen. D.h. es werden im Verwaltungsbereich neue Stellen geschaffen, und für uns gibt es neue Formulierungsprobleme, erneute Schwierigkeiten die richtige Nomenklatur zu finden, um nur ja diese Anträge durchzubekommen. Ich hätte dazu ganz gerne eine Stellungnahme, falls Herr Kukla im Raum ist.

Eine zweite Frage an Herrn Remschmidt: Sie erwähnten in Ihrem Vortrag mehrfach den Begriff Modeerscheinung oder Modeströmung und warnten davor. Sie nahmen auch ein Zitat von Hartmut von Hentig zur Hilfe. Ich weiß aber immer noch nicht, welche Modeströmung Sie eigentlich meinen und wo Sie schlimme oder gefährdende Auswirkungen solcher Modeströmungen sehen.

Remschmidt: Ich gehe gerne auf diese Frage ein. Wenn man historisch bestimmte Entwicklungen betrachtet, so erlebt man folgendes eigentlich mit ziemlicher Gesetzmäßigkeit: Daß mit dem Auftreten einer neuen Erkenntnis, die punktuell richtig ist, diese Erkenntnis zunächst überbewertet und auf Bereiche ausgedehnt wird, in denen sie nicht gilt. Das ist zunächst mal das Prinzip. Es ist z.B. so, daß die Familientherapie ein klares Indikationsgebiet hat. Es ist aber falsch und durch nichts begründet, alle kinderpsychiatrischen Erkrankungen ausschließlich familientherapeutisch zu sehen. Unter Familientherapie verstehe ich die Behandlung der gesamten Familie, wenn ein Mitglied krank ist. Dieser Ansatz hat etwa beim Mißhandlungssyndrom oder bei der Schulphobie seine klare Indikation, da sind die Zusammenhänge sehr deutlich. Es ist aber nicht so, daß man nach dem derzeitigen Stand der Erkenntnis etwa Schizophrenien mit der Familientherapie als Hauptbehandlungsmethode effektiv behandeln kann. Wenn Sie die Literatur durchsehen, dann wurden wichtige Erkenntnisse an einigen wenigen Familien gemacht und vollzogen, auch wichtige Einsichten, aber es wäre falsch und durch nichts bewiesen, nun bei jedem Schizophrenen ausschließlich den familientherapeutischen Ansatz anzuwenden.

Ein zweiter Punkt. Es ist m.E. auch notwendig, bevor man wesentliche Veränderungen vornimmt, zu überlegen, was die Grundlagen für diese Veränderungen sind. Ich bin auch der Meinung, es wäre ebenso eine Modeströmung, daß man Diagnosen oder die sorgfältige Beschreibung von Krankheitsbildern abschafft, obgleich diese Ansichten z.T. schon wieder überwunden sind. Es gab – ich sage es bewußt in der Vergangenheit, weil ich diese Entwicklung schon als historisch ansehe – die Tendenz: „Wir behandeln gleich und untersuchen nicht erst.“ Das ist in der internationalen Entwicklung überholt, auch wenn es in Deutschland an manchen Orten noch so gesagt wird. Wenn Sie mit dieser These in die führenden psychiatrischen Kreise in die USA oder nach England kommen, werden Sie damit nicht mehr sehr ernst genommen. Es gibt eine weitere Fehlentwicklung; es gab eine Zeit – auch historisch –, in der z.B. die Eltern sehr stark beschuldigt worden sind. Ich sage bewußt beschuldigt, und ich habe Beweise dafür. Es gibt mittlerweile Generationen von Eltern autistischer Kinder, denen man voreilig vorgeworfen hat, sie seien an der Erkrankung ihres autistischen Kindes schuld. Dem lag eine kasuistische Beobachtung zugrunde, eine Hypothese, die nicht bestätigt war. Auch diese These wurde – voreilig – verabsolutiert; voreilig heißt: Generalisierung einer Einsicht, die vielleicht im Einzelfall richtig sein mag, auf alle Fälle jedoch nicht zutrifft. Und wer etwas länger im Fach ist, der kann ein

Lied davon singen, wie diese Eltern schuldbelastet in die Sprechstunden gekommen sind. Auch dies war, in meiner Sicht, eine historische Modeerscheinung.

Peres: Herr Remschmidt, wenn Sie von Modeerscheinungen in der Kinder- und Jugendpsychiatrie sprechen, würde mich interessieren: Gibt es noch den Begriff des psychopathischen Kindes? Das steht im Zusammenhang damit, daß die Familie nicht immer schuld an dem krankhaften Zustand des Kindes ist. Wenn wir genetisch präformierte Charaktergrundstrukturen annehmen, muß man viele Dinge in einem anderen Licht sehen. Meine Frage ist, ob die heutige Kinder- und Jugendpsychiatrie das tut.

Remschmidt: Es gibt Erkenntnisse dafür, daß es auch sehr frühe Persönlichkeitseigenschaften gibt – bei Kindern nennt man sie Temperamentseigenschaften –, die eine hohe Stabilität aufweisen – die Psychopathie will ich hier nicht bemühen. Es gibt eine Studie, die berühmten Untersuchungen von Thomas und Chess, die Kinder vom Säuglingsalter mittlerweile bis ins 16., 17. Lebensjahr ganz regelmäßig und kontinuierlich untersucht haben. Diese Forscher haben festgestellt, daß es eine Reihe von Temperamentseigenschaften gibt, die eine hohe Stabilität aufweisen, d.h. die erhalten bleiben trotz sehr unterschiedlicher Umstände. Nun heißt das nicht, daß ein Kind damit einfach so in die Welt gesetzt wird und nicht mehr veränderbar ist, sondern diese Forscher wollten nur überprüfen, ob es neben den Umwelteinflüssen, die von allergrößter Bedeutung sind, auch Eigenschaften gibt – Charaktere, Persönlichkeitseigenschaften, wie sie wollen, Temperamtentseigenschaften –, die sehr langanhaltend sind und mit denen man eben auch rechnen muß. Da gibt es eine ganze Reihe von Zusammenhängen, die sehr interessant sind, z.B. daß sehr irritierbare Kinder, die als Säuglinge an Schlafstörungen leiden, die eine ausgeprägte Regulation der rhythmischen Funktionen haben, auch der Ausscheidungsfunktionen, die sehr viel weinen, daß dies auch die Kinder sind, die später leichter Auffälligkeiten in Richtung inkonstanten Verhaltens, vegetativer Störungen zeigen, die also auch später eher auffällig sind.

Den Begriff Psychopathie benutzen wir in dieser Form eigentlich nicht. Es gibt ihn im Kindesalter überhaupt nicht, im Jugendalter taucht der Begriff Persönlichkeitsstörung, was die moderne Bezeichnung dafür ist, gelegentlich auf; aber wenn man die Diagnosen kinderpsychiatrischer Kliniken durchsieht, ist dieser Begriff sehr selten, auch deshalb, weil man – sicherlich zu Recht – meint, daß man eine solche Diagnose wegen der doch möglichen Veränderungen nicht beim Kind und nur selten beim Jugendlichen stellen soll.

Schäfer: Ich bin einer von diesen ganz schlimmen Typen, nämlich Verwaltungsmensch, stellvertretender Gesundheitsdezernent beim Landschaftsverband Westfalen-Lippe und von Beruf Jurist. Diese Diskussion hier beginnt mich zu langweilen in den zwei Forderungen, die hier gegen Verwaltungsleute immer wieder erhoben oder angemahnt werden. Die erste Forderung ist die: Die Therapeuten haben das Sagen, die Verwaltung hat nachzuvollziehen, sprich: die Therapeuten sind die Guten, die Verwaltungsleute sind die Bösen. Die zweite ist eine Forderung, die ich heraushöre, obwohl es ausdrücklich so nicht gesagt worden ist: Wenn wir dann mal als Therapeuten festgestellt haben, was nötig ist, dann müsen wir auch einen einheitlichen Finanzierungstopf haben, aus dem wir das alles bezahlen können. Ich halte beide Forderungen für falsch und gefährlich, weil sie zu nichts führen. Zu dem Verhältnis Therapeuten - Verwaltung: Ich bin sicherlich auch der Meinung, daß die Therapeuten sich darüber einigen müssen, was fachlich erforderlich ist. Das muß man dann der Verwaltung vermitteln; aber jemals zu glauben, solange es Verwaltung gibt, denen sagen zu können: wir haben das Sagen, und ihr macht das, ist doch völlig illusorisch. Man muß denen sagen: Denkt mal darüber nach, ob das nicht nötig ist. Und dann kommt man viel eher zur Lösung, als wenn man ständig in dieser Konfrontation ist.

Ein Beispiel zu der Frage nach der integrierten Tagesklinik. Ich habe diese Frage so verstanden, ob es Möglichkeiten gibt, solchen Patienten, die bereits entlassen sind, aber eine Tagesstrukturierung brauchen, im Krankenhaus eine solche Möglichkeit, also Arbeit und Beschäftigung anbieten zu können. Das gibt Schwierigkeiten, zur Zeit sowohl bei den Kassen, als auch bei den Sozialhilfeträgern. Es gibt aber Beispiele, wo es läuft, etwa in Niedersachsen. Und nachdem bei uns im Landschaftsverband Westfalen-Lippe die Therapeuten immer dringlicher gesagt haben, es sei nötig, daß solche Möglichkeiten eröffnet werden, fanden sich auch Wege, nachdem man die Sozialhilfe und die Kassen darüber zum Nachdenken gebracht hat, aber nicht gesagt hat: „Ihr müßt das jetzt machen"! Es ist einfach eine Frage der Form, wie man die Verwaltung zum Nachdenken bringt. Aber immer zu sagen, „Die Verwaltungsleute sind die Bösen, und wir Therapeuten sind die Guten, und wir haben immer recht", ist mit Sicherheit falsch. Es gibt auch Beispiele dafür, daß die Therapeuten mehr Ideen und Arbeit für sich und ihre eigenen Bedürfnisse produzieren, als für die Bedürfnisse der Patienten. Da kann ich auch Beispiele bringen, das würde jetzt aber zu weit führen.

Der andere Punkt ist die Frage nach dem einheitlichen Finanzierungssystem. Das halte ich für völlig falsch, weil es Beispiele gibt, wo dies wirklich makaber daneben gegangen ist. Ich habe mich intensiv mit Italien beschäftigt, die ja im Rahmen der Psychiatriereform oder der Gesundheitsreform ein einheitliches Finanzierungssystem geschaffen haben, den nationalen Gesundheitsfond. Jeder Italiener zahlt theoretisch drei Prozent seines Einkommens in diesen Fond – das tun natürlich die Einkommenssteuerzahler nicht, aber jedenfalls theoretisch. Der wird also auf nationaler Ebene gesammelt und wird dann verteilt über den Gesundheitsrat auf die einzelnen Regionen, und die verteilen wieder auf die einzelnen Gemeinden, und die verteilen dann das Geld auf die verschiedenen Sparten der Medizin. Das Geld wird also zentral gesammelt und jeder zahlt. Nur ist folgendes passiert: Die psychisch Kranken sind völlig abhängig von den politischen Mehrheitsverhältnissen in der jeweiligen Region. Je nachdem, wie die Regierung sich zusammensetzt, wird eben die eine oder die andere Priorität gesetzt, und so entstehen je nach Region völlig verschiedene psychiatrische Verhältnisse in Italien. Ich bin deshalb der Meinung, daß auch und gerade bei vielfältigen Finanzierungswegen einheitliche Lebensverhältnisse geschaffen werden können. Wichtig ist auch in diesem Bereich, daß die Therapeuten sich einigen und die Verwaltung überzeugen, was notwendig ist. Dann ist es egal, wer zahlt.

Kulenkampff: Ich möchte Herrn Specht, der sich noch nicht geäußert hat, um ein abschließendes Votum zur Diskussion des heutigen Vormittags bitten.

Specht: Ich glaube, als von Krankheit und Krankheitsbegriff die Rede gewesen ist, ist nicht genügend überlegt worden, ob wirklich alle das Gleiche meinten. Krankheit bedeutet in unterschiedlichem Kontext Unterschiedliches. Und der Kontext der RVO ist dabei nur einer. Ähnlich ging es mir bei der Diskussion um die Diagnose. Mir war wirklich nicht ganz klar, ob noch das Gleiche gemeint wurde. Zumindestens zwei Unterscheidungen kann man treffen: Einmal sprechen wir von Diagnose, wenn wir den oft tatsächlich langwierigen Prozeß einer Klärung von Zusammenhängen meinen, die wir kennen müssen, um handeln zu können. Ohne das geht es nicht. Aber wir sprechen auch von Diagnose, wenn wir kurze Benennungen benutzen, die wir zur Klassifizierung verwenden, um bestimmte Ordnungen herzustellen. Nur: Diese klassifizierenden Diagnosen sind in der Tat manchmal überhaupt nicht therapierelevant. Sie richten sich nach dem, was wir für wichtig halten für eine entsprechende Ordnung. Andere – darüber müssen wir uns dabei klar sein – halten das gleiche gar nicht für so wichtig. Wenn ich in anderen Einrichtungen zu tun habe, dann lasse ich das multiaxiale Klassifikationssystem ganz bestimmt zu Hause. Ich muß mich überhaupt bemühen, eine Sprache zu verwenden, die sich von der eigenen erlernten Fachsprache wieder ein ganzes Stück loslöst. Ich sehe auch, daß in den verschiedenen Einrichtungen, mit denen ich zu tun habe, Beratungsstellen, Schulen oder auch im Justizvollzug, in unterschiedlichen Prioritäten gedacht wird, eine eigene Sprache und andere Benennungen verwendet werden. Das heißt nicht, daß nun alles verwischt wird oder anders ist, sondern daß wir uns darüber klar sein müssen, daß unsere klassifizierten Diagnosen für andere gar nicht so unbedingt verständlich sind.

Zur Kostenregelung hat Herr Schäfer ja einiges gesagt. Ich denke, daß es auch eine Reihe von Beispielen gibt dafür, daß es auch andere Wege gibt und die Kostenregelung nicht immer von einer vorgegebenen Zuordnung zu bestimmten Kategorien oder sogar von bestimmten Etikettierungen abhängig ist. Ob der Gedanke, möglichst viel oder alles der Jugendhilfe zuzuordnen, tatsächlich so viel einbringt, wie Sie denken, Herr Lempp, das weiß ich nicht, weil nämlich auch die Überlegungen, das Jugendwohlfahrtsgesetz zu novellieren, die im Augenblick im Gang sind, da zu ganz anderen Auswirkungen führen könnten, was die Entscheidungszuständigkeit für die Gewährung von Kosten angeht. Dabei können ganz neue Schwierigkeiten auftreten, die man vorher nicht geahnt hat.

II. Die verschiedenen Aspekte der Kinder- und Jugendpsychiatrie

Kinder- und Jugendpsychiatrie aus der Sicht eines niedergelassenen Kinder- und Jugendpsychiaters

R. Schydlo

Bedeutung der ambulanten Versorgung

In der Psychiatrie-Enquête wurde vor allem die Verbesserung der *ambulanten* psychiatrischen Versorgung in den Vordergrund gestellt. Auch in der Kinder- und Jugendpsychiatrie nimmt die ambulante Versorung einen immer größeren Raum ein. Sehr viele psychische Erkrankungen im Kindes- und Jugendalter lassen sich ambulant behandeln, ohne daß das betroffene Kind über längere Zeit aus dem Rahmen seiner Familie und Umwelt gerissen wird.

Die *Krankheitsbilder*, die in kinder- und jugendpsychiatrischen Praxen vorgestellt werden, umfassen das gesamte Feld der Kinder- und Jugendpsychiatrie. Zu ihnen gehören:

psychische Störungen im Zusammenhang mit Hirnfunktionsstörungen,
Beeinträchtigungen der intellektuellen Funktionen,
Störungen der Sprachentwicklung,
Störungen der Psychomotorik,
Störungen der Emotionalität,
Störungen des Antriebsverhaltens,
psychosomatische Symptome,
psychoreaktive und neurotische Störungen,
Störungen der sexuellen Entwicklung,
Autismus und Psychosen,
dissoziale Reaktionen,
Mißhandlungssyndrome,
Drogenmißbrauch und Sucht,
Epilepsien und andere neurologische Erkrankungen im Kindes- und Jugendalter.

Struktur einer Kinder- und jugendpsychiatrischen Praxis

Die Tätigkeit eines niedergelassenen Kinder- und Jugendpsychiaters unterscheidet sich erheblich von der anderer Kassenärzte. Wie die diagnostischen und therapeutischen Maßnahmen in einer kinder- und jugendpsychiatrischen Praxis strukturiert sind, geht aus der ersten Tabelle, einer Übersicht aus unserer eigenen Praxis, hervor (s. Tabelle 1).

Schon bei der telefonischen *Anmeldung* eines Patienten ist auch bei den Mitarbeitern eine therapeutische Grundhaltung erforderlich, nicht zuletzt, um gewisse Schwellenängste bei den Patienten zu verringern.

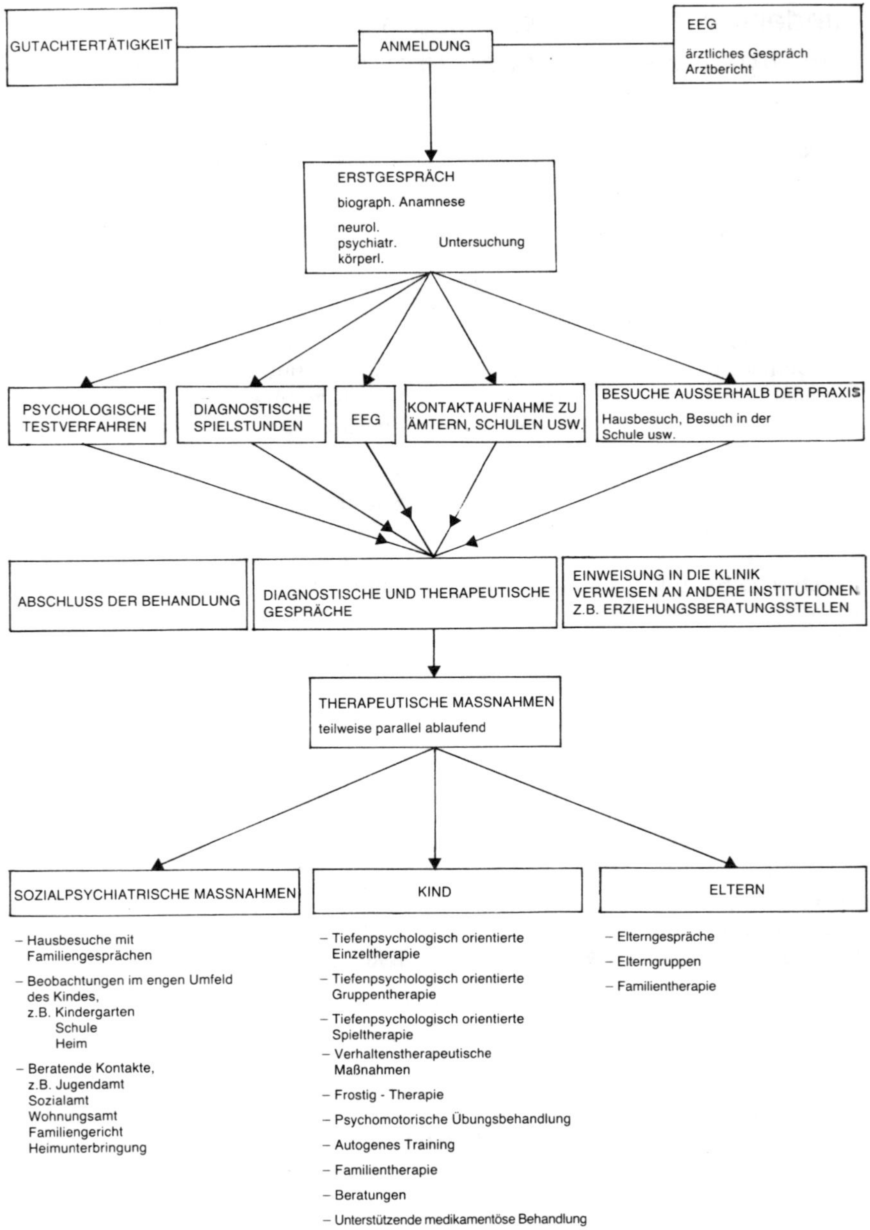

Tabelle 1: Struktur einer Kinder- und Jugendpsychiatrischen Praxis

Diagnostische Maßnahmen

Nur in wenigen Fällen werden die Patienten zu einer bestimmten umschriebenen Leistung, wie zum EEG oder zu einem Gutachten überwiesen. Meist handelt es sich um schwere psychische Erkrankungen, die eine eingehende Erhebung der *biographischen Anamnese*, zusammen mit Eltern oder Bezugspersonen des Kindes, erfordern. Der dafür notwendige Zeitaufwand erlaubt es organisatorisch nur, in der Praxis pro Tag höchstens zwei neue Patienten und ihre Familien zu untersuchen. Nach der eingehenden neurologischen, psychiatrischen und körperlichen Untersuchung des Kindes wird der weitere „*diagnostische* Plan" aufgestellt, der z.B. EEG-Untersuchung, Intelligenztests, tiefenpsychologische Tests oder zunächst diagnostische Spielstunden umfaßt. Erweitert wird die Diagnostik durch Fremdanamnesen mit Lehrern, anderen Bezugspersonen, evtl. auch durch Hausbesuche oder Besuche in der Schule, im Kindergarten usw.

Therapeutische Maßnahmen

Anschließend wird der sogenannte „*therapeutische* Plan" mit den Eltern besprochen. Hierbei stehen, neben Einzel- und Gruppenbehandlung, zunehmend familientherapeutische Maßnahmen im Vordergrund. Die sozialpsychiatrischen Maßnahmen sind in unserer Praxis nur durch Einstellung einer Sozialarbeiterin über das Modellprogramm Psychiatrie möglich geworden. Diese Sozialarbeiterin führt unter anderem Hausbesuche mit Familiengesprächen durch, nimmt Kontakte mit Jugendämtern, Sozialämtern, Gerichten auf, hilft bei Wohnungssuche, Arbeitssuche psychisch kranker Jugendlicher oder deren Familien, führt Beobachtungen im engeren Umfeld des Kindes, wie in Kindergarten, Schule oder Heim durch.

Unterschiedliche Subspezialisierungen

Man muß jedoch erwähnen, daß der Schwerpunkt der therapeutischen Arbeit bei den einzelnen Fachkollegen auch heute noch aufgrund deren eigener klinischer Weiterbildung oder Subspezialisierung recht unterschiedlich ist. So arbeiten einige Kollegen überwiegend neuropädiatrisch oder epileptologisch, während andere wiederum ausschließlich psychotherapeutisch oder psychoanalytisch tätig sind. Bei dieser Spezialisierung spielen jedoch nicht nur die eigenen Interessen oder der Ausbildungsgang eine Rolle, sondern vor allem organisatorische und wirtschaftliche Probleme. Wegen der noch bestehenden wirtschaftlichen Probleme arbeiten heute noch mehr als die Hälfte aller niedergelassenen Kinder- und Jugendpsychiater völlig allein in ihrer Praxis, ohne die notwendigen paramedizinischen Berufe.

Berufsgruppen im Team einer Praxis

Dabei ist ein Spezifikum kinder- und jugendpsychiatrischer Tätigkeit die notwendige Zusammenarbeit mit anderen Berufsgruppen, die sich nur zum kleinen Teil aus den klassischen *Heilhilfsberufen*, wie Arzthelferin, MTA usw. zusammensetzen, zum größten Teil aus den psychologisch - heilpädagogischen und den sozialen Berufen

(s. Tabelle 2). Zu den sog. „anerkannten Heilhilfsberufen“ in einer kinder- und jugendpsychiatrischen Praxis zählen die Kinderkrankenschwester, die Krankengymnastin, die Logopädin, die Arzthelferin und die EEG-Assitentin. Alle anderen *psychologisch-pädagogischen* Berufe werden innerhalb der kassenärztlichen Tätigkeit von den Krankenkassen heute immer noch als suspekt angesehen. Die Zusammenarbeit mit den psychologischen Berufen, wie dem Diplompsychologen oder der psychologisch-technischen Assistentin, ist jedoch, ebenso wie mit den heilpädagogischen Berufen, als unabdingbar zu betrachten.

1. „Anerkannte“ Heilhilfsberufe
   - Kinderkrankenschwester
   - Krankengymnastin
   - Logopädin
   - Arzthelferin
   - EEG-Assistentin
2. Psychologisch-heilpädagogische Berufe
   - Dipl. Psychologe
   - Psychol. techn. Assistentin
   - Psychagoge
   - Dipl. Heilpädagoge
   - Ergotherapeut
   - Motopäde
   - Musiktherapeut
   - Gestalttherapeut
   - Kunsttherapeut
3. Soziale Berufe
   - Dipl. Sozialpädagoge
   - Dipl. Sozialarbeiter

Tabelle 2: Berufsgruppen im Team einer Kinder- und Jugendpsychiatrischen Praxis

Der Kinder- und Jugendpsychiater empfindet sich als Koordinator und Integrator in der Zusammenarbeit mit allen therapeutischen Berufsgruppen, wie den Dipl. Heilpädagogen, Psychagogen, Motopäden, Ergotherapeuten, Musiktherapeuten, Gestalttherapeuten, Kunsttherapeuten usw.

Um die vielfältigen psychosozialen Aspekte in der Ätiologie und der Therapie kinder- und jugendpsychiatrischer Erkrankungen noch besser berücksichtigen zu können, ist die Integration der *sozialen Berufe*, wie Sozialpädagoge oder Sozialarbeiter, bei der Arbeit eines Kinder- und Jugendpsychiaters eminent wichtig.

Diese Teamarbeit mit den vielen genannten Berufsgruppen ist in der stationären und ambulanten kinder- und jugendpsychiatrischen Arbeit seit jeher selbstverständlich, sie sollte jedoch auch den niedergelassenen Kinder- und Jugendpsychiatern innerhalb ihrer kassenärztlichen Tätigkeit ermöglicht werden, um hier noch effizienter und damit kostengünstiger behandeln zu können.

Struktur der Patienten

Eine genauere Untersuchung über die Struktur der vorgestellten Patienten und die Arbeitsweise in einer kinder- und jugendpsychiatrischen Praxis wurde von meinem Kollegen Heubach anhand von 1000 Patienten unserer Praxis durchgeführt. Sie ergab unter anderem folgende Ergebnisse: Der Hauptvorstellungsgrund in der Praxis waren psychoneurotische und psychosomatische Reaktionen, sowie sog. Schulschwierigkeiten. Der Altersgipfel der vorgestellten Patienten lag bei 9 - 11 jährigen Kindern, allein 50% der Patienten waren 7 - 12 Jahre alt. Vor allem die Kinder mit Teilleistungsstörungen werden oft erst ab dem 3. Schuljahr mit den damit zunehmenden Leistungsanforderungen verhaltensauffällig.

Jungen wurden wegen ihrer meist aggressiveren Reaktionen doppelt so häufig vorgestellt wie Mädchen. Etwa 60% der vorgestellten Kinder zeigten bereits während ihrer Säuglings- und Kleinkindphase deutliche Auffälligkeiten in ihrer psychomotorischen und sprachlichen Entwicklung. Ein Drittel der vorgestellten Kinder war schon vor der Geburt durch psychosoziale Probleme der Mutter und der Familie belastet und zum großen Teil unerwünscht. Später belastende Faktoren waren vor allem Berufstätigkeit der Mutter, frühe Krankenhausaufenthalte, sowie disharmonische Familienverhältnisse. Allein diese Fakten zeigen wiederum die Wichtigkeit der psychosozialen und sozialpsychiatrischen Maßnahmen in unserer Tätigkeit.

Die anderen Tätigkeiten und die *notwendigen Außenkontakte* des niedergelassenen Kinder- und Jugendpsychiaters zeigt die Tabelle 3.

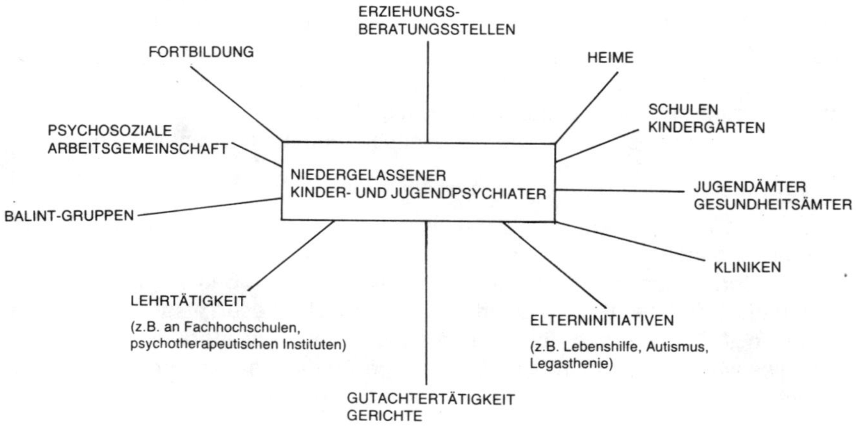

Tabelle 3: Notwendige Außenkontakte des niedergelassenen Kinder- und Jugendpsychiaters

Großer Mangel an niedergelassenen Kinder- und Jugendpsychiatern

Die hohe Zahl der Anmeldungen und die in der Regel langen Wartelisten in den Ambulanzen und den kinder- und jugendpsychiatrischen Praxen zeigen, daß noch ein enormer Bedarf an niedergelassenen Kinder- und Jugendpsychiatern besteht. In der Psychiatrie-Enquête wurde von einem Bedarf von mindestens 1700 Kinder- und Jugendpsychiatern gesprochen. Auch wenn man in der neuesten „Denkschrift über die Situation der Kinder- und Jugendpsychiatrie in der Bundesrepublik Deutschland" von einem Bedarf von 800-1000 Kinder- und Jugendpsychiatern ausgeht, fehlen demnach momentan mindestens 500 bis 700 Kinder- und Jugendpsychiater in der Bundesrepublik Deutschland.

Am 31.12.1983 waren in der Bundesrepublik Deutschland nur 273 Kinder- und Jugendpsychiater tätig, davon waren *ganze 29* innerhalb der gesamten Bundesrepublik Deutschland als Kassenärzte *niedergelassen*. Während in anderen ärztlichen Fachgebieten 50 bis 80% der Fachkollegen niedergelassen sind (in der Kinderheilkunde sind es 50%, in der Nervenheilkunde 52%, in der Augenheilkunde 80%) sind es in der Kinder- und Jugendpsychiatrie nicht mal 11%.

Wirtschaftliche Probleme

Es klingt paradox, daß einige Kinder- und Jugendpsychiater ihre Praxis, trotz der großen Nachfrage, nur aus wirtschaftlichen Gründen wieder schließen mußten. Andere Fachkollegen haben sich nach ihren langjährigen und qualifizierten Facharztweiterbildungen und oft auch nach langjähriger psychotherapeutischer Zusatzausbildung letztlich resignierend als praktische Ärzte, Kinderärzte oder Nervenärzte niedergelassen. Ursachen hierfür waren und sind, neben der Schwierigkeit der Arbeit, in erster Linie die für unser Fachgebiet ungenügenden ärztlichen Gebührenordnungen, in denen die ärztlichen Grundleistungen, in Relation zu vielen technischen Leistungen, immer noch völlig unzureichend bewertet werden. Die Situation wurde zwar 1982 durch die Einführung dreier spezifischer kinder- und jugendpsychiatrischer Gebührenordnungspositionen für Diagnostik, Therapie und Gruppentherapie etwas gebessert. Es gibt aber noch mannigfache Beispiele für die extremen Ungerechtigkeiten innerhalb dieser ärztlichen Gebührenordnungen für unser Fachgebiet, wie die Unterbewertung der psychologischen Tests, der Fremdanamnesen, der Übungsbehandlungen usw.

Zeitaufwand der kinder- und jugendpsychiatrischen Arbeit

Während in anderen Kassenarztpraxen bis zu 1000 Patienten und mehr pro Quartal behandelt werden können, ist in einer kinder- und jugendpsychiatrischen Praxis aufgrund der extrem zeitaufwendigen Arbeit eine Behandlung von mehr als 200 bis 250 Patienten pro Quartal kaum möglich. Diese Tatsache mußte den ärztlichen Verbänden und den Krankenkassen immer wieder verdeutlicht werden. Dies war eine jahrelange und mühselige Arbeit unseres jungen Berufsverbandes.

Hierbei wurde immer wieder deutlich, daß das Berufsbild des Kinder- und Jugendpsychiaters auch innerärztlich ungenügend oder gar nicht bekannt ist. Selbst bei einigen kassenärztlichen Vereinigungen wurde oder wird noch immer verleugnet, daß es sich um ein seit 15 Jahren eigenständiges ärztliches Fachgebiet handelt. Die wenigen niedergelassenen Kinder- und Jugendpsychiater wurden bei den Wirtschaftlichkeitsprüfungen in der Regel mit der Fachgruppe der Nervenärzte verglichen, so daß es zusätzlich zu enormen und ungerechtfertigten Honorarkürzungen kam.

Große Versorgungslücke

Wir hatten den Eindruck, daß die Kinder- und Jugendpsychiater von einigen kassenärztlichen Vereinigungen bei ihrer Niederlassung eher behindert statt gefördert wurden. Trotz des Versorgungsauftrags der KV wird ein *Bedarf* in diesem Fachgebiet in der Regel bestritten. In den Versorgungsplänen der kassenärztlichen Vereinigung taucht unser Fachgebiet nicht auf. Dies alles steht im Gegensatz zu den Stellungnahmen der Ärztetage 1979 in Nürnberg und auch in diesem Jahr in Aachen, die in langen Resolutionen darauf hinweisen, alle Hindernisse abzubauen, die einer Niederlassung von Kinder- und Jugendpsychiatern im Wege stehen. Dies steht weiter im Gegensatz zu der Stellungnahme der Bundesregierung zur Psychiatrie-Enquête, die die Ansicht vertritt, daß „Ausgangspunkt einer optimalen psychiatrischen Versorgung in erster Stufe ein auch im ländlichen Bereich zu verdichtendes Netz *niedergelassener Fachärzte* für Psychiatrie und Nervenheilkunde sowie *für Kinder- und Jugendpsychiatrie sein muß"*. Gerade die Bundesregierung selbst hat jedoch bei der Einführung der neuen GOÄ unser Fachgebiet enorm benachteiligt und damit eher wieder zu einem Rückschlag für unser Fach und zur Unterversorgung mit niedergelassenen Ärzten für Kinder- und Jugendpsychiatrie beigetragen. So hat das Bundessozialministerium ausgerechnet die drei für unser Fachgebiet lebenswichtigen kinder- und jugendpsychiatrischen Leistungen in der neuen amtlichen Gebührenordnung GOÄ ausgespart. Beim Versuch, hier adäquate Analogziffern anzuwenden, werden die Begründungen für die entsprechende Leistung oder für die besondere Schwierigkeit oder den Zeitaufwand einer Leistung besonders von den Beihilfeträgern in der Regel abgelehnt. Dies führt zu einem unnötigen Mißtrauensverhältnis in der Arzt-Patienten Beziehung, die gerade in unserem Fachgebiet von besonderer Wichtigkeit ist. Die Folge ist, daß wir auch im Bereich der privat versicherten Patienten viele unserer Leistungen letztlich nur umsonst oder nicht wirtschaftlich erbringen können.

In Anbetracht dieser Erschwernisse ist es nicht verwunderlich, daß sich trotz des großen Bedarfs so wenig Kinder- und Jugendpsychiater niederlassen. Man hat den Eindruck, daß sich hier nur Idealisten dieser schwierigen Tätigkeit widmen, die wirtschaftliche Fragen völlig hintanstellen. Leider muß man sich als niedergelassener Kinder- und Jugendpsychiater jedoch mit wirtschaftlichen Fragen auseinandersetzen, um letztlich auch effektive therapeutische Arbeit betreiben können.

Niederlassungshemmnisse sind abzubauen

Das gesamte Fachgebiet der Kinder- und Jugendpsychiatrie steht und fällt sicher mit der Möglichkeit der Niederlassung von mehr Ärzten für Kinder- und Jugendpsychiatrie und damit auch der Verbesserung der ambulanten kinder- und jugendpsychiatrischen Versorgung.

Wir appellieren deshalb nochmals an alle verantwortlichen Gremien, in erster Linie an die Bundesregierung, hier speziell an den Bundesarbeitsminister, aber auch an die Spitzenverbände der Krankenkassen und an die kassenärztlichen Vereinigungen, uns in diesen notwendigen fachlichen Belangen zu unterstützen, um die Behandlung der vielen betroffenen Kinder und Jugendlichen verbessern zu helfen.

Literatur:

HEUBACH, H.J. und Reingen, P.: „Beschreibung der Patienten einer Praxis für Kinder- und Jugendpsychiatrie". Dissertation, Düsseldorf 1983

SCHYDLO, R.: „Teamarbeit in der Kinder- und Jugendpsychiatrie" Der Deutsche Arzt, 22, S. 28, 1979

SCHYDLO, R.: „Psychotherapie in einer kinder- und jugendpsychiatrischen Praxis" in REMSCHMIDT, H.: „Psychotherapie mit Kindern, Jugendlichen und Familien". S. 203, Enke, Stuttgart 1984

Kinder- und Jugendpsychiatrie aus der Sicht eines Kinderneurologen

H.G. Schlack

Ausgangspunkte

Pädiatrie und Kinder- und Jugendpsychiatrie haben nicht nur zahlreiche Berührungspunkte, vielmehr überschneiden sich ihre Aufgaben in vielen Bereichen. Die Beschäftigung mit der geistig-seelischen Entwicklung des Kindes und ihren Störungen hat in der Kinderheilkunde eine lange Tradition, und die Veränderung der kinderärztlichen Aufgabenfelder in den letzten Jahrzehnten hat zusätzlich in der Pädiatrie ein verstärktes Interesse an psychiatrischen und psychologischen Fragen geweckt. Dennoch haben die beiden Disziplinen in der jüngeren Vergangenheit nach meinem Eindruck mehr übereinander als miteinander gesprochen. Umso mehr danke ich für die Gelegenheit, bei dieser Bestandsaufnahme der Kinder- und Jugendpsychiatrie die Nachbardisziplin „Kinderneurologie" vertreten zu dürfen.

Die Beziehungen zwischen der Kinderneurologie und der Kinder- und Jugendpsychiatrie sind auf den ersten Blick relativ problemlos. Die Psychiatrie-Enquête spricht ausdrücklich von der Notwendigkeit der Mitwirkung neuropädiatrisch ausgebildeter Ärzte bei der Vorsorgung psychisch gestörter Kinder und Jugendlicher. Die beiden Fachgesellschaften – die Deutsche Gesellschaft für Kinder- und Jugendpsychiatrie und die Gesellschaft für Neuropädiatrie – haben ihren Wunsch nach Kooperation bekräftigt und die wechselseitige korporative Mitgliedschaft beschlossen. Man respektiert sich also und bekundet Interesse am fachlichen Austausch.

Kompetenz- und Verständigungsprobleme

So erfreulich diese neuere Entwicklung ist, so ist sie doch nur die halbe Wahrheit. Das Spektrum der Kinderneurologie ist breit; da gibt es die mehr somatische Richtung, die für die Kinder- und Jugendpsychiatrie vor allem diagnostische Zubringerdienste leistet, gewissermaßen eine gehobene Hilfswissenschaft darstellt. Es gibt aber auch eine Richtung, die unter der Bezeichnung „Sozialpädiatrie" firmiert. Diese Fachrichtung widmet sich nicht nur den verschiedenen Formen von Behinderungen im Kindesalter, sondern befaßt sich grundsätzlich mit den äußeren Entwicklungsbedingungen der Kinder. Sie hat sich daher auch die Psychohygiene des Kindesalters, insbesondere die primäre und sekundäre Prävention von Störungen der frühen Sozialisation, die Behandlung von Störungen der emotionalen Entwicklung und des Verhaltens sowie die Einbeziehung der Familie in das Therapiekonzept auf die Fahne geschrieben.

Dies alles wird z.B. in der Psychiatrie-Enquête (2) als Aufgaben der Kinder- und Jugendpsychiatrie genannt; die Liste der Überschneidungen ließe sich noch fortsetzen. So ist es nicht verwunderlich, daß es – zumindest in der Vergangenheit – Auseinandersetzungen darüber gegeben hat, welche Disziplin nun in erster Linie für das behinderte, das seelisch gestörte, das verhaltensauffällige und das schulleistungsschwache Kind zuständig ist.

Von pädiatrischer Seite kam deshalb der Vorschlag, beide Gebiete in einer „Neuropsychopädiatrie" zusammenzuführen (4) - ein Vorschlag, der auf Seiten der Kinder- und Jugendpsychiatrie auf Reserve stieß (3), möglicherweise unter der Vorstellung einer erdrückenden, hegemonialen Umarmung durch die Pädiatrie. Ob die Idee einer Kinder-Neuro-Psychiatrie so ganz abwegig ist, sei dahin gestellt. In manchen Staaten, z.B. in der DDR, gibt es dieses Fachgebiet. Meines Erachtens sind im Kindesalter die Grenzen zwischen Neurologie und Psychiatrie fließender, ist die Beziehung zwischen beiden Bereichen noch enger als beim Erwachsenen.

Offensichtlich liegt zwischen der Kinder- und Jugendpsychiatrie und der Pädiatrie nicht nur ein gewisser Kompetenzkonflikt vor, bedingt durch überlappende Tätigkeitsbereiche. Zusätzlich besteht auch ein Spannungsverhältnis aufgrund unterschiedlicher Denkweisen, die in den jeweiligen Fachgebietsweiterbildungen geprägt werden. So wird der Pädiater im Lauf seiner Weiterbildung mit vielen akuten und lebensbedrohlichen Krankheitsbildern konfrontiert, die ein aktives, zupackendes, entscheidungsfreudiges Vorgehen verlangen. Aufgrund einer solchen „Prägung" wird der Arzt auch bei psychischen Störungen z.B. eher dazu tendieren, seine Behandlungsempfehlungen mehr direktiv vorzugeben, anstatt sie hermeneutisch gemeinsam mit dem Klienten oder seinen Eltern zu entwikkeln. Unterschiedliche Strategien und auch das Nichtvertrautsein mit speziellen Terminologien führen leicht zu nonkonstruktiven Reaktionen, die vom Achselzucken bis zur überheblichen Geringschätzung der anderen Disziplin führen.

Martin Bax, Herausgeber der Zeitschrift „Developmental Medicine and Child Neurology", schrieb in einem Editorial (1) zum Thema „Kinderneurologie und Kinderpsychiatrie": „Der Psychiater neigt dazu, seinen pädiatrischen Kollegen für mechanistisch in seinem Zugang zu Verhaltensproblemen bei Kindern zu halten; der Pädiater dagegen hält sein pragmatisches, am 'gesunden Menschenverstand' orientiertes Vorgehen für ausgeklügelter als die in seinen Augen fantastischen und spekulativen Hypothesen des Psychiaters". Bax fügt hinzu, daß diese Darstellung möglicherweise eine Karikatur sei; nicht selten allerdings trifft gerade die Karikatur ins Schwarze.

Wege zur Kooperation

Halten wir also fest: Es gibt ein Aufgabengebiet von beträchtlichem Umfang, auf dem die Kinder- und Jugendpsychiatrie und die Kinderneurologie bzw. Sozialpädiatrie gleichermaßen engagiert sind. Dieses Engagement dreht sich nicht nur um das behinderte Kind, sondern auch um das Kind mit „Verhaltensstörungen", mit emotionalen Problemen, mit Epilepsie, um nur die wichtigsten Beispiele zu nennen.

Entscheidend erscheint mir die Frage: Handelt es sich dabei nur um eine vielleicht ärgerliche, vielleicht aber auch „das Geschäft belebende" Konkurrenz, oder nicht vielmehr um komplementäre Ansätze, die nur gemeinsam einen wichtigen Versorgungsauftrag erfüllen können? Sollte man nicht auf beiden Seiten auf den Begriff der „Zuständigkeit" (5) verzichten, in welchem Abgrenzung und so etwas wie Alleinvertretungsanspruch mitschwingen, und sich statt dessen Gedanken über Arbeitsteilung und Kooperation machen?

Die Pädiatrie kann in eine solche Kooperation einige bedeutsame „Aktivposten" einbringen; es sind vor allem folgende:

1. Einflußmöglichkeiten in den ersten Lebensjahren

Es ist naheliegend und entspricht der Erfahrung, daß ein Säugling oder Kleinkind mit seelischer oder geistiger Entwicklungsstörung zuerst dem Kinderarzt und nicht dem Kinderpsychiater vorgestellt wird. Die berechtigte Forderung nach einer möglichst frühzeitigen Intervention ist daher nur unter Mitwirkung von kinderneurologisch bzw. sozialpädiatrisch versierten Kinderärzten zu erfüllen. In der gegenwärtigen Situation ist es wohl eher die Ausnahme, wenn ein Kinder- und Jugendpsychiater oder eine kinder- und jugendpsychiatrische Einrichtung über eine breite praktische Erfahrung mit Kindern unter 3-4 Jahren verfügt.

2. Methodische Beiträge

Die Fortschritte in den kinderneurologischen Untersuchungsmethoden ermöglichen präzisere Aussagen zur Frage hirnorganischer Störungen und dadurch auch eine bessere Kenntnis über die Wechselwirkung organischer und peristatischer Faktoren bei der Entstehung psychischer Entwicklungsstörungen. Ein anderes Beispiel für innovative Beiträge ist das Konzept der Interaktionsstörung bei der Interpretation verschiedener Formen psychischer Fehlentwicklung. Es hat gerade in den ersten Lebensjahren eine große praktische Relevanz für Prophylaxe und Therapie (7).

3. Angebot funktionierender Dienste

In Form sozialpädiatrischer Zentren und Abteilungen steht bereits ein Netz interdisziplinär besetzter und vorzugsweise ambulant arbeitender Einrichtungen zur Verfügung. Man kann wohl sagen, daß ein Versorgungsangebot, wie es für die ersten Lebensjahre von der Psychiatrie-Enquête gefordert wird, bisher fast ausschließlich von den sozialpädiatrischen Einrichtungen gemacht wurde (6).

Ich gehe so weit zu behaupten, daß es auch künftig nicht möglich sein wird, die Forderungen der Psychiatrie-Enquête bezüglich der Versorgung seelisch und geistig entwicklungsgestörter Kinder ohne die Mitwirkung der sozialpädiatrischen Einrichtungen zu erfüllen.

Das hat nichts mit „Omnipotenzphantasie" oder Überwertigkeitsanspruch zu tun. Im Gegenteil halte ich es für unerläßlich, daß beide Fachrichtungen weiterhin von einander lernen und ihre fachlichen Kompetenzen gleichberechtigt in die gemeinsame Aufgabe einbringen. Die Mitwirkung eines Kinder- und Jugendpsychiaters in einer sozialpädiatrischen Einrichtung sollte ebenso selbstverständlich werden wie umgekehrt die eines Neuropädiaters in einer Klinik für Kinder- und Jugendpsychiatrie. Die Realisierung scheitert heute wohl kaum an mangelnder Aufgeschlossenheit, sondern an Stellenkürzungen und am Mangel an Kinder- und Jugendpsychiatern.

Man sollte auch nicht übersehen, daß beide Disziplinen schon bis heute eine ganze Menge von einander gelernt haben. Soweit ich das aus Literatur und Kongreßbesuchen beurteilen kann, ist eine Konvergenz in Denkweisen und Methoden unübersehbar. So ist z.B. in den meisten sozialpädiatrischen Abteilungen eine Entwicklung zu beobachten, welche der Familiendynamik im Therapiekonzept eine zentrale Stellung einräumt, das subjektive Empfinden des behinderten Kindes als wichtigen Faktor einbezieht und von einem mehr defizitorientierten Behandlungsmodell abrückt. Es ist also an der Zeit, auf beiden Seiten vorhandene Vorurteile auf ihre Stichhaltigkeit zu überprüfen.

Praktische Konsequenzen

Es geht nicht darum, die u.a. durch die Weiterbildungsordnung gezogenen Grenzen zwischen der Pädiatrie und der Kinder- und Jugendpsychiatrie wegzudiskutieren. Mein Anliegen war es vielmehr darzulegen, daß die Beiträge beider Fachrichtungen in der Versorgung geistig und seelisch entwicklungsgestörter Kinder einander ergänzen – oder zumindest sich ergänzen können und sollten. Einerseits bestehen aus praktischen und traditionellen Gründen Unterschiede bezüglich der betreuten Altersgruppen und dadurch auch – weil es alterstypische Störungen und Krankheiten gibt – unterschiedliche Aufgabenschwerpunkte. Andererseits gibt es ein umfangreiches Aufgabenfeld, auf welchem beide Fachrichtungen mit z.T. unterschiedlichen methodischen Ansätzen tätig sind; hier besteht die Chance einer Synthese nach dem dialektischen Prinzip mit der Aussicht auf therapeutische Fortschritte im Interesse der Patienten.

Eine solche Synthese setzt mehr Kommunikation voraus, etwa in Form wechselseitiger Konsiliardienste oder fachübergreifender Fortbildungen. Ein sehr wichtiger Punkt wäre die Intensivierung des personellen und fachlichen Austauschs im Rahmen der ärztlichen Weiterbildung. Hierzu müßten - entsprechend den Vorschlägen der Psychiatrie-Enquête - durch Änderung der Vorschriften die Weiterbildungsmöglichkeiten für angehende Kinder- und Jugendpsychiater vermehrt und z.B. auf sozialpädiatrische Einrichtungen ausgedehnt werden. Es müßten auch mehr Wechselassistentenstellen eingerichtet werden, jedoch wird eine solche Forderung im Zeitalter des Rotstifts kaum Aussicht auf Erfolg haben.

Gerade unter dem Diktat der ubiquitären Sparmaßnahmen halte ich es aber für geboten, die vorhandenen Ressourcen zu nutzen; in das Versorgungskonzept der Kinder- und Jugendpsychiatrie sollten deshalb die vorhandenen sozialpädiatrischen Kapazitäten einbezogen, die Möglichkeiten wechselseitiger „geistiger Befruchtung" sollten ausgeschöpft werden.

Referenzen

1. Bax, M.: Child Neurology and Child Psychiatry.
   Develop. Med. Child Neurol. 26 (1984), 1-2.
2. Bericht über die Lage der Psychiatrie in der Bundesrepublik Deutschland. Zur psychiatrischen und psychotherapeutisch/psychosomatischen Versorgung der Bevölkerung.
   Bundestagsdrucksache 7/4200.
3. Harbauer, H.: Kinderpsychiatrie - quo vadis?
   Z. Kinder- u. Jugendpsychiat. 7 (1979), 103-105
4. Pechstein, J.: Neuropädiatrie und Sozialpädiatrie.
   Der Kinderarzt 7 (1976), 829-836.
5. Remschmidt, H.: Kinder- und Jugendpsychiatrie: Situation und Tendenzen.
   Deutsches Ärzteblatt 81 (1984) 2482-2486.
6. Schlack, H.G. (Hrsg.): Konzeption, Personalbedarf und Finanzierung sozialpädiatrischer Institutionen.
   Hansisches Verlagskontor, Lübeck 1981
7. Schlack, H.G.: Kompensation und Dekompensation nach frühkindlicher Hirnschädigung: Die Bedeutung der sozialen Interaktion.
   Sozialpädiatrie 6 (1984), 630-635.

Kinder- und Jugendpsychiatrie aus der Sicht des Hochschulbereiches

M. H. Schmidt

1. Bestandsaufnahme zu Krankenversorgung, Lehre und Forschung

Bedenkt man, daß 22% der Bevölkerung der Bundesrepublik Kinder und Jugendliche, also jünger als 18 Jahre alt sind, so könnte man folgern, daß 1/5 bis 1/4 der Arbeitskapazität der medizinischen Fakultäten in den klinisch-psychiatrischen Fächern der Psychiatrie, Neuropsychiatrie, Psychosomatik und Psychotherapie des Kindes- und Jugendalters zugeordnet sein müßten. Das ist nicht der Fall. Von den 26 medizinischen Fakultäten verfügen 15 über insgesamt 18 selbständige, meist mit Lehrstühlen verbundene, Abteilungen oder Kliniken für Kinder- und Jugendpsychiatrie (an drei Universitäten, nämlich in Hamburg, Göttingen und Münster, ist das Fach parallel im Rahmen der Psychiatrie und der Pädiatrie vertreten). Am günstigsten ist der Ausbau in Baden-Württemberg und den Stadtstaaten Hamburg und Berlin, wo sämtliche Fakultäten mit Lehrstühlen ausgestattet sind. Mit der Errichtung einer Professur in Lübeck werden in Schleswig-Holstein demnächst entsprechende Zustände eintreten. In Niedersachsen ist das Fach in Hannover nicht vertreten, in Hessen in Gießen nicht und in Bayern in Erlangen-Nürnberg nicht, in Nordrhein-Westfalen fehlen entsprechende Universitätseinrichtungen in Aachen, Bochum, Bonn und Köln, im Saarland besteht keine Professur.

Die meisten dieser Abteilungen betreiben eine Krankenversorgung auf breiter Basis und sind an der Pflichtversorgung für ein bestimmtes Einzugsgebiet beteiligt, einige beschränken sich auf ausgewählte Patientenpopulationen, an einigen werden Grenzgebiete zur Neuropädiatrie stärker gepflegt. In der Regel ist das Spektrum der behandelten Patienten abhängig von der Zahl der Mitarbeiter und damit von der Zahl der betriebenen Betten. Kleine Abteilungen können gezwungen sein, sich auf bestimmte Altersstufen oder Patientengruppen zu beschränken oder einzelne Behandlungsformen auszuschließen; im Hinblick auf Lehre und Forschung ist das in jedem Falle ungünstig.

Unterrichtsangebote der kinderpsychiatrischen Lehrstühle sind in der Regel in den psychiatrischen und den pädiatrischen Unterricht integriert. Für die Novellierung der Approbationsordnung ist die Berücksichtigung der Kinder- und Jugendpsychiatrie als eigenes Lehrfach gefordert, nicht aber als Prüfungsfach. Die Prüfungsgegenstände in diesem Fach verteilt der Gegenstandskatalog auf die Pädiatrie und auf das nervenheilkundliche Stoffgebiet; insgesamt ist die Kinder- und Jugendpsychiatrie dort ausreichend repräsentiert.

Die Hochschullehrer des Fachgebietes leisten einen breiten Anteil an Unterricht für Studenten anderer Fakultäten, vor allem für Psychologen im Fach Klinische Psychologie und für Sonderpädagogen in Psychopathologie und Neuropsychiatrie. Daneben sind die Hochschullehrer an der Ausbildung von Sozialpädagogen und Sozialarbeitern beteiligt, an der Ausbildung von Kinder- und Jugendlichenpsychotherapeuten und in anderen Heil-Hilfsberufen.

Mit allen anderen wissenschaftlich Tätigen und Interessierten sind die Hochschullehrer des Faches in der Deutschen Gesellschaft für Kinder- und Jugendpsychiatrie zusammengeschlossen. Das offizielle Organ dieser wissenschaftlichen Fachgesellschaft ist die 1973 gegründete Zeitschrift für Kinder- und Jugendpsychiatrie. Mit Unterstützung der Fachgesellschaft fanden in den letzten Jahren dreimal einwöchige Seminare über die Forschungsmethodik in der Kinder- und Jugendpsychiatrie für Nachwuchswissenschaftler statt.

Obwohl die Belastung durch Krankenversorgung und Lehre die Möglichkeiten selbständiger Forschung für einzelne Mitarbeiter der Hochschulabteilungen in unterschiedlichem Maße einschränkt, darf die Forschung im Fachgebiet in der Bundesrepublik Deutschland als führend im deutschen Sprachraum gelten, dies trotz oft kleiner Abteilungen und einer langen und umständlichen Weiterbildung zum Facharzt und der Notwendigkeit begleitender Psychotherapieausbildung; diese Umstände sind erwähnenswert im Hinblick darauf, daß eine wissenschaftliche Weiterbildung zusätzlichen Wissens- und Methodenerwerb auf Grenzgebieten notwendig macht, wenn fruchtbare Forschungsansätze bearbeitet werden sollen. Daß die Zahl der Habilitanden im Fach trotzdem klein ist, hängt damit zusammen, daß sich aus dem geringen Potential an Fachärzten (insgesamt wurden bislang weniger als 500 einschlägige Anerkennungen ausgesprochen) nicht die gleiche Anzahl angehender Hochschullehrer generieren läßt, die andere Fächer aus einem weit größeren Fundus aufbringen können; die Berufschancen habilitierter Wissenschaftler sind dementsprechend hoch.

Ein Überblick über die derzeit in der Bundesrepublik durchgeführten Forschungsprojekte zeigte einen erfreulich geringen Anteil sogenannter Aktionsforschung, aber auch relativ wenig hypothesentestende Forschung. Daß hypothesengenerierende Arbeiten nicht immer erfolgreich sind, liegt am Fehlen geeigneter Methoden für manche Fragestellungen, beispielsweise für den statistischen Vergleich kinderpsychiatrischer Krankheitsverläufe. Zudem ist das Fach ausgesprochen arm an Konzepten paradigmatischen Charakters oder gar an Theorien; selbst bei der Verwendung von Modellen greift es auf die Vorgehensweisen anderer Humanwissenschaften zurück. Offensichtlich wegen der komplexen Ansätze und der vorausgesetzten breiten methodischen Kenntnisse spielt die klinische Forschung eine eher geringe Rolle. Erfreulicherweise geht der Anteil der Gelegenheitsforschung an Inanspruchnahmepopulationen deutlich zurück.

Abgesehen davon, daß es zwei Abteilungen mit satzungsmäßigem Forschungsschwerpunkt gibt (die am Max-Planck-Institut für Psychiatrie in München und die am Zentralinstitut für Seelische Gesundheit in Mannheim), verteilen sich Forschungsaktivitäten unterschiedlich auf die einzelnen Hochschulen. Erfolgreiche Forschung wird überwiegend aus sogenannten Drittmitteln finanziert, zum erheblichen Teil also im Rahmen von Sonderforschungsbereichen und Schwerpunktprogrammen der Deutschen Forschungsgemeinschaft oder anderer Förderer, etwa des Bundesministeriums für Forschung und Technologie. Üblicherweise verfügen die forschungsaktiven Arbeitsgruppen über eine kleine für Forschung freigestellte Grundausstattung, über effektive Verbindungen zu Methodenfachleuten und über unmittelbaren Zugang zu Datenverarbeitungsanlagen sowie Zutritt zu gut ausgestatteten Bibliotheken. Sie haben sämtlichst eine ausgebaute eigene Dokumentation und klassifizieren überwiegend nach dem an die International Classification of Diseases angelehnten Multiaxialen Klassifikationsschema für kinder- und jugendpsychiatrische Erkrankungen. In der kinder- und jugendpsychiatrischen Forschung spielen Psychologen wegen ihrer guten methodischen Ausbildung eine wichtige Rolle, sie garantieren gleichzeitig die Verbindung zu Nachbarwissenschaften wie Psychologie und Sonderpädagogik und tragen damit zur Schaffung interdisziplinärer Forschungsansätze bei.

2. Themen wissenschaftlicher Arbeit

Die Gebiete, auf denen die deutschsprachige kinderspychiatrische Forschung bis zum zweiten Weltkrieg tätig war, stehen heute teilweise nicht mehr im Mittelpunkt des wissenschaftlichen Interesses, unterlagen außerdem teilweise einem drastischen Methodenwandel. Wesentliche Beiträge wurden auch in der Bundesrepublik nach dem Zweiten Weltkrieg zur Psychopathologie, zur Nosologie, zur Pathogenese psychogener Erkrankungen und zur Psychotherapie geleistet. Weitere wesentliche Themen erfolgreicher Forschung waren die psychischen Begleitsymptome endokriner Störungen und die Folgen von Hirnschädigungen. Das Auseinanderrücken von Kinderpsychiatrie und Pädiatrie, Kinderpsychiatrie und Neuropädiatrie und teilweise auch von Kinderspychiatrie und Kinderpsychotherapie hat die Fortführung dieser Traditionen erschwert.

Da aber gerade in Grenzgebieten von wissenschaftlicher Arbeit häufig praxisrelevante Fortschritte erzielt werden, wurden entsprechende Forschungstraditionen unter Einbeziehung neuer Konzepte in vielfältiger Weise wiederbelebt. Als Beispiel seien Arbeiten über Teilleistungsschwächen genannt, die sich neuropsychologischer Methoden bedienen. Arbeiten über Begleitumstände somatischer Erkrankungen, insbesondere der chronischen Niereninsuffizienz folgten aus der Erkenntnis der Bedeutung chronischer Erkrankungen für die psychiatrische Morbidität. Die Psychotherapieforschung griff den familientherapeutischen Ansatz auf, aus der Psychologie flossen ihr die Konzepte der multimodalen Diagnostik und Therapie zu; auf diesem Wege rückte die Therapieforschung der klinischen Alltagsrealität näher. Studien zur Kinderdelinquenz führten durch Einbeziehung epidemiologischer Methodik über die bisherigen Konzepte hinaus. Überhaupt darf gesagt werden, daß bezüglich der in der Bundesrepublik neu eingeführten kinderpsychiatrischen Epidemiologie der Anschluß an das internationale Forschungsniveau gelang.

Der heutige Wissensstand, die Arbeiten im Ausland, aber auch die zur Lösung anstehenden klinischen Fragen lenken das Forschungsinteresse vorrangig auf folgende Gebiete:

- Pathogenese und Verlauf kinder- und jugendpsychiatrischer Erkrankungen bedürfen des sorgfältigen Studiums; wegen des Entwicklungsaspekts und wegen der familiären Einflüsse sind einschlägige Fragen nicht durch Analogieschlüsse von Erkenntnissen der Psychiatrie des Erwachsenenalters zu beantworten. Die Wirkung protektiver Faktoren, u.a. von Coping-Mechanismen ist für Kinder und Jugendliche kaum untersucht. Solche Studien müssen durch Felduntersuchungen abgesichert werden und heute sinnvollerweise Mehrebenenansätzen folgen. Untersuchungen zu diesem Fragenkreis bilden eine notwendige Voraussetzung für sinnvollePrävention, aber auch für Therapieevaluation und für die Versorgungsforschung.
- Verbreitert werden müssen die Ansätze der evaluativen Psychiatrie in der Kinder- und Jugendpsychiatrie, also die Forschung zur Bewertung von Therapiemethoden. Insbesondere benötigt das Fach dringend Erkenntnisse, die nicht nur unter Laborbedingungen, sondern unter Alltagsbedingungen gewonnen wurden, d.h. im Rahmen multimodaler Behandlungen, also der gleichzeitigen Anwendung mehrerer Therapieverfahren. Therapieforschung muß auch die Compliance, also die Befolgung therapeutischer Richtlinien durch Patienten und Eltern, einbeziehen.
- Die sogenannte Versorgungsforschung muß sich an Fragen der subjektiven Krankheitseinschätzung und des subjektiven Behandlungsbedürfnisses, der Erwartungen an Therapien, dem Inanspruchnahmeverhalten und an Therapieabbrüchen und -mißerfolgen orientieren. Nur unter Berücksichtigung solcher Parameter lassen sich auch in der extramuralen Versorgung gesicherte neue Wege gehen, etwa in der primär tagesklinischen Behandlung, in der Finanzierung sogenanter Hometreatments (Behandlungen in der Familie), in der Etablierung konsiliarischer Systeme in Schulen oder in der Relation von gemeindenaher Versorgung zu möglichem Versorgungsstandard.
- Spezifisch für das Kindes- und Jugendalter ist – vor allem im Rahmen moderner Mehrebenenforschung – die Untersuchung von Familienstrukturen, ihre Auswirkungen auf die kinderpsychiatrische Morbidität und die Evaluation familientherapeutischer Vorgehensweisen. Gerade zum letztgenannten Bereich fehlen generalisierbare Ergebnisse weit mehr, als die zahlreiche Literatur vermuten läßt. Hier wie in der Psychotherapieforschung müssen methodische Zugänge benutzt werden, die nicht allein auf einem hermeneutischen Vorgehen basieren.
- Bezüglich der Nosologie bestehen für die klinisch-psychiatrischen Syndrome bis auf Ausnahmen (Borderline-Syndrome, spezifische emotionale Störung des Kindes- und Jugendalters) gute Erkenntnisse. Unsicherheit herrscht bezüglich der Klassifikation von Teilleistungsschwächen. Ebenso mangelhaft ist die Methodik bezüglich der Klassifikation psychosozialer Begleitumstände von psychiatrischen Erkrankungen. Auch der Überschneidungsbereich von Erkrankung und Behinderung ist wenig untersucht. Entsprechende Arbeiten sind Voraussetzung für die Weiterführung multiaxialer Klassifikation und deren Nutzung für die pathogenetische Forschung.

– Wachsendes Interesse hat angesichts der Bedeutung der Mehrebenenforschung die biologische Kinderpsychiatrie im weitesten Sinne. Die bestehenden morphologischen, psycho-physiologischen und neuropsychologischen Untersuchungsansätze sind wert, ausgebaut zu werden. Für spezifische psychophysiologische Studien muß dafür allerdings Laborkapazität entstehen, für biochemische Forschungsansätze bedarf es der Zusammenarbeit mit entsprechenden Institutionen.

3. Möglichkeiten der Effizienzsteigerung

Nach Wegen der Steigerung der Effektivität kinder- und jugendpsychiatrischer Forschung an den Hochschulen zu suchen, ist legitim, weil von dort aus am ehesten Einflüsse auf eine Verbesserung der Krankenversorgung zu erwarten sind und weil dort zudem eine direkte Umsetzung solcher Erkenntnisse in die Ausbildung künftiger Ärzte möglich ist. Einen hohen Effekt haben demnach praxisrelevante Forschungsthemen. Die Effektivität solcher Themen steigt, wenn sie im Rahmen von Gebieten liegen, die aufgrund der internationalen Entwicklung einen raschen Erkenntniszuwachs erwarten lassen, also wissenschaftlich zukunftsträchtig sind. Die geringen Chancen, die Ressourcen für kinderpsychiatrische Forschung in absehbarer Zeit wesentlich zu erhöhen, stellen gleichzeitg die Frage, wie die Effizienz solcher Forschung gesteigert werden kann, in welchen Forschungsgebieten also mit vergleichsweise geringen Ressourcen Erfolge erreichbar scheinen. Die Effizienzfrage hat für die Praxis aber auch angesichts des Kostendrucks auch auf die kinder- und jugendpsychiatrische Versorgung eine andere Seite, nämlich die der Suche nach kostengünstigen Wegen der Diagnostik und Therapie.

Hohe Praxisrelevanz und günstiges Kosten-Nutzen-Verhältnis ist für Studien zum Krankheitsverlauf, zur Therapiebewertung und zur Versorgungsforschung im weiteren Sinne zu erwarten. Es geht hier vor allem um die Effizienz multimodaler Therapieverfahren, um Möglichkeiten der extramuralen Versorgung und um Konsequenzen nicht labororientierter Psychotherapieforschung. Solche Studien machen längsschnittliche Betrachtungsweisen im Sinne von Kohortenstudien notwendig und setzen bei selteneren Krankheitsbildern multizentrische Arbeiten voraus. Beide methodischen Ansätze dürfen nicht durch Datenschutzbestimmungen unmöglich gemacht werden; solche Bestimmungen können übrigens auch die Entwicklung neuer wirksamer Therapieverfahren behindern.

Als zukunftsträchtig im oben genannten Sinne erscheinen Forschung über die Frühstadien von Teilleistungsschwächen, psychophysiologische Forschung zur Genese psychosomatischer Erkrankungen, die kinderpsychiatrische Familienforschung und die Untersuchung von Coping-Strategien. Sämtliche genannten Richtungen sind optimal im Kontext von Mehrebenenforschung zu realisieren, die dem mehrdimensionalen Krankheitsbegriff am besten entspricht, der das sogenannte medizinische Krankheitsmodell konstruktiv überwindet, ohne es lediglich durch die wenig sinnvolle Alternative eines sozialen Krankheitsmodells zu ersetzen. Die als zukunftsträchtig genannten Arbeitsrichtungen berühren sämtlichst Grenzgebiete zu Nachbarwissenschaften. Im übrigen sind auch sie auf multizentrisches Arbeiten und die längsschnittliche Verfolgung von Patienten angewiesen, also auch auf Krankheitsregister, die die Datenschutzbestimmungen derzeit verbieten; multizentrische Studien sind auch die Voraussetzung zur Kooperation mit ausländischen Arbeitsgruppen und zu internationalem Vergleich von Ergebnissen.

Wünschenswert und von hoher Praxisrelevanz, wenn auch mittelaufwendig und ohne Aussicht auf rasche Forschungsergebnisse, sind Studien über die biologische Basis der schweren Krankheiten unseres Fachgebietes wie Autismus, Psychosen und Zwangssyndrome und Untersuchungen zur Prävention. Die erste Arbeitsrichtung wäre von hoher therapeutischer Relevanz, die zweite nicht nur kostenwirksam, sondern auch von Bedeutung für potentielle kindliche und jugendliche Patienten; allerdings muß hier die Schwierigkeit der Umsetzung wissenschaftlicher Erkenntnisse in Rechnung gestellt werden, die ja außerhalb des Bereichs der kurativen Medizin, nämlich im politischen Raum erfolgen müßte.

Was neben solchen inhaltlichen Schwerpunktsetzungen Effektivität und Effizienz der Forschung im Fachgebiet steigern könnte, ist die methodische Ausbildung von Nachwuchswissenschaftlern und die Schaffung neuer Laborkapazität für die Mehrebenenforschung, also für die simultane Registrierung von Biosignalen und Verhaltensmerkmalen. Auf die hemmende Rolle von Datenschutzbestimmungen wurde bereits hingewiesen. Effektivitäts- und effizienzsteigernd wäre auch die intensivere Publikation wichtiger Forschungsresultate aus dem deutschen Sprachraum im Ausland – in Europa existiert keine englischsprachige Zeitschrift für den kontinentaleuropäischen Bereich – weil sie den Austausch mit ausländischen Forschergruppen fördern würde. Sinnvoll erscheinen schließlich Schwerpunktbildung und Forschungsfinanzierung im Rahmen mittelfristiger Programme.

An der Notwendigkeit interdisziplinärer wie auch multizentrischer Forschung in der Kinder- und Jugendpsychiatrie kann kein Zweifel bestehen. Zahlreiche leichtere psychische Störungen von Kindern und Jugendlichen lassen sich mit der konsequenten Anwendung bis heute ausgearbeiteter Interventionen günstig beeinflussen. Das macht die auch wissenschaftliche Beschäftigung mit den schweren psychiatrischen Erkrankungen dieser Altersstufe, die nur fünf bis zehn Prozent aller Patienten betreffen, zu einem zentralen Anliegen kinder- und jugendpsychiatrischer Arbeit im Hochschulbereich. Angesichts der ökonomischen Situation unseres Landes sind wir auch im Hinblick auf das geringere Forschungspotential vieler Länder zur Inangriffnahme solcher Aufgaben geradezu verpflichtet.

Literatur

HÄFNER, H. (Hrsg.): Forschung für die Seelische Gesundheit. Springer, Berlin 1983

REMSCHMIDT, H., SCHMIDT, M.H. (Hrsg.): Multiaxiale Diagnostik in der Kinder- und Jugendpsychiatrie. Huber, Bern 1983

SCHMIDT, M.H.: Zur Lage der klinischen Forschung im Bereich der Kinder- und Jugendpsychiatrie in der Bundesrepublik Deutschland. Unveröffentl., Mannheim 1982

SCHMIDT, M.H.: Kinder- und jugendpsychiatrisches Wissen im Medizinstudium – eine Bestandsaufnahme nach Verabschiedung des Gegenstandskataloges für den 2. Abschnitt der ärztlichen Prüfung. Z. Kinder- u. Jugendpsychiatrie 7 (1979) 232-248

VORSTAND DER DEUTSCHEN GESELLSCHAFT FÜR KINDER- UND JUGENDPSYCHIATRIE (Hrsg.): Denkschrift zur Lage der Kinder- und Jugendpsychiatrie in der Bundesrepublik Deutschland. 1984

ZECHA, G., LUKESCH, H.: Die Methodologie der Aktionsforschung. Analyse, Kritik, Konsequenzen. In: Feldforschung, hrsg. von J.-L. PATRY. Huber, Bern 1982.

Kinder- und Jugendpsychiatrie aus der Sicht eines Psychiatrischen Krankenhauses

J. Jungmann

Ich möchte zunächst über die derzeitige Ausstattung und Arbeitsweise meiner Abteilung berichten und dann einige Überlegungen zu den Besonderheiten kinder- und jugendpsychiatrischer Tätigkeit innerhalb eines Psychiatrischen Landeskrankenhauses anfügen.

Die Abteilung für Kinder- und Jugendpsychiatrie wurde 1970 auf Initiative des Ärztlichen Direktors des Psychiatrischen Landeskrankenhauses Weinsberg gegründet. Das Behandlungskonzept war zunächst auf die Therapie von entwicklungsgestörten und verhaltensgestörten Patienten eingeschränkt. Jugendliche mit schweren Beeinträchtigungen, insbesondere mit einer akuten psychiatrischen Symptomatik, wurden nach wie vor auf die Erwachsenenstationen des Landeskrankenhauses aufgenommen. Die Bemühungen um eine therapeutische Kooperation zwischen den Psychiatern des Erwachsenenalters und den Jugendpsychiatern bei der Versorgung solcher Patienten trafen auf vielfältige Probleme. Aufgrund der sich immer deutlicher zeigenden Notwendigkeit, die eigenständige therapeutische Kompetenz und Handlungsfähigkeit der Abteilung sicherzustellen, und angesichts der stark ansteigenden Nachfrage nach Behandlungskapazität ergab sich die dringende Forderung nach einem weiteren personellen und räumlichen Ausbau. 1982 war die Erweiterung abgeschlossen. Die Abteilung kann seitdem eine diagnostische und therapeutische Vollversorgung auf dem Gebiet der stationären Kinder- und Jugendpsychiatrie anbieten.

Wir unterscheiden 3 stationäre Behandlungsgruppen, die wir nach der Alterszugehörigkeit gebildet haben. Unsere jüngsten Patienten, Kinder zwischen 3 und 7 Jahren, werden auf einer 9 Plätze umfassenden tagesklinischen Station behandelt. Das heißt, die Kinder befinden sich nur an den Werktagen von 9.00 bis 17.00 Uhr in unserer Klinik. Es kommen vor allem Krankheitsbilder zur Behandlung, bei denen deutliche und schwere Entwicklungsstörungen im Bereich der sozialen, körperlichen und kognitiven, vor allem der sprachlichen und motorischen Fertigkeiten bestehen. Die zum großen Teil im Kindergarten, bei der Schulreifeprüfung oder kurz nach der Einschulung auffällig gewordenen Kinder werden in der Regel von uns ambulant voruntersucht. Die Entscheidung über die Aufnahme in das teilstationäre Behandlungsprogramm hängt vom Ergebnis einer differenzierten neurofunktionalen Entwicklungsdiagnostik und von der Beurteilung des erhobenen psychopathologischen Befundes ab. Für den täglichen Weg zwischen Elternhaus und Klinik wird in Absprache mit der zuständigen Krankenschwester ein Taxitransport organisiert.

In der Gruppe der vollstationär behandelten 8-12jährigen Kinder stehen Störungen des Sozialverhaltens und Schulleistungsschwierigkeiten im Vordergrund der zur Aufnahme führenden Symptomatik. Sie sind oft so gravierend ausgeprägt, daß eine Fortführung der Regel- oder schon eingeleiteten Sonderbeschulung in Frage steht. Ferner führen psychosomatische und schwerwiegende emotionale Störungsbilder, die vielfach als Ausdruck einer beginnenden neurotischen Fehlentwicklung aufzufassen sind, zur stationären kinderpsychiatrischen Behandlung.

Psychotische Erkrankungen aus dem schizophrenen Formenkreis und depressive Zustandsbilder machen etwa 50% der Klientel der Jugendlichenstation aus, auf die wir in der Regel Patienten bis zum 18. Lebensjahr aufnehmen. Die Aufnahme gerichtlich untergebrachter Jugendlicher steht nur bisweilen im Zusammenhang mit der eigenen gerichtspsychiatrischen Gutachtertätigkeit der Abteilung.

Zusammen mit den beiden weiteren kinder- und jugendpsychiatrischen Einrichtungen in Psychiatrischen Landeskrankenhäusern des Landes Baden-Württemberg sind wir über das Einzugsgebiet des Landeskrankenhauses Weinsberg hinaus in die stationäre, psychiatrische Pflichtversorgung von Kindern und Jugendlichen einbezogen.

Im Rahmen der regionalen Versorgung leisten wir für den Altersbereich unserer Fachdisziplin die konsiliarische Betreuung der Klinik für Innere Medizin und der Kinderklinik der nahegelegenen Großstadt Heilbronn.

Neben der psychiatrischen und psychologischen Untersuchung und Behandlung gehören auch die Therapie anfallskranker Kinder und Jugendlicher sowie die neurologische Diagnostik zu unserem Arbeitsgebiet, soweit diese zur differentialdiagnostischen Abklärung einer cerebralorganischen Beteiligung an der psychischen Erkrankung erforderlich ist.

Die Kinder und Jugendlichen werden in der Mehrzahl durch niedergelassene Kinderärzte, Ärzte für Kinder- und Jugendpsychiatrie und Nervenärzte überwiesen. Manche Eltern nehmen von sich aus Kontakt zu unserer Einrichtung auf oder folgen der Empfehlung einer zuvor eingeschalteten psychologischen Beratungsstelle, des Kindergartens, der Schule oder des Jugendamtes. Da es im Umkreis der Klinik nur eine einzige fachärztliche kinder- und jugendpsychiatrische Praxis gibt, muß die Entscheidung über die Notwendigkeit einer stationären Behandlung zum großen Teil von uns selbst getroffen werden.

Unser Bemühen, in einer Vorschaltambulanz Diagnose und Therapieindikation zu klären, resultiert einmal aus der Tatsache, daß viele kinder- und jugendpsychiatrische Störungen oder Erkrankungen ohne stationäre Behandlung von vornherein mit einer ambulanten Therapie angegangen werden können. Es sind ausserdem die begrenzten stationären Behandlungskapazitäten, aber auch die starke Familieneingebundenheit der jungen Patienten, die uns den ambulanten Erstkontakt als unverzichtbar erscheinen lassen. Am Anfang der stationären Behandlung entwickeln Arzt, Psychologe, Logopäde, Motopädagoge und pädagogische Mitarbeiter auf der Grundlage ihrer diagnostischen Einschätzungen einen individuellen Therapieplan. Jedem Kind wird im Rahmen eines Bezugspersonensystems ein Stationsbetreuer zugeordnet, der als sein unmittelbarer erzieherischer Partner die Durchführung der therapeutischen Maßnahmen koordiniert. Er ist zuständig für alle organisatorischen Probleme, die sich während des stationären Aufenthaltes des Kindes ergeben. Er wird in die Familiengespräche einbezogen und ist an der Kontaktaufnahme mit Institutionen wie Kindergarten, Schule, Jugendamt etc. beteiligt.

Therapeutisch kommen sowohl psychotherapeutische wie pädagogische Maßnahmen zur Anwendung. Als einzeltherapeutische Verfahren können Gesprächspsychotherapie, klientenzentrierte Spieltherapie, katathymes Bilderleben, Gestalttherapie, Entspannungsübungen und verhaltenstherapeutische Techniken eingesetzt werden. Innerhalb der Stationsgruppe bilden die vorwiegend Rollenspielelemente nutzende Gruppentherapie und Übungen zur Verbesserung der sozialen Kompetenz Behandlungsschwerpunkte. Hierbei sind neben den Ärzten und Psychologen entsprechend ausgebildete Sozialpädagogen als Therapeuten tätig. Unter Supervision durch den Arzt oder Psychologen, die jeweils gemeinsam eine Station leiten, reflektieren die Mitarbeiter regelmäßig nicht nur den erreichten Stand der Therapie, sondern auch ihre Beziehung zu den ihnen anvertrauten Kindern und Jugendlichen. Der zumindest zeitweise Einsatz von Psychopharmaka wird vor allem bei akutpsychotischen Erregungs- und Angstzuständen oder bei schweren depressiven Störungsbildern notwendig, die vorwiegend im Jugendalter Grund einer stationären Behandlung sind. Vor allem für die Patienten des Vorschul- und frühen Schulkindalters wird das Behandlungsangebot durch motorische, sensumotorische, motopädagogische und logopädische Behandlungsprogramme erweitert.

Ein Grunderfordernis jeder kinder- und jugendpsychiatrischen Therapie ist die Einbeziehung der Familie. Neben dem beratenden Elterngespräch kommt als ein Behandlungsschwerpunkt der Abteilung die strukturierte Familientherapie zur Anwendung, bei welcher wir einem systemtheoretischen Konzept folgen. Nach der Analyse der wechselseitig sich bedingenden Interaktionen der Familie und ihrer Kommunikationsregeln besteht ein wesentliches Ziel der Therapie darin, die Kompetenzverteilung zwischen den Familienmitgliedern zu klären und ihre eigenen Fähigkeiten zur Lösung der anstehenden Problematik zu aktivieren. Die individuelle Elternarbeit wird durch Elternabende ergänzt, die wir für die Väter und Mütter der jüngeren Patienten regelmäßig durchführen.

Der Klinikschule steht innerhalb des Krankenhausgeländes ein eigenes Schulgebäude zur Verfügung, in dem vier Sonderschullehrer tätig sind.

Die Ausstattung ermöglicht in den meisten Fällen eine dem schulischen Stand des Kindes angepaßte Beschulung während des Klinikaufenthaltes.

Es sind mehrere Umstände, die intensive Kooperationsbemühungen zwischen Kinder- und Jugendpsychiatrie und allgemeiner Psychiatrie im Erwachsenenalter innerhalb des Landeskrankenhauses erforderlich machen. Zum einen wird die Abteilung verwaltungstechnisch und dienstrechtlich als Teil des Gesamtkrankenhauses geführt. Trotz Eigenständigkeit und Eigenverantwortlichkeit in Fragen der Diagnostik und Therapie wird die Funktion der Einrichtung seitens der Krankenhausleitung nur im Kontext des Gesamtkrankenhauses gesehen und bewertet. Um einen möglichst großen Handlungsspielraum zu erhalten, muß es unser zentrales Anliegen sein, den übrigen Mitarbeitern des Krankenhauses unser diagnostisch-therapeutisches Konzept und unsere konkrete Arbeitsweise so weit wie möglich zu verdeutlichen. Das Verständnis für eine schwere psychische Störung beim Kind und beim Jugendlichen ist nicht nur in unserer Gesellschaft allgemein noch wenig ausgeprägt. Auch und vielleicht besonders reagieren Mitarbeiter eines Psychiatrischen Landeskrankenhauses mit Unsicherheit, wenn sie mit Problemen von Kindern und Jugendlichen konfrontiert werden. Die zwingende Symptomatik des akuten Ausnahmezustandes, die allerdings auch beim Jugendlichen zur Einweisung in das Landeskrankenhaus führen kann, oder das Symptombild eines schweren chronischen Defektes beim Erwachsenen kontrastieren mit Verhaltensstörungen, die vielfach auch von Seiten der Einweisenden oder die Krankenhausaufnahme Veranlassenden als vermeidbare Unarten des Kindes verstanden und damit mißverstanden werden.

In der unmittelbaren Nachbarschaft der beiden psychiatrischen Tätigkeitsfelder wird das zentrale Verständigungsproblem konkret erlebbar, das noch immer die Kommunikation zwischen der Erwachsenenpsychiatrie und dem Fachgebiet der Kinder- und Jugendpsychiatrie allgemein kennzeichnet. Die Tatsache, daß kinder- und jugendpsychiatrische Diagnostik und Therapie von einem entwicklungspsychologischen Verständnis ihrer Patienten und ihrer Problematik auszugehen haben, kollidiert mit dem Versuch, Nosologie und Klassifikation psychiatrischer Erkrankungen, die am kranken Erwachsenen gewonnen wurden, auf Patienten im Kindes- und Jugendalter zu übertragen. Dies gilt in ähnlicher Weise für das therapeutische Vorgehen, bei welchem pädagogische Hilfestellung und Unterstützung zur Entwicklung des Kindes bzw. des Jugendlichen einen wesentlichen Platz neben psychiatrisch-medizinischer und psychotherapeutischer Behandlung einnehmen müssen. Die daraus resultierende multiprofessionelle Personalausstattung, die sich über ärztliche, psychologische und krankenpflegerische Dienste hinaus besonders auf die Tätigkeit von Pädagogen stützt, erregt beim Erwachsenenpsychiater den Verdacht, daß in der Kinder- und Jugendpsychiatrie überflüssigerweise erzieherische Ersatzarbeit geleistet würde. Auch im Erwachsenenbereich bedingt heute bereits eine Reihe von Krankheitsunterscheidungen unterschiedliche therapeutische Behandlungsmodelle. Es gibt z.B. in Weinsberg eine psychotherapeutische Abteilung zur Behandlung von vorwiegend neurotisch Erkrankten, die gruppentherapeutisch mit größerem Personaleinsatz arbeitet. Doch ist es eine Realität, daß das Psychiatrische Landeskrankenhaus von seiner kustodialen Primäraufgabe nicht zu befreien ist. Bei den Versuchen, über eine durchaus indizierte Psychopharmakaapplikation hinaus differenzierte psychotherapeutische Möglichkeiten zu nutzen, ergeben sich vielfach Hindernisse. Im Vorgehen der Kinder- und Jugendpsychiatrie und ihren Möglichkeiten sehen die Kollegen diese Schwierigkeiten wenigstens in Ansätzen gelöst.

Im Gefolge solcher Beobachtungen und Feststellungen finden sich dann sowohl vehement vorgetragene Rechtfertigungsversuche eigener als problematisch erlebter Positionen wie auch neidvolle Angriffe auf vermutete Erleichterungen oder vermeintliche Versuche, Arbeit zu vermeiden. Kinder- und Jugendpsychiatrie kann in den Brennpunkt von Grundsatzdiskussionen der Erwachsenenpsychiatrie geraten, auf die sich ihre Handlungskonzepte nicht als solche übertragen lassen.

Die Verpflichtung zur regionalen Versorgung bringt es mit sich, daß die Abteilung in besonderer Weise um einen effizienten Einsatz ihres Personals bemüht sein muß. Die sich ergebenden Aufgabenstellungen können oft nur durch Engagement der Mitarbeiter und hohe Flexibilität der Dienstplangestaltung bewältigt werden. Trotz der vor zwei Jahren vorgenommenen Erweiterung ist die Kapazität der Abteilung vor allem wegen der Ausdehnung ihres Aufgabenfeldes weiterhin begrenzt. Wir sind daher für die Möglichkeit dankbar, bei unvermeidlicher Überbelegung in Absprache mit den dortigen Kollegen in den Erwachsenenbereich ausweichen zu können.

Die kinder- und jugendpsychiatrische Abteilung benötigt eine gewisse Beweglichkeit, mit der sie über den klinisch-stationären Rahmen hinaus handeln kann. In einem Therapiekonzept, das wesentlich die Integration in den sozialen Herkunftsbereich des psychisch kranken Kindes anstrebt, muß nicht nur die Zusammenarbeit mit der Familie, sondern auch mit Schule, Kindergarten, Arbeitsamt oder den weiterbetreuenden Therapeuten und Pädagogen langfristig angelegt sein. Hierzu bemühen wir uns um Präsenz und Mitarbeit im regionalen Netz der pädagogisch-psychologischen Beratungsdienste. In regelmäßigen Fortbildungsveranstaltungen stellen wir kasuistisch erläuterte Krankheitsbilder und Schwerpunkte unserer Arbeitsweise interessierten Ärzten, Psychotherapeuten, Lehrern und Sozialarbeitern der Umgebung vor. Das bereits vor einigen Jahren entwickelte Programm des Hometreatment, in welchem wir psychisch kranke Kinder ausschließlich in ihrem häuslichen Milieu behandelten, können wir aus personell-finanziellen Gründen derzeit nicht fortführen. Es ist jedoch fester Bestandteil der Therapie geblieben, daß die Betreuer während des stationären Aufenthaltes des Kindes Hausbesuche durchführen. Wenn es vor allem bei jüngeren Patienten angezeigt erscheint, begleitet der Betreuer das Kind bei der allmählichen Wiedereingliederung in den Kindergarten oder in die Schule. Die Beziehung zur Familie stellt für uns aus einem weiteren Grund ein besonderes Erfordernis dar. Für die Angehörigen, meist die Eltern, der behandelten Kinder und Jugendlichen bedeutet der Aufenthalt des Kindes in einem Psychiatrischen Landeskrankenhaus eine erhebliche Belastung. Eine Fülle von Vorurteilen gegenüber dem regionalen Psychiatrischen Krankenhaus, auf dessen Gelände die Abteilung liegt, hat ihre historischen Wurzeln in der Bevölkerung der umliegenden Gemeinden und Kreise. Mit dem Entschluß zur Behandlung müssen sich die Eltern oft gleichzeitig mit Befürchtungen einer sozialen Stigmatisierung innerhalb ihres dörflichen Wohnbereiches auseinandersetzen. Infolge einer somit relativ hohen Angstschwelle gelangen Patienten vielfach erst nach Ausschöpfung anderer Hilfsmöglichkeiten in unsere Klinik. Es muß Bestandteil jeder stationären und ambulanten Behandlungsmaßnahme sein, diese Befürchtungen zu erkennen und ernstzunehmen. Mit dem Grundsatz, zu jedem Zeitpunkt der Therapie die elterliche Verantwortlichkeit zu respektieren und zu erhalten, bemühen wir uns um möglichst große Transparenz aller therapeutischen Schritte. In vielen Fällen ist eine ambulante Nachbetreuung oder Fortführung der Therapie angezeigt. Im Hinblick auf die aufgebaute therapeutische Beziehung sind wir darum bemüht, diese selbst zu leisten.

Lassen Sie mich noch ein besonderes Problem ansprechen. Es betrifft die Aufnahme und Behandlung von schwerstgestörten delinquenten oder verwahrlosenden Jugendlichen und damit die drohende Negativauslese von Patienten mit allen Folgen für ein gruppentherapeutisch orientiertes Konzept, das auf die stationäre Behandlung von Jugendlichen mit unterschiedlichen psychischen Erkrankungen ausgerichtet ist. Es besteht in unserem Land nach wie vor ein Mangel an sozialtherapeutischen Einrichtungen, in denen unter konsequenter und strukturierter pädagogischer Führung die soziale Integration und Wiedereingliederung schwer dissozialer Jugendlicher angestrebt werden können. Unter dem sicher zutreffenden Aspekt der auch psychisch bedingten Fehlentwicklung solcher Patienten wird das Psychiatrische Landeskrankenhaus von Gerichten und Jugendämtern immer wieder mit der Frage nach Unterbringung der meist nicht therapiemotivierten Patienten konfrontiert. Unsere Erfahrungen sprechen dafür, daß nur bei Ausnutzung aller Möglichkeiten einer gemeinsamen Arbeit mit den Mitarbeitern der Jugendhilfeeinrichtungen und den Angehörigen der Jugendlichen eine erfolgreiche Einflußnahme möglich ist. Unsere Bemühungen, die therapeutische Kooperation, die von Anfang an notwendig ist, sicherzustellen, sind durchaus nicht immer erfolgreich.

Lassen Sie mich zwei abschließende grundsätzliche Postulate formulieren, die ich für die Arbeit einer kinder- und jugendpsychiatrischen Abteilung in einem Psychiatrischen Landeskrankenhaus aufstellen möchte:

1. Die Mitarbeiter der Abteilung müssen in ständiger Bereitschaft zur Diskussion mit den Kollegen der Erwachsenenpsychiatrie bleiben. Bei der Beschreibung eigener Positionen ist Klarheit, aber auch Zurückhaltung geboten, ohne die sich die unterschiedlichen Handlungskonzepte wechselseitig nicht vermitteln lassen. Ein solches Verhalten kann dazu beitragen, das Verständnis für die Notwendigkeit einer vollen fachlichen Selbständigkeit der Abteilung zu vertiefen.

2. Kinder- und jugendpsychiatrische Therapie muß auch in einem Psychiatrischen Landeskrankenhaus auf der Grundlage eines integrativen Behandlungskonzeptes erfolgen, in dem ambulante und stationäre Therapiemaßnahmen beständig zu koordinieren sind. Die Ambulanztätigkeit zur Voruntersuchung und Nachsorge ist unverzichtbarer Bestandteil einer effizienten stationären Behandlung.

Wenn die geforderte ambulant-stationäre Beweglichkeit gegeben ist, und wenn die Ausstattung Diagnose und Therapie eines möglichst großen Spektrums kinder- und jugendpsychiatrischer Krankheitsbilder gestattet, ist eine kinder- und jugendpsychiatrische Abteilung an einem Landeskrankenhaus in der Lage, einen wirksamen Beitrag zur regionalen und flächendeckenden Versorgung auf diesem Fachgebiet zu leisten.

Kinder- und Jugendpsychiatrie aus der Sicht einer Kinder- und Jugendpsychiatrischen Abteilung an einer Kinderklinik

H. Trappe

Zur fachlichen und berufspolitischen Entwicklung der Kinder- und Jugendpsychiatrie ist in den vorhergehenden Referaten viel gesagt worden.

Immer wieder wurde deutlich, daß die gemeindenahe ambulante und stationäre Grund- oder Standardversorgung für unseren Fachbereich unzureichend ist und daß wir uns aus sozialpolitischen und finanziellen Gründen neue Möglichkeiten einer hinreichenden Versorgung erschließen müssen.

Ein solcher neuer Weg könnte die Gründung kinder- und jugendpsychiatrischer Fachabteilungen an Kinderkrankenhäusern sein. Es bleibt die Frage, ob diese Abteilungen einem möglichst umfassenden Versorgungsauftrag gerecht werden können.

Zunächst etwas zur Vorgeschichte.

Das Kinderhospital in Osnabrück verdankt die Entscheidung für eine kinder- und jugendpsychiatrische Fachabteilung im eigenen Haus mehreren Gegebenheiten:

1. hatte ein Arbeitsausschuß des Niedersächsischen Sozialministeriums in einer Studie kinder- und jugendpsychiatrische Bedarfszahlen für den Raum Osnabrück ermittelt;
2. entstanden durch nachlassende Belegungszahlen des Kinderhospitals freiwerdende Bettenkapazitäten und
3. – dies war wohl der entscheidende Schritt – unterstützte der Leiter des Niedersächsischen Landeskrankenhauses in Osnabrück eine Planung, in der zunächst eine kinderpsychiatrische Abteilung am Kinderhospital und später eine jugendpsychiatrische Einrichtung am Landeskrankenhaus entstehen sollte.

Bereits 1977, also mehr als 2 Jahre vor der Eröffnung der Abteilung wurde ich als Kinder- und Jugendpsychiater in die Planungen vorort mit einbezogen. Alle, die an der Planung beteiligt waren, jedoch nicht aus dem kinder- und jugendpsychiatrischen Fachbereich stammten, zeigten von vorneherein ein hohes Maß an Toleranz und Einfühlungsvermögen für die von mir benannten Bedürfnisse und Empfehlungen.

Im wesentlichen planten wir im Kinderhospital 4 kleine Therapiegruppen mit jeweils 8-10 Behandlungsplätzen, einen Ambulanzbereich und einen Therapietrakt mit verschiedenen Funktionsräumen.

Die räumliche Lage und Gestaltung der Therapiegruppen sowie die materielle und therapeutische Ausstattung wurden in intensiven Auseinandersetzungen und gemeinsamen Überlegungen erarbeitet. Ich halte die frühe Mitplanung durch einen Kinder- und Jugendpsychiater für eine grundlegende Voraussetzung und möchte auf einige wesentliche Bedürfnisse, die unseren Fachbereich kennzeichnen, hinweisen:

1. Kinder- und jugendpsychiatrische Abteilungen benötigen bei kleinen Therapieeinheiten große, überschaubare Räume, die die Rückzugsmöglichkeit für den einzelnen ebenso wie die Begegnungsmöglichkeit und die Nähe in der Gruppe ermöglichen.
2. Der Bewegungsdrang der Kinder muß berücksichtigt werden.
3. Bei der Auswahl geeigneter Baumaterialien sind reifliche Überlegungen erforderlich.
4. Bei einer durchaus sparsamen Möblierung sollte auf Stabilität und Sicherheit bis ins Detail geachtet werden.
5. Eine kinder- und jugendpsychiatrische Fachabteilung darf nicht wie ein Anhängsel oder ein Fremdkörper empfunden werden, sondern muß als selbstverständlicher, aber eigenständiger Bestandteil einer Kinderklinik verstanden werden und muß so integriert werden.

Daß kinder- und jugendpsychiatrische Arbeit grundsätzlich nur personalintensiv betrieben werden kann, wird zunehmend akzeptiert. Ich möchte bei diesem Thema einen besonderen Blickpunkt hervorheben.

Therapie in unserem Fachbereich ist immer auf die multiprofessionelle, multidisziplinäre Zusammenarbeit angelegt. Kaum in einem anderen Fachbereich ist dies so wichtig. Pflegerisches und erzieherisches Personal aus den Therapiegruppen, Sozialpädagogen und Pädagogen, Beschäftigungstherapeuten sowie Heilpädagogen, Logopäden, Krankengymnasten, Psychologen und Ärzte sind in gleicher Weise von ihrem Fachbereich für die Arbeit wertvoll und müssen sich bei einer zuverlässigen und praktikablen Arbeitsstruktur in der Zusammenarbeit ergänzen.

Dies ist ein Problem. Es läßt sich aber nach unseren Erfahrungen und den Erfahrungen vieler Einrichtungen offenbar lösen.

Ein anderes Problem ist es, wenn bei der Entstehung einer neuen Abteilung in einem Kinderkrankenhaus viele Fachbereiche ohne spezifische Erfahrung auf kinder- und jugendpsychiatrischem Arbeitsgebiet zusammentreffen. Hier muß Verständnis bei allen Beteiligten geweckt werden, daß die notwendige fachspezifische Berufsreife nur durch eine vielseitige berufsbegleitende und wenn möglich auch hausinterne Fortbildung entstehen kann. Bei einer relativ kleinen Abteilung mit relativ kleinem Mitarbeiterstab wird es außerdem im sondertherapeutischen Bereich notwendig sein, daß über eine intensive Fortbildung und den Erfahrungsaustausch einerseits Spezialisierung in einem Arbeitsbereich entsteht, andererseits aber auch gerade Vielseitigkeit in jeder Berufsgruppe erreicht wird.

Wir können uns nicht den Spezialtherapeuten in Form eines Musiktherapeuten oder Motopäden leisten. Sondern wir müssen von uns erwarten, daß wir vielseitig bleiben und in einer Person mehrfache Aufgabenbereiche qualifiziert abdekken.

Die für die Kinderklinik neuen und schwer zu definierenden oder zu verstehenden Berufsgruppen werden anfangs als „Exoten" empfunden. Über gemeinsames Arbeiten am Patienten und über die Darstellung der Arbeit über die Grenzen der Abteilung hinaus, entwickelt sich bald Einsicht, Interesse und Respekt.

Die Aufbauphase unserer Abteilung mit all den geschilderten Besonderheiten ist vorbei, und das, was in den 5 Jahren in Osnabrück entstanden ist, will ich nun darstellen.

Im Kinderhospital Osnabrück gibt es z.Zt. 2 Fachabteilungen: Eine pädiatrische mit 105 Betten und die kinder- und jugendpsychiatrische mit 32 Betten. Seit 1979 entstanden 4 kinder- und jugendpsychiatrische Therapiegruppen mit jeweils 8 Behandlungsplätzen.

Die eine Gruppe ist für Akutaufnahmen vorgesehen, eine weitere hat als Schwerpunkt neuropsychiatrische Erkrankungen gewählt, auf einer dritten werden vorwiegend Jugendliche behandelt.

Die Gruppen sind gemischt geschlechtlich belegt. Im räumlichen Konzept sind die Gruppen mehr wie in einem Wohnbereich gestaltet und ähneln nicht Krankenhausstationen.

Zu jeder Gruppe gehören ein Tagesraum, Wohnzimmer, ein Arbeitszimmer, 4 Kinderzimmer, die im allgemeinen mit 2 Betten belegt sind, sowie mehrere Funktionsräume. Die räumliche Gestaltung, die Möblierung und natürlich auch der Tagesablauf sollen vor allem ein therapeutisches Klima entstehen lassen, das ein kindergerechtes Leben und Ausleben von Problemen möglich macht. Den Gruppen und den verschiedenen Therapiebereichen stehen eine kleine Gymnastikhalle, ein kleines Schwimmbecken, ein Werkraum, ein Spieltherapiezimmer und veschiedene Spiel- und Therapiebereiche der Heilpädagogen und Krankengymnasten zur Verfügung.

Wenn wir als Kinder- und Jugendpsychiater an einer Kinderklinik vorhandenen Erwartungen an unser Fachgebiet gerecht werden wollen, dann müssen wir zunächst die Zusammenarbeit mit dem Pädiater suchen und ein auf ihn abgestelltes Hilfsangebot machen.

Die Zusammenarbeit mit dem Kinderarzt wird sich vor allem auf den Bereich psychosomatischer oder somatopsychischer Erkrankungen erstrecken. Wenn seelische Konflikte körperliche Erkrankungen auslösen oder chronische körperliche Erkrankungen seelische Belastungen hervorrufen, dann kann sich aus der engen Zusammenarbeit von Kinderheilkunde und Kinderpsychiatrie, aus dem Verständnis für die Notwendigkeiten und Möglichkeiten des anderen Fachgebietes heraus eine ganz besondere Chance für den Patienten ergeben.

Es können sich Behandlungsmöglichkeiten erschließen lassen, die ohne zuverlässige Hilfe durch den anderen Fachbereich gar nicht denkbar wären.

Ich erinnere mich einer magersüchtigen jungen Dame, die wegen schwerster Stoffwechselentgleisung zweimal auf einer anderen Intensivstation reanimiert werden mußte und wo durch die Verlegung in das Kinderhospital in der Gemeinsamkeit von Pädiater und Kinderpsychiater ein Behandlungsplan entstehen konnte, der Sicherheit für beide Fachbereiche vermittelte.

Die Zusammenarbeit hat auch bei neurologischen Krankheitsbildern in unserem Haus ihren Wert gezeigt, insbesondere bei der Frühförderung von verunfallten, schwerst hirngeschädigten Kindern. Leider werden für diese fachübergreifenden, konsiliarischen Tätigkeiten von den Kostenträgern die Bedürfnisse zu wenig gesehen und der Arbeitsaufwand zu gering geschätzt. Immerhin wird in 2% der stationär behandelten pädiatrischen Fälle der Kinderpsychiater hinzugezogen und in 10% der Kinderarzt an der stationären Behandlung kinderpsychiatrischer Patienten konsiliarisch mitbeteiligt.

Forschung und Praxis machen deutlich, daß für den Kinderpsychiater ein Aufgabenbereich möglicherweise schon in der Schwangerschaft, aber ganz sicher in der Neugeborenen- und Säuglingszeit wartet. Einmal geht es um die Vermittlung präventiver Maßnahmen, dann aber auch vor allem bei frühen Beziehungsstörungen zwischen Eltern und Kindern, bei Eßstörungen oder anderen körperlich nicht erklärbaren Gedeihstörungen um ein konkretes Behandlungangebot.

Wir dürfen als Kinder- und Jugendpsychiater an einem Kinderkrankenhaus aber nicht nur die hausinternen Bedürfnisse sehen, sondern müssen uns über die Notlage der Versorgung insgesamt im klaren sein und müssen uns diesen Anforderungen stellen.

In Osnabrück haben wir dies getan, indem wir mit der Landesregierung und dem Träger eine Aufnahmeverpflichtung für Notfälle bis zum Alter von 15 Jahren vereinbarten und uns für die stationäre Behandlung gerade auch in Krisen zuständig fühlen. Es erfolgten auch stationäre Behandlungen auf richterlichen Beschluß oder Begutachtungen, wenngleich wir uns natürlich nicht als geschlossene Abteilung verstehen möchten und immer eine Behandlungsbereitschaft und Einsicht seitens der beteiligten Patienten oder Angehörigen anstreben.

Unser Versorgungsauftrag umfaßt in erster Linie den Stadt- und Landkreis Osnabrück und damit einen regionalen Bereich, der 25 km im Radius nicht überschreitet. Wegen der äußerst schlechten Versorgung vor allem im Emsland, akzeptieren wir aber auch Aufnahmen aus diesem Gebiet und in vereinzelten Fällen auch aus größeren Entfernungen. Eine intensive Berücksichtigung familienmedizinischer Bezüge bei der Behandlung ist aber nur bei geringer Entfernung zu unserer Abteilung möglich.

Unser begrenztes Bettenangebot muß in erster Linie für eine kurzfristige stationäre Behandlung vorhanden sein. Zur Abkürzung des vollstationären Aufenthaltes haben wir auch die Möglichkeit für eine tages- und nachtklinische Behandlung geschaffen.

Außerdem ist in Zusammenarbeit mit uns ein therapeutisches Übergangsheim für Kinder und Jugendliche sowie eine therapeutische Wohngemeinschaft entstanden.

Im ersten Halbjahr 1984 wurden in unserer Abteilung 130 Patienten stationär behandelt. Die durchschnittliche Verweildauer betrug etwa 42 Tage, die Abteilung war durchweg zu 100% belegt. Wir sahen folgende Altersverteilung:

11,3% im Alter von 1- 6 Jahren,
64,0% im Alter von 7-14 Jahren und
24,7% im Alter von 15-18 Jahren.

In etwa 30% handelte es sich um Notaufnahmen, d.h. die stationäre Behandlung mußte aufgrund einer akuten Selbst- oder Fremdgefährdung sofort erfolgen. Die Gesamtzahl stationär behandelter Patienten von Januar bis Juni 1984 betrug 130, davon fielen auf Psychosen 9%, Neurosen 19,1%, Symptome oder Syndrome 18%, Belastungs- und Anpassungsreaktionen 2,2%, Störungen nach Hirnschäden 7,9%, Störungen des Sozialverhaltens 5,6% und emotionale Störungen 22,5%. Hyperkinetische Syndrome fanden sich in 10,1% und unter den restlichen Kategorien wurden 6% eingestuft. Die Zuordnung erfolgte nach dem multiaxialen Klassifikationsschema (MAKS). Ähnliche Diagnoseverteilungsmuster sind auch von einigen anderen kinder- und jugendpsychiatrischen Kliniken in der Bundesrepublik bekannt.

Aus diesem klar-definierten stationären Behandlungsangebot ergeben sich für eine kleine kinder- und jugendpsychiatrische Abteilung vorort, zumal wenn sie neu in einer Region entsteht, bestimmte Notwendigkeiten.

Den fachgebietsnahen ärztlichen Kollegen in Praxis und Klinik müssen kinder- und jugendpsychiatrische Techniken vermittelt werden. Eine Abgrenzung, d.h. eine positive Abklärung von möglichen Hilfsangeboten und realitätsfremden Erwartungen, muß mit Erziehungsberatungsstellen, Heimen, ambulanten und stationären psychotherapeutischen und heilpädagogischen Einrichtungen erfolgen. Die regional zuständige kinder- und jugendpsychiatrische Abteilung kann nur begrenzt überregional zuständigen Einrichtungen Entlastung geben und sollte in keiner Weise als Notbremse in deren pädagogischem Konzept verfügbar werden.

Der Kinderpsychiater, wenn ich es einmal so ausdrücken darf, „auf dem Lande" muß sich aber bewußt werden, daß er mit seinem Fachgebiet stets auf großes Interesse anderer Berufsgruppen und Arbeitsbereiche treffen wird und daß er sich auch zum Nutzen für seinen eigenen Fachbereich dem Erfahrungsaustausch und der Fortbildung vorort stellen sollte.

Ein nicht unwesentlicher Aufgabenbereich ist auch für die Fachabteilung an einer Kinderklinik die forensische Kinder- und Jugendpsychiatrie.

Hier ist der Kinder- und Jugendpsychiater für den Staatsanwalt oder den Richter auch dann hilfreich, wenn er zur Begutachtung den Kontakt zu sachkompetenten anderen Kollegen herstellen kann.

Intensive Beziehungen einer Fachabteilung sollten auch zu Jugend- und Gesundheitsämtern bestehen. Gemeinsame Aufgabenstellungen haben es in Osnabrück sinnvoll erscheinen lassen, stundenweise Mitarbeit im Rahmen von Aussensprechstunden oder von vereinbarten Ambulanzterminen in der Klinik abzusprechen.

Ich habe von vorneherein deutlich gemacht, daß ich mich in der Darstellung der Abteilung in Osnabrück auf Schwerpunkte beschränken möchte.

Der Inhalt therapeutischer Arbeit und das, was sich daraus für jeden einzelnen Mitarbeiter ergibt, seine Möglichkeiten damit fertig zu werden, zu reifen, lassen sich in der kurzen Zeit nicht darstellen. Und gerade auf diesem Bereich hat unser Fachgebiet in den letzten Jahren beeindruckende Fortschritte gemacht, denen wir natürlich auch in Osnabrück gerecht werden wollen.

Einzelne Schwerpunkte unserer psychotherapeutischen Arbeit sind Verhaltenstherapie, Familientherapie und Körpertherapie. Wir bieten Interaktions- und Gesprächskreise für Kinder und Jugendliche, z.B. auch für anorektische Mädchen an. Ein besonderer Schwerpunkt hat das heilpädagogische und beschäftigungstherapeutische Angebot mit Senso-/Psychomotorik, Schwimm- und Reittherapie gefunden.

Inzwischen suchen wir auch therapeutische Möglichkeiten außerhalb der Klinik („Außentherapie"), nutzen mit den Jugendlichen den Besuch von Sauna, Jugendzentren der Gemeinde und haben für Wochenendmaßnahmen einen Kotten gemietet.

Die kinder- und jugendpsychiatrische Therapie darf aber auf keinen Fall mit dem stationären Angebot anfangen oder nach der stationären Behandlung damit beendet sein. Zu jeder Abteilung gehört ein hinreichendes ambulantes Angebot, was ohne wesentliche Wartezeiten die fachkompetente strenge Indikation für eine stationäre Aufnahme stellen läßt bzw. Wege vermittelt, um eine stationäre Aufnahme zu verhindern.

Diese Aufgabe erscheint mir heute als das wesentliche Problem für eine solche Abteilung. Auf der einen Seite sehen wir nach 5 Jahren unserer Arbeit in Osnabrück nach wie vor den großen Bedarf für ein ambulantes Angebot, sehen aber in keiner Weise, daß dies durch niedergelassene Fachkollegen abgedeckt werden kann.

So entstehen bei uns in der Klinik auch heute noch unzumutbare Wartezeiten für eine ambulante Vorstellung. In dem Moment, wo die Leistung der Ambulanz über Beteiligung anderer Mitarbeiter gesteigert werden könnte, droht jedoch dem Leiter eine juristische Konsequenz, weil er aufgrund heute üblicher Verträge mit der Kassenärztlichen Vereingung die Leistungen in der Ambulanz selber zu erbringen hat.

Zusammenfassend möchte ich noch einmal deutlich machen:

Der Bedarf ambulanter und stationärer kinder- und jugendpsychiatrischer Versorgung steht außer Frage. Eine überschaubare, regionale und im weitesten Sinne bedarfsgerechte Versorgung könnte teilweise über kleinere kinder- und jugendpsychiatrische Einrichtungen an Kinderkrankenhäusern erfolgen.

Bei der Planung müssen die räumlichen, arbeits- und fachspezifischen und patientenspezifischen Bedürfnisse von vorneherein realistisch gesehen werden. Ein intensiver Erfahrungsaustausch innerhalb der Klinik zwischen den Fachdisziplinen und außerhalb der Klinik und den anderen Einrichtungen psychosozialer Versorgung sind die Voraussetzungen für eine erfolgversprechende Tätigkeit einer solchen Abteilung.

Wir haben in Osnabrück, so meine ich, bei allen Anfangsschwierigkeiten insgesamt gute Erfahrungen gemacht.

Kinder- und Jugendpsychiatrie aus der Sicht einer Langzeiteinrichtung für geistig Behinderte

F.-M. Müller

1. Kurzdarstellung des Behindertenbereichs des Evangelischen Hospitals:

Bei uns leben z.Z. 315 geistig und mehrfach behinderte Kinder, Jugendliche und junge Erwachsene im Alter zwischen 6 und 36 Jahren. Sie sind in der Regel in gemischt geschlechtlichen Gruppen mit 8 bis 16 Bewohnerinnen und Bewohnern untergebracht. 61% der Bewohner gelten nach der Definition der Bundesarbeitsgemeinschaft der Träger Kinder- und Jugendpsychiatrischer Kliniken als schwerstbehindert. Z.B. sind fast 50% inkontinent, benötigen 65% regelmäßige Hilfe bei An- und Ausziehen, sind ebensoviel außerhalb der Gruppen ohne Orientierung. Fast ein Drittel unserer Bewohner ist auf die Benutzung eines Rollstuhls angewiesen.

2. Aufgabengebiet als Hausarzt:

Die allgemeinärztliche Versorgung geistigbehinderter Bewohner ist sehr zeitaufwendig, da diese in seltensten Fällen Krankheitssymptome oder Krankheitsbeschwerden schildern können, so daß eine behutsame, sehr geduldige Untersuchung und Beobachtung des einzelnen erforderlich ist. Es bedarf dann auch immer der Abwägung, ob eine diagnostische Maßnahme – z.B. Blutentnahme, Röntgenuntersuchung, EKG usw. – zumutbar ist, denn die Notwendigkeit eines diagnostischen Eingriffes ist dem Geistigbehinderten selten zu vermitteln. In Abwandlung alter schulmedizinischer Lehrmeinung handle ich nach dem Grundsatz: „WELCHE KONSEQUENZ HÄTTE EIN DIAGNOSTISCHER EINGRIFF FÜR DEN BEHINDERTEN UND IST ER IN DER LAGE, DIE DANN FÜR NOTWENDIG ERACHTETE THERAPIE AUCH DURCHZUSTEHEN?“

Erst wenn alle diese Möglichkeiten durchdacht sind, wird über das weitere diagnostische Vorgehen entschieden. Es erscheint mir dabei wichtig, daß die betreuenden Mitarbeiter in alle diese Überlegungen mit einbezogen werden, da sie schließlich alle für notwendig erachteten Maßnahmen auch mittragen müssen.

Es hat sich weiterhin für sehr wichtig herausgestellt, daß auch die konsiliarisch tätigen Mediziner anderer Fachrichtungen wie Chirurgen, Gynäkologen, Hautärzte, auf diese Vorgehensweise eingestimmt werden. Besonders gilt dies für jene Fachkolleginnen und -kollegen, die mit den spezifischen Problemen der Behinderten befaßt sind, wie Orthopäden, Augen- und HNO-Ärzte, da früher häufig Hilfsmittel wie z.B. Hörgeräte als nicht sinnvoll erachtet wurden, oder aber umgekehrt – ohne spezifische Kenntnisse der Verhaltensproblematik – ein verordnetes Hilfsmittel von dem Betroffenen nicht akzeptiert wurde.

Es ist dabei immer wieder erforderlich, sich zu fragen, wie erlebt ein Geistigbehinderter ein neues Hilfsmittel, z.B. eine neue Brille oder einen Elektrorollstuhl und wie lernt er es, mit seinen Möglichkeiten damit so umzugehen, daß er dieses Hilfsmittel wirklich als Hilfe empfindet.

Unter dem Stichwort „GESUNDHEITSVORSORGE“ wird versucht, dem Bewohner wie auch manchem Mitarbeiter deutlich zu machen, daß witterungsbedingte Bekleidung notwendig ist, daß Anfallskranke vor intensiver Sonneneinstrahlung geschützt werden müssen und beispielsweise stundenlanges Sitzen auf dem kalten Fußboden die Infektanfälligkeit erhöht. Auch die stufenweise Umstellung von der Sonderernährung auf Vollkost mit Erlernen des Kauens hat für mich eine krankheitsvorbeugende Bedeutung. Diese Lernschritte werden zusammen mit den Ergotherapeuten und den Betreuern vorbereitet und besprochen.

Die gesamte Förderarbeit mit den Behinderten muß immer wieder in enger Zusammenarbeit mit den verschiedenen Berufsgruppen wie Krankengymnastik, Beschäftigungstherapie, Logopädie und pädagogisch geschulten Mitarbeitern auf ihren Sinn und Zweck überprüft werden und nach dem neuesten Stand der Entwicklung überdacht werden. Ein Lehrsatz in unserer Einrichtung heißt:
„DIE GEISTIGE BEHINDERUNG IST KEIN STATISCHES PROBLEM, WIR SPRECHEN VON GEISTIG-SEELISCHEM ENTWICKLUNGSRÜCKSTAND, DER SICH ZUMINDEST IN VIELEN BEREICHEN VERBESSERN ODER AUFHEBEN LÄSST UND DAMIT DEM ZIEL NÄHER BRINGT, DEN BEHINDERTEN EIN SELBSTBEWUSSTES UND IN TEILBEREICHEN SELBSTÄNDIGES LEBEN IN UNSERER GESELLSCHAFT ZU ERMÖGLICHEN.“

3. Aufgaben als Kinder- und Jugendpsychiater:

Besonders hervorzuheben ist die Diagnostik und Therapie der Anfallskrankheiten. 40% unserer Bewohner werden mit Antikonvulsiva behandelt, bei 13% treten trotzdem regelmäßig Anfälle auf. Gerade hier ist es wichtig, die Mitarbeiter zu schulen in der Beobachtung der Anfälle, in der Durchführung einer konsequenten Therapie und in den Maßnahmen der ersten Hilfe bei einem Anfall.

Das Fehlen sprachlicher Ausdrucksmöglichkeiten bei den behinderten Bewohnern unserer Einrichtung hat mich inzwischen dazu veranlaßt, die psychiatrische Nomenklatur im klassischen Sinne zu verlassen und die Verhaltensprobleme mehr deskriptiv zu erfassen: Sicherlich gibt es einzelne Behinderte, die wahrscheinlich unter halluzinatorischen Erlebnissen stehen im Sinne einer paranoid-halluzinatorischen Psychose. Oft äußert sich dies in autistischer Zurückgezogenheit mit nicht nachvollziehbar abruptem expansiven, aggressivem Verhalten. Ganz sicher gibt es depressive Verstimmungen mit Tagesschwankungen, Appetit- und Schlafstörungen. Eine Einteilung in reaktive oder endogene Depression ist dabei nicht möglich. Nach meinen Beobachtungen treten phasenhaft verlaufende depressive Verstimmungen der Geistigbehinderten ähnlich häufig auf wie in der Normalbevölkerung. Die hohe Zahl schwer autoaggressiver Behinderter werte ich als ein Indiz in diese Richtung, da nach meinen Vorstellungen die

SELBSTBESCHÄDIGUNG ALS „SUIZIDVERSUCH DES GEISTIGBEHINDERTEN HEIMBEWOHNERS" zu interpretieren ist.

Ein weiteres Problemfeld ist das Eßverhalten von zuviel an Essen bis zur Essensverweigerung im Sinne eines Protestverhaltens gegenüber der überfordernden Umwelt. Dabei ist es uns bisher leider noch nicht überall gelungen, gelegentlichen Essensentzug als pädagogische Maßnahme überall abzubauen.

Wir beobachten in den letzten Jahren auch eine zunehmende Zahl von Magenulcera – besonders bei Schwerstbehinderten, die über viele Jahre im Bett lagen und jetzt mobilisiert werden. Möglicherweise ist dies eine Reaktion auf forcierte Aktivierung durch die Betreuer im Sinne eines Streß-Ulcus.

Natürlich finden sich bei uns eine große Anzahl pathologischer Verhaltensmuster, wie sie der Kinder- und Jugendpsychiater in Klinik und Praxis kennt. Besonders hervorzuheben sind hier motorische Unruhe, autistisches Verhalten, Trichotillomanie, Distanzlosigkeit, stereotype Bewegungsmuster wie Schaukeln u.a. und dissoziale Verhaltensweisen, wobei Diebstahl sich oft aus dem Nichtkennen des Eigentumsbegriffes erklären läßt.

Viele dieser Verhaltensmuster lassen sich im Sinne von SPITZ als Hospitalismusfolgen interpretieren.

Zeitaufwendig sind auch immer gutachterliche Stellungnahmen gegenüber Krankenkassen bei Verordnung von Hilfsmitteln, gegenüber Versorgungsämtern, Schulbehörden, Sozialämtern und auch Gerichten, hier speziell zur Frage Entmündigung oder Pflegschaft bei Erreichen der Volljährigkeit.

4. Sozialpsychiatrische Aufgaben:

Ich hoffe, die Beschreibung der Verhaltensprobleme hat deutlich gemacht, daß das soziale Umfeld erheblichen Einfluß auf die Entwicklung eines Heimbewohners hat. Ich halte es für unerläßlich, daß der Kinder- und Jugendpsychiater sich intensiv um die Lebensbedingungen der Heimbewohner kümmert, um ein Entstehen bzw. eine Aufrechterhaltung von Hospitalisierungsschäden möglichst zu vermeiden.

Dazu gehört m.E. das Schaffen von individuellen Schlaf- und Wohnräumen. Trotz aller wirtschaftlichen Zwänge sollten geistigbehinderte Kinder und Jugendliche im Heim Rückzugsmöglichkeit auf das eigene Einzelzimmer haben – unsere Erfahrung zeigt, daß dadurch pädagogische und auch medikamentöse Zwangsmaßnahmen reduziert werden können.

Der Einfluß des Kinder- und Jugendpsychiaters auf die Zusammensetzung der Wohngruppe nach Zahl, Geschlechtermischung und nach Kommunikationsmöglichkeiten innerhalb der Bewohner ist sicher ebenso wichtig.

Daß gerade die Anzahl der Betreuer eine wichtige Rolle spielt, wieviel Zeit für einen Heimbewohner an Zuwendung möglich ist, weiß jeder. Wichtig erscheint mir aber auch, die fachliche Qualifikation nach pädagogischen, medizinischen und psychologischen Kenntnissen zu prüfen und dabei jenen Gesichtspunkt nicht zu vergessen, der in der Krankengymnastik von BOBATH als „HANDLING" definiert wird. Auch eine Einflußnahme auf das Interaktionsmuster der Mitarbeiter erscheint mir wichtig, um z.B. die personelle Fluktuation möglichst gering zu halten. Ich meine deshalb, daß unserer Berufsgruppe eine wichtige Funktion in dem weiten Feld „TEAMARBEIT UND IHRE PROBLEME" zufällt im Sinne eines Anleitens zur Kooperation innerhalb der Betreuergruppe wie auch zur Kooperation mit den „begleitenden Diensten" (Ergotherapie usw.). Natürlich ist es auch wichtig, den Mitarbeiter in der Beobachtung zu schulen, um Anfallserscheinungen, körperliche Krankheitssymptome, Veränderungen von Verhalten zu erkennen und zu beschreiben.

Die Reduzierung institutioneller Zwänge wie Abbau von zentralen Versorgungsdiensten, aber auch hierarchischer Verantwortungsstrukturen soll dem Mitarbeiter jene Freiräume schaffen, die ihm eigenverantwortliches Handeln erst ermöglichen. Nur Mitarbeiter mit Verantwortungsbewußtsein können geistigbehinderte Bewohner zur Mitverantwortung erziehen.

Ein weiteres Aufgabengebiet, und das halte ich für sehr wichtig, ist die ELTERN-ARBEIT. Hier geht es zum einen um die Abklärung der Schädigungsursache im Sinne der genetischen Beratung, aber auch im Sinne eines Abbaus der Schuldgefühle usw. Auch dort, wo der Kontakt zu den Eltern abgebrochen ist, sollte immer wieder versucht werden, die Schwellenängste abzubauen. Dies gilt auch für Vormünder und Pfleger, denn wir versuchen immer wieder, für diesen Personenkreis einen möglichst persönlichen Kontakt zum Mündel aufzubauen. Die Gründung eines Arbeitskreises für Eltern und Vormünder hatte dabei zwei wichtige Aspekte:

Erstens lassen sich in einer derartigen Gemeinschaft manche Probleme zwischen Eltern, Mitarbeitern und behinderten Bewohnern leichter abklären, zum anderen betrachte ich diesen Arbeitskreis als eine wichtige Kontrollinstanz für unser eigenes Tun in einem Heim.

Neben der Öffentlichkeitsarbeit mit dem Ziel, Vorurteile in der Bevölkerung gegenüber dem Geistigbehinderten abzubauen, hat sich der Aufbau eines Kreises von Laienhelfern als eine ganz wichtige Kontaktmöglichkeit erwiesen, dem Heimbewohner die „normale Außenwelt" näherzubringen. Die Erfahrung hat jedoch gezeigt, daß auch Laienhelfer in einem gewissen Maß geschult werden müssen und daß ihnen als Ausgleich zum sozialen Engagement neben dem Dankeschön noch ein immaterieller Gewinn angeboten werden sollte. Wir haben deshalb einen Töpferkurs angeboten, der großen Anklang fand und wollen jetzt noch einen Kurs zum autogenen Training kostenlos durchführen.

Zwei wichtige Aufgaben der Behindertenarbeit sind in unserer Einrichtung noch ungelöst. Erstens: Zusammen mit Pro familia Bremen gibt es erste Versuche, den Mitarbeitern Wege zu einer emotional unbelasteten Sexualerziehung aufzuzeigen. Zweitens: Es muß in verstärktem Maße versucht werden, für die erwachsenen Heimbewohner, die in eine Werkstatt für Behinderte wechseln, humanere Arbeitsbedingungen zu finden. M.E. darf das Recht auf Arbeit für Behinderte nicht dadurch gelöst werden, daß stereotype Arbeitsabläufe jene Verhaltensmuster wieder fördern, die wir in unserem Heim abzubauen versuchen.

ZUSAMMENFASSEND möchte ich noch einmal feststellen, daß die Arbeit des Kinder- und Jugendpsychiaters in einem Heim für Geistig- und Mehrfachbehinderte neben der allgemein-medizinischen Versorgung und der spezifischen kinder- und jugendpsychiatrischen Diagnostik und Therapie sich sehr deutlich auf das psychosoziale Umfeld erweitern muß. Hier ist eine gute interdisziplinäre Zusammenarbeit mit Psychologen, Pädagogen, Krankengymnasten, Beschäftigungstherapeuten und Erziehern bzw. Heilerziehungspflegern notwendig, um für die Heimbewohner die Lebensbedingungen insgesamt so optimal wie möglich zu gestalten.

Auch geistigbehinderte Bewohner eines Heimes können in vielen Bereichen zu einer eigenverantwortlichen selbstbewußten Gestaltung ihres Lebens gefördert werden, wenn wir Nichtbehinderten ihnen die notwendigen Freiräume schaffen und die Geduld aufbringen, dem Bewohner Zeit zu lassen, diese Freiräume selbst sinnvoll zu füllen.

Diskussion zu den verschiedenen Aspekten der Kinder- und Jugendpsychiatrie

(gekürzte Fassung)

Moderation: H. Remschmidt

Van Husen: Herr Schlack, Sie haben gesagt, daß die kinder- und jugendpsychiatrischen Aufgaben im 4. Lebensjahr, also im Vorschulalter, beginnen und das Kleinkindes- und möglicherweise auch das Säuglingsalter von unserem Behandlungsangebot verschont bleibt. Das ist m.E. nur zum Teil richtig. Bei den kinder- und jugendpsychiatrischen Einrichtungen, die es in zunehmendem Maße auch an Kinderkliniken gibt, hat sich ja in der alten Vorstellung der Aufgabenbereiche in der Kinder- und Jugendpsychiatrie ein Wandel vollzogen. Der kinderpsychiatrische Schwerpunkt, so wie ihn heute morgen Herr Tolstrup darstellte, überwiegt bei den Abteilungen an Kinderkliniken bei weitem. Und der jugendpsychiatrische Akzent, der möglicherweise bei den Einrichtungen der Landeskrankenhäuser größer ist, spielt nur eine untergeordnete Rolle. Wir schicken z.B. bereits Pädagogen auf die Säuglingsstation, die dort sensomotorische Frühdiagnostik und auch Behandlung durchführen. Das ist auch ein Teil der kinderpsychiatrischen Aufgaben an Kinderkliniken.

Die wechselseitige Ergänzung zwischen der Neuropädiatrie und der Kinder- und Jugendpsychiatrie halte ich für wichtig, weil es einfach Schwerpunkte sind, die zu verteilen sich aufgrund der klinischen Erfahrung als sinnvoll herausgestellt hat. Wir haben eine neuropädiatrische Abteilung, die die Epileptologie macht und die neurodegenerativen Krankheiten betreut. Dadurch sind wir in der Lage, uns kinderpsychiatrischem Gedankengut und kinderpsychotherapeutischen Fragen vermehrt zu widmen. Das bedeutet nicht, daß die Differenzialdiagnostik nicht eine entscheidende Rolle spielt, bevor wir mit unseren Maßnahmen beginnen. So kann der Kinderpsychiater mit seinen Möglichkeiten durch diese Zusammenarbeit spürbare Valenzen freibekommen, um sie anderswo einzusetzen.

Bei der Zusammenarbeit mit der Sozialpädiatrie sieht das ganz anders aus. Die Sozialpädiatrie hat sich ja aus der Notlage entwickelt, sich deshalb mit Problemfällen, mit Frühbehinderungsgraden im Kindesalter beschäftigen zu müssen, weil zum damaligen Zeitpunkt noch keine Alternativen existierten. Die Satzung der Sozialpädiatrie hat ja, wie Sie wissen, ganz andere Aufgaben und Ziele. Ich denke, daß hier auch unterschiedliche Aufgaben im Vordergrund stehen und nicht etwa sich mehrere benachbarte Berufsgruppen mit derselben Patientengruppe befassen. Es sind hier Schwerpunkte im Behandlungsrepertoire zu sehen, und ich möchte noch einmal betonen – das widerspricht nicht der Möglichkeit der sinnvollen Ergänzung –, daß die jeweiligen Aufgaben sehr unterschiedlich sind. Wir als Kinder- und Jugendpsychiater haben hier einen primären Auftrag zu erfüllen, nämlich neben der organischen Symptomatik die psychischen Reaktionen und deren Auswirkungen wesentlich mit zu berücksichtigen.

Lempp: Ich meine gerade nicht, daß wir sagen sollten, bis vier Jahre der und nach vier Jahren der. Wir sollten auch nicht sagen, das können nur die, und das dürfen nur die. Ich meine, wir sollten in erster Linie lernen, unsere eigenen Kompetenzgrenzen in uns selber zu sehen, die ganz unterschiedlich sind. Es gibt Kinderpsychiater, die hervorragende frühneuropädiatrische Entwicklungsdiagnostiker sind, wenn ich das mal so nennen darf. Und andere haben ihren Schwerpunkt mehr bei der Familientherapie oder bei der Jugendpsychiatrie. Wenn wir das sehen, dann ziehen wir den hinzu, von dem wir wissen, daß er es ein bißchen besser kann als wir. Selbstverständlich fordere ich das auch von den anderen, von den Psychologen, Sozialpädiatern, daß sie uns holen und uns ihr Feld auch gönnen, wenn wir uns darin bemühen. Man denkt natürlich immer sehr schnell, kann der das auch, macht der das auch richtig, übersieht er auch nichts? Aber wir sollten doch ein bißchen Vertrauen in unsere Kritikfähigkeit haben und zusehen, daß wir bei allen hier gemeinsam tätigen Gruppen dieses Revierdenken aufgeben und überwinden.

Moik: Ich möchte im Zusammenhang mit dem Referat von Herrn Schlack und der Bemerkung von Herrn van Husen etwas zur geplanten Änderung der Weiterbildungsordnung sagen. Die Deutsche Gesellschaft für Kinder- und Jugendpsychiatrie hat vorgeschlagen, die Weiterbildungsordnung dahingehend zu ändern, daß es künftig nicht mehr obligatorisch sein soll, auch eine Weiterbildung in Pädiatrie zu absolvieren. Das würde konkret für die Klinik, an der ich arbeite – ein Haus mit 270 kinderpsychiatrischen Betten, dessen Leiter zur vollen Weiterbildung ermächtigt ist – bedeuten, daß ein Assistenzarzt die gesamte Weiterbildungszeit als Kinderpsychiater ableisten kann, ohne je in seiner Arbeit mit Kindern des Säuglings-, des Kleinkind- und des Vorschulalters ärztlich konfrontiert worden zu sein. Er wird keine Gelegenheit gehabt haben, diese Kinder in ihrer normalen und anormalen Entwicklung kennenzulernen. Ich halte dies für sehr bedenklich.

Schröter: Es mag durchaus so sein, wie Herr Schlack sagte, daß die Pädiater einen mehr unmittelbaren aktiven Zugang haben, während die Psychiater sich mehr reflektiv und zurückhaltend verhalten. Aber ich glaube auch, daß man das nicht verallgemeinern darf. Einer der hervorragendsten Vertreter der Kinder- und Jugendpsychoanalyse, Herr Winnicott, in England, ist ein Leben lang Kinderarzt gewesen, und sein Buch „Von der Kinderheilkunde zur Psychoanalyse" ist ein grundlegendes Werk; man muß also durchaus sehen, wie es im einzelnen Fall gelagert ist, wenn man auch nicht diese strikte grundsätzliche Einteilung vornehmen kann.

Schlack: Ich schließe mich voll Herrn Lempp an: das Revierdenken führt zu nichts Gutem. Herr van Husen hat mich nicht richtig zitiert: Ich habe nicht gesagt, die Kinderpsychiater sollen ihre Finger von den ersten Lebensjahren lassen; dennoch ist es die Ausnahme, daß für diese Altersgruppe tatsächlich eine breite Erfahrungsbasis vorhanden ist. Was Herr Schröter aufgriff, war ein wenig meiner eigenen Biographie entnommen und keine allgemeine Grundsatzbehauptung.

Früher, als ich noch näher an der klassischen Pädiatrie dran war, habe ich einen eher aktiv eingreifenden Ansatz gehabt, während ich mich heute für einen überwiegend nondirektiv arbeitenden Therapeuten halte. Ich wollte betonen, daß die Entwicklungen der Leute, die das gemeinsame Feld bearbeiten, trotz verschiedener Ausgangspunkte doch konvergent gehen können.

Jungmann: Herr Schydlo, Sie haben ja sehr breit das Aufgabenfeld des praktisch niedergelassenen Kinder- und Jugendpsychiaters dargestellt, so breit, daß man eigentlich fast Bedenken kriegen kann, wie man da noch Leute motivieren soll, so etwas zu übernehmen. Ist es in Wirklichkeit nicht doch so, daß viele Praxen sich auf Teilgebiete eingrenzen müssen? Was für Erfahrungen gibt es darüber, welche Teilgebiete dann eigentlich vorgezogen wurden?

Vieten: Ihr Aufgabengebiet ist wirklich so umfassend dargestellt worden, daß ich fragen muß: Machen Sie das ganz alleine? Sie haben auch öfters von „wir" gesprochen, wer ist da mit drin in der Praxis? Eine andere Frage schließt sich an: Was würde sich aus Ihrer Erfahrung in diesem Bereich anbieten, und ist vielleicht dieses Aufgabengebiet nur in der Zusammenarbeit mit anderen Fachdisziplinen zu bewältigen, seien es jetzt Kinderärzte, Allgemeinärzte oder Erwachsenenpsychiater?

Schydlo: Es hat sich hier ein wenig das Spektrum der Kinder- und Jugendpsychiatrie gezeigt, von der Neuropädiatrie ausgehend über die Sozialpädiatrie bis hin zu den psychotherapeutischen oder psychoanalytischen Methoden, der Familiendiagnostik, der Familientherapie. Es ist sicher sehr schwierig für einen einzelnen Kinder- und Jugendpsychiater, das gesamte Feld abzudecken. Ein Fachkollege und ich haben uns, als wir uns überlegten, uns niederzulassen, eben diese Frage auch gestellt. Auf der anderen Seite wollten wir nicht darauf verzichten, so weit wie möglich das gesamte diagnostische und therapeutische Spektrum abzudecken. Wir haben uns insofern ergänzt, als wir eine *Gemeinschaftspraxis* sind: wir beide sind Pädiater *und* Kinder- und Jugendpsychiater, die beide eine psychoanalytische Ausbildung haben, der eine individualpsychologisch, der andere mehr Ich-psychologisch fundiert. Wir haben uns dann auch Schwerpunkte gesetzt, was das Patientengut betrifft: der eine Kollege deckt mehr die Epileptologie und die Neuropädiatrie ab, weil er primär neuropädiatrisch ausgebildet ist, der andere mehr die Familientherapie.

Wir haben darüber hinaus ein Feld mit den erwähnten paramedizinischen Berufsgruppen aufgebaut, das war ein langer Prozeß mit Fortschritten und Rückschlägen. Wir hatten am Anfang teilweise 10 Mitarbeiter, mußten dann fast alle bis auf 2 Mitarbeiter entlassen, aufgrund enormer Einschränkungen und Kürzungen der Krankenkassen. Inzwischen haben wir uns auf 5-8 Mitarbeiter eingependelt, wobei zwei davon über das „Modellprogramm Psychiatrie" finanziert werden, nämlich die Sozialarbeiterin und eine Heilpädagogin. Weiterhin besteht unser Team, neben uns beiden primär psychoanalytisch arbeitenden Kinder- und Jugendpsychiatern, aus drei tiefenpsychologisch arbeitenden Heilpädagogen, einer selbständig arbeitenden Krankengymnastin, die psychomotorische und funktionelle Übungsbehandlungen durchführt, zwei Arzthelferinnen und einer stundenweise tätigen Logopädin. Diese Ausstattung hat sicher Modellcharakter. Ich muß das betonen, denn mehr als die Hälfte aller heute niedergelassenen Kinder- und Jugendpsychiater sind ganz alleine in ihrer Praxis tätig, nur mit einem Anrufbeantworter, und können damit natürlich nur einen Teil des Spektrums abdecken, in der Regel also „psychotherapeutisch im Wohnzimmer" arbeiten, um das einmal als anderes Extrem auszudrücken.

Remschmidt: Zur Frage der Facharzt-Weiterbildungsordnung: Der Vorstand unserer Fachgesellschaft hat nach etwa achtjährigen Überlegungen der Bundesärztekammer den Vorschlag gemacht, die Weiterbildungsordnung dahingehend zu ändern, daß nicht mehr die Rotation durch drei Fachgebiete, nämlich Kinder- und Jugendpsychiatrie, Pädiatrie und Psychiatrie/Neurologie erforderlich ist, sondern nur noch durch zwei Fachgebiete, wobei eine Rotation durch drei Fachgebiete weiterhin möglich ist. Es soll aber auch die Möglichkeit eröffnet werden, mit nur einer weiteren Rotation auszukommen, daß der Betreffende dann entweder ein Jahr Pädiatrie macht oder ein Jahr Psychiatrie/Neurologie. Das Ganze ist aus der Situation heraus entstanden, daß sehr viele Kollegen nur deshalb aus unserem Fachgebiet abgewandert sind, weil sie effektiv den Facharzt nicht erwerben konnten. Ich habe in meiner Zeit als Vorsitzender der DGKJ zahlreiche Briefe von Kollegen bekommen, die mir geschrieben haben, es sei ihnen unmöglich, eine Stelle für ein Jahr in der Pädiatrie zu bekommen.

Es gab noch ein weiteres Argument und lange Diskussionen darum in Mitgliederversammlungen, nämlich ein historisches. Die meisten Fachgebiete, wenn sie sich einmal als eigenes Fach etabliert hatten, haben die Methode entwickelt, die Hauptausbildung oder sogar die Gesamtausbildung ausschließlich in ihrem Fach zu machen. Die Pädiater mußten früher Innere Medizin absolvieren; die Chirurgen mußten auch Innere Medizin machen; heute fällt dies bei beiden weg. Damit kann man Möglichkeiten verschenken, man kann aber auch eine ganze Reihe von Dingen gewinnen, denn zwei Jahre Kinder- und Jugendpsychiatrie als Minimalzeit für den Facharzttitel sind auch zu wenig.

Schmidt: Diese Regelung betrifft ja nicht alle. Es wird auch weiter Kollegen geben, die ganz oder teilweise eine pädiatrische Weiterbildung durchlaufen. In dieser Regelung liegt aber auch ein Zwang für die Weiterbildungsstätten, sich um eine enge Liaison mit der Pädiatrie zu bemühen. Und das ist ja auch im Sinne der Entwicklungen des Faches, die heute morgen hier angedeutet worden sind: Nicht die strikte Trennung festzuschreiben, sondern Zusammenarbeit auf möglichst breiter Ebene zu etablieren und auch in die anderen Fächer hinein zu arbeiten; das soll der Weiterzubildende während der Weiterbildung in der Kinderpsychiatrie nach Möglichkeit lernen.

Meyer: Herr Trappe, Sie sagten, Ihre Wohngruppen seien nach Geschlecht und auch nach Art und Grad der Behinderung gemischt. Haben Sie auch Akutaufnahmen, wo geistig oder auch schwer geistig behinderte Kinder zu Ihnen kommen, die akut verhaltensauffällig sind und die Sie in Ihre Wohngruppen in irgendeiner Form integrieren müssen? Was für Erfahrungen haben Sie in solchen Fällen gemacht?

Trappe: Wir haben in der Tat alle Behinderungsgrade in unseren Gruppen und müssen auch schwerstbehinderte, auch autistische Kinder und Jugendliche bei uns integrieren, was für einige Kinder auch immer wieder gut gelingt. Ich glaube, daß das im wesentlichen damit zusammenhängt, daß die Gruppen ohnehin recht klein sind. Darüber hinaus schaffen wir von unserer Struktur, von der Zuordnung der Mitarbeiter zu den Gruppen her die Möglichkeit, daß die Kinder, auch wenn sie viel Zeit gemeinsam verbringen, für sehr viele Bereiche sehr individuell angesprochen werden und auch ihre individuelle Hilfe bekommen. Z.B. wäre dieses sehr verhaltensproblematische, auto- und fremdaggressive autistische Kind in starkem Maße an die Tagesstruktur der Heilpädagogin gebunden, die sich dann vorwiegend um dieses Kind kümmern würde. Wir haben zur Zeit für jede derartige Gruppe einen speziellen Therapeuten. Ich werde immer wieder danach gefragt, und es wird immer in den Fragen die Meinung deutlich, das gehe doch gar nicht; ich kann nur darstellen, daß wir eigentlich ganz gute Erfahrungen gemacht haben und daß wir von der Schwere der Problematik her in den allerseltensten Fällen Sorge haben, daß ein Kind sich nicht in die Gruppe einlebt. Wenn ich in der Gliederung genannt habe, daß wir eine Station für Akutaufnahmen vorgesehen haben, dann liegt das daran, daß einfach das räumliche Konzept auf der Station dies besonders leicht macht, weil sie dort noch einen besonderen Raum haben, der als Einzelraum genutzt werden kann. Aber grundsätzlich ist das in allen Gruppen, die wir haben, möglich.

Bradl: Zum Problem geistig Behinderter in kinder- und jugendpsychiatrischen Einrichtungen habe ich zwei Fragen, eine Frage an den Vertreter aus Lilienthal und die andere an den Vertreter vom PKH Weinsberg. Es ist doch wohl gängige Praxis, geistig Behinderte sehr schnell aus kinder- und jugendpsychiatrischen Einrichtungen in Heime zu verlegen. Wenn man jedoch sieht, daß Heime wie Lilienthal einen Pflegesatz haben, der oft um die Hälfte niedriger liegt als bei kinder- und jugendpsychiatrischen Einrichtungen, andererseits aber aus der Kinder- und Jugendpsychiatrie geistig Behinderte mit dem Argument verlegt werden, in Heimen würden sie besser versorgt, so entdecke ich da einen sehr großen Widerspruch. Wie sieht das denn in der Praxis in Weinsberg mit den Verlegungen aus, kommt es denn überhaupt noch zu Aufnahmen von geistig Behinderten in die Kinder- und Jugendpsychiatrie? Wie zügig und wohin werden sie dann verlegt? Und inwieweit sieht man geistig Behinderte in kinder- und jugendpsychiatrischen Einrichtungen überhaupt als fehlplaziert an? Und meine Frage an Lilienthal: Durch diese Verlegungspraxis sammelt sich ja in diesen Einrichtungen ein sehr großer Anteil an schwer geistig Behinderten; d.h. es werden nicht nur geistig Behinderte da zentriert, sondern nochmal eine Gruppe schwerer geistig Behinderter. Führt das nicht zu massiven Problemen, besonders für die Behinderten selber, insofern als eine solche Massierung von Problemen ihrerseits wieder zu erheblichen Verhaltensproblemen auch führen kann, auch wenn man bei entsprechender Einrichtung entsprechend strukturieren kann?

Jungmann: Sie haben da ein so umfangreiches und gewaltiges Thema angesprochen, daß eine Antwort nur sehr notdürftig möglich ist. Meine Meinung dazu, ob die Kinder- und Jugendpsychiatrie der richtige Anlaufpartner für die geistig

Behinderten ist, heißt natürlich uneingeschränkt: Ja! Wir sehen in unserer Abteilung vorwiegend geistig behinderte Kinder und Jugendliche, die bereits in Heimen leben, bei denen aber aufgrund ihrer massiven Zunahme von Störungen ein zeitweiliger Aufenthalt bei uns nötig wird, der in der Regel ein halbes Jahr nicht überschreitet. In solch kurzen Zeiten, wie Sie, Herr Trappe, gesagt haben, würden wir vermutlich gar nicht wirksam eingreifen können, weil wir überhaupt nur dann mit der Behandlung anfangen, wenn wir es auch irgendwie ermöglichen können, die Betreuer mindestens mit in die Behandlung hineinzuholen, die für die Lebensgruppe des geistig Behinderten überhaupt zuständig ist. Obwohl ich jedoch diese Notwendigkeit so unterstreiche und obwohl ich eine solche Einrichtung auch konsiliarisch epileptologisch mitbetreue, weiß ich, was für ein ungeheuer schwieriges Feld hier liegt, das noch bei weitem nicht hinreichend bearbeitet ist und wo für die Kinder- und Jugendpsychiatrie noch sehr viel zu tun bleibt. Ich will nur erwähnen, daß es in Baden-Württemberg ja eine sehr große Einrichtung für geistig Behinderte gibt, die Herr Schulz leitet; und er hat in dieser Einrichtung selbst noch einmal eine Abteilung für Kinder- und Jugendpsychiatrie untergebracht. Auf diese Weise kann das Hin und Her von akuter Behandlung und langfristiger Betreuung der Lebensgruppe dort integrativ geleistet werden. Das scheint mir eine Möglichkeit, die vielleicht etwas weiterführend wäre.

Müller: Nach meinem Verständnis sollte die Unterbringung in Heimen eigentlich nur dann angewandt werden, wenn es nicht anders geht. Ich bin durchaus dafür, daß Heime für Geistig- und Mehrfachbehinderte nur mit den Schwierigen belegt werden. Ich denke, das Problem ist zu lösen, indem man dann möglichst kleine Gruppen mit möglichst optimaler Besetzung schafft. Wir selber haben jetzt einen Versuch laufen, mit denjenigen Behinderten nach Bremen zu gehen, von denen wir hoffen, daß sie im Laufe von fünf Jahren zu einer bestimmten Selbständigkeit kommen können – das bedeutet, daß die personelle Betreuung dann in fünf Jahren geringer sein wird, als jetzt bei uns, während am Anfang noch eine wesentlich intensivere Betreuung nötig ist. Wir machen das jetzt in zwei Gruppen: eine Gruppe Jugendliche, eine Gruppe Erwachsene mit einer Besetzung von praktisch 1:1. Ich habe also keine Angst davor, solche Heime mit Schwerstbehinderten zu füllen, meine Erfahrung sagt auch, daß leichter Behinderte relativ selten Kontakt mit den schwerer Behinderten finden.

Die Zusammenarbeit mit Kliniken sieht bei uns so aus, daß ich bisher nie jemand weiter verlegt habe, auch aufgrund der Erfahrung meiner eigenen Ausbildung im Landeskrankenhaus, wo ich im Nachhinein sagen muß, daß die dort lebenden Behinderten ungünstiger als bei uns versorgt waren; auch die Erfahrung der Mitarbeiter in diesem Landeskrankenhaus im Umgang mit geistig Behinderten war praktisch gleich Null. Ich bedaure es, daß bisher noch nie die Idee aufgekommen ist, gerade Behindertenarbeit in die Weiterbildung von Kinder- und Jugendpsychiatern zu integrieren.

Remschmidt: Es gibt einzelne Kinderpsychiater, die in solchen Einrichtungen gearbeitet haben – ich gehöre auch dazu, ich habe in Stetten in Remstal eine ganze Weile gearbeitet, und ich verdanke dieser Zeit ganz wichtige Erkenntnisse auch für mich persönlich; aber als regelmäßiger Bestandteil der Weiterbildung für Kinderpsychiater ist das schwierig durchzuführen. In kinderpsychiatrischen Kliniken tauchen schwer geistig Behinderte aus verschiedenen Gründen ja weniger auf als früher. Sie werden heute früher diagnostiziert und dann sogleich, sofern sie sehr schwer behindert sind, in Einrichtungen untergebracht. Von dort kommen sie nur im Rahmen interkurrenter Psychosen oder schwerer Selbstverletzungen in die Klinik – für uns in Marburg sind dies die Hauptindikationen.

Franke: Selbst wenn man von schwer Behinderten spricht, gibt es immer noch Gradunterschiede. Ich kann mir nicht vorstellen, daß inkontinente Patienten, Patienten im Rollstuhl oder bettlägrige und rund um die Uhr pflegebedürftige Patienten so verhältnismäßig problemlos in gemischte Gruppen zu integrieren sind. Das Problem stellt sich ja immer wieder: sind autistische Kinder oder psychotische Kinder und Jugendliche besser in der Solidarität der gleichen Behinderung oder besser in einer gemischten Gruppe aufgehoben? Hier gibt es doch zwei Probleme: Ich persönlich wünsche mir eigentlich, daß die geistig Behinderten auch in die Akutkrankenhäuser kommen – und das sind ja eigentlich alle kinder- und jugendpsychiatrischen Einrichtungen, wobei „akut" ja Aufenthaltsdauer von zwei bis drei Monaten bis etwa zu einem Jahr umfaßt. Aber hier stellt sich das Problem, daß wir über die geistige Behinderung hinaus mit irgendwelchen zusätzlichen neuen, akuten Situationen konfrontiert werden. Aber auch das ist keine Langzeitbehandlung. Der andere Punkt sind die Gruppenprobleme, die in solch einer Situation immer wieder auftauchen, von denen ich aber glaube, daß sie zu bewältigen sind. Kinder sind häufig auch unbefangener und anpassungsfähiger. Hier spielen aber auch die Probleme, die die Mitarbeiter haben, eine wichtige Rolle. Wer noch nie mit Behinderten gearbeitet hat, hat im Umgang mit ihnen meiner Erfahrung nach sehr große Probleme zu bewältigen; und da sind die Probleme der Mitarbeiter mindestens ebenso groß wie die der Patienten. Die Schwierigkeit besteht dann darin, daß die Patienten sozusagen die Probleme der Mitarbeiter im Umgang mit ihnen noch mit zu lösen haben, und das ist dann natürlich schwierig.

Trappe: Es stimmt schon, wir machen in Osnabrück keine Langzeitbehandlung mit diesen Schwerbehinderten. Wenn wir sie auf der Abteilung haben, dann sind es eben akute Krisen, weswegen diese Kinder und Jugendlichen bei uns vorgestellt wurden, etwa Nahrungsverweigerung oder massive Autoaggressionen. Aber die Frage war doch, ob die auch in unsere Gruppe integriert werden können. Und das scheint doch recht gut zu klappen. Ich kann Ihnen nicht sagen, ob immer alle Beteiligten sehr glücklich damit sind, und ich weiß auch, daß es eine ganze Menge an besonderen Problemen gibt: aber es gibt durch diese gemischte Belegung immer wieder auch sehr erfreuliche Eindrücke für die Mitarbeiter, wenn ein schwer geistig behindertes Kind mal für drei Monate, manchmal auch für sechs Monate bei uns ist. Wir haben das so erlebt, obwohl ich es so aus meiner früheren Arbeit auch nicht kannte. Deshalb möchte ich auch anderen Abteilungen durchaus Mut machen, immer wieder auch schwer geistig behinderte Kinder in die Therapiegruppen mit einzubeziehen.

Bradl: Es wurde mehrfach gesagt, daß eigentlich nur noch wenige geistig behinderte Kinder in jugendpsychiatrischen Einrichtungen leben. Wir haben jedoch allein im Gebiet des Landschaftsverbandes Rheinland ungefähr zwölf Langzeitstationen, wo geistig Behinderte, schwer geistig Behinderte z.T. auf die Dauer von über zwölf oder fünfzehn Jahren leben. Es ist ganz deutlich, daß diese Stationen im Vergleich zu anderen in der Kinder- und Jugendpsychiatrie sehr viel schlechter ausgestattet sind, daß die räumlichen Bedingungen sehr viel schlechter sind und daß hier noch immer eine echte Zwei-Klassenpsychiatrie existiert.

Müller: Wir liegen in Lilienthal jetzt bei einem Pflegesatz von 160.- DM; wir haben auf unsere 315 Bewohner 188 Mitarbeiter im Pflegedienst, 30 Mitarbeiter im begleitenden Dienst, sprich Arbeitstherapie und so ähnlich; dazu noch eine Sonderschule für geistig Behinderte, die alle, aber auch restlos alle, auch den schwerst geistig Behinderten beschult, und sei es nur für Stunden. Von daher ist die Ausgangssituation m.E. günstiger, als auch ich sie im Landeskrankenhaus erlebt habe.

Was aber jetzt möglicherweise im Rahmen der Sparmaßnahmen im umgekehrten Sinne wie bei Ihnen in der Kinder- und Jugendpsychiatrie auf uns zukommt und was offensichtlich in der Neuropädiatrie schon praktiziert wird, ist, daß der derzeitige Kostengeber in Niedersachsen sagt, die medizinischen Leistungen – darunter fallen neben der ärztlichen Versorgung auch die Krankengymnastik und die Beschäftigungstherapie – werden jetzt nicht mehr über unsere Kosten abgerechnet, das könnt ihr als Einzelfall beantragen. Das wäre jedoch nicht mehr machbar, denn jeweils ein Einzelrezept auszuschreiben und jemanden zu finden, der dann die Übung durchführt, wäre enorm zeitaufwendig. Wir gerieten dann in die gleichen Probleme hinein wie der Kinderpsychiater in der Praxis, daß gewisse Leistungen nicht mehr finanzierbar wären.

Jungmann: Wenn man hört, daß im Landeskrankenhaus und in anderen jugendpsychiatrischen Langzeiteinrichtungen die Gruppengrößen für geistig Behinderte zwischen acht und sechzehn Personen betragen, und wenn man dem dann die Personalausstattung in einer jugendpsychiatrischen Abteilung mit einer Gruppengröße von acht oder neun Patienten gegenüberstellt, dann sind die personellen Zuordnungen ja überhaupt nicht mehr vergleichbar, das sollten wir doch noch einmal ganz klar unterstreichen. Und wenn man dann hört, daß bei mehrfach geistig Behinderten zusätzlich psychische Erkrankungen auftreten, häufiger als man bei anderen Klientel-Gruppen erwarten kann, dann folgt eigentlich daraus, daß für diese ganze Gruppe von geistig und mehrfach Behinderten, die zusätzlich psychisch erkranken, in den Heimen mit Sicherheit die Ausstattung überhaupt nicht vorhanden ist, die wir als Minimalausstattung in der Kinder- und Jugendpsychiatrie brauchen.

Frau Scholz: Ich hätte gerne gewußt, wieviel Personal Sie in Osnabrück und Weinsberg eigentlich auf der Station haben, also Erzieher und Pflegekräfte?

Jungmann: Bei uns in Weinsberg sieht das folgendermaßen aus; auf der Schulkinderstation haben wir neun behandelte Kinder und haben dazu 6 ½ Kräfte im pflegerisch-pädagogischen Bereich, dazu kommt der Arzt und Psychologe, der die Station versorgt und flankierende zusätzliche therapeutische Kräfte, Logopädin, Motopädagoge, die dort fallweise tätig sind. Bei den zwölf Jugendlichen sind es etwas mehr und im tagesklinischen Programm etwas weniger, so daß wir ungefähr auf einen Schlüssel von 1 : 1,3 kämen.

Trappe: Das gilt auch für uns in Osnabrück so in etwa. Wir haben im erzieherischen und pflegerischen Bereich, im Betreuerbereich auf der Station ungefähr ein Verhältnis von 1:1. Dann ist jeder Gruppe ein Therapeut zugeordnet, ein Heilpädagoge oder Beschäftigungstherapeut, und für jede Gruppe ist ein Arzt und ein halber Psychologe oder ein Psychologe und ein halber Arzt zuständig. Wir sind personell damit sicher recht gut ausgestattet, und ich glaube, daß wir damit in etwa der wünschenswerten Ausstattung nach dem neuen Personal-Schlüssel entsprechen, der von vielen Kinder- und Jugendpsychiatern erarbeitet wurde und für erforderlich gehalten wird.

Moik: Es drängt mich doch, unsere Realität wiederzugeben, bei der wir bereits glauben, halbwegs gute Arbeit leisten zu können. Bei uns betreuen jeweils ein Arzt und ein Psychologe eine Akutstation mit zehn bis dreizehn Patienten und eine Langzeitstation mit durchschnittlich fünfzehn bis zwanzig Patienten, d.h. pro Station eine halbe Arzt- und eine halbe Psychologenstelle. Der Stellenschlüssel im Pflegebereich und der komplementären Dienste verhält sich entsprechend. Und wenn vorhin gesagt wurde, daß es im Rheinland wahrscheinlich nur noch etwa zwölf Langzeitstationen gibt, so haben wir allein sechs Langzeitstationen mit schwer- und schwerstbehinderten Patienten.

Remschmidt: Es gibt ja Schlüsselzahlen, aber wir wissen alle, daß die Realisierung der Schlüsselzahlen jeweils individuell pro Klinik erkämpft werden muß. Hier etwas grundsätzlich zu verbessern, ist in der heutigen Zeit sehr schwierig. Ich habe aber auch die Erfahrung gemacht, daß mit Zähigkeit und Nachdruck, mit dem Hinweis auf die Belegung und auch darauf, daß man sich an der Pflichtversorgung beteiligt, einiges zu machen ist. Aber nicht von heute auf morgen; ich glaube, hier müssen wir einfach ganz konsequent weiter vorangehen.

Lempp: Es geht ja so eine gewisse nackte Angst um vor dem, was jetzt an Sparmaßnahmen auf uns zukommt; und bei wem es noch nicht realisiert ist, der fürchtet zumindest, daß ihm das bald ins Haus steht. Dazu vielleicht eine Argumentationshilfe, die sicher nicht überall durchschlagen, aber vielleicht doch was nützen kann. Bei der letzten Tagung der DGPN in Tübingen sprach zum Schluß Herr Ernst vom Burghölzli in Zürich über die Frage des humanitären Minimums und der Kosten. Sein Resümee war: Man kann im psychiatrischen Bereich deswegen nichts mehr sparen, weil in all den zurückliegenden Jahrhunderten immer an der Psychiatrie und nur an der Psychiatrie gespart wurde. Obwohl wir heute mehr erreicht haben als früher, haben wir das humanitäre Optimum noch nicht erreicht, und zum Sparen gibt es bei uns im Bereich der Psychiatrie, und das gilt für die Kinderpsychiatrie genauso, nichts. Ob das allerdings die höheren Stellen beeindrucken wird, ist eine Frage. Immerhin ist es ein Argument, dessen wir uns bedienen sollten.

Remschmidt: Ich glaube, wir haben gesehen, daß es sehr unterschiedliche Aufgabenfelder in der Kinder- und Jugendpsychiatrie gibt und daß diese Aufgabenfelder auch ganz unterschiedliche Kompetenzen erfordern. Die beste Antwort auf die Kompetenzfrage, die schon heute morgen im Raum stand und heute nachmittag auch noch ansatzweise diskutiert worden ist, sind die Antworten des heutigen Nachmittags: Nämlich die Darstellung der verschiedenen Felder, in denen Kinder- und Jugendpsychiatrie praktiziert wird, und auch die Tatsache, daß die Kooperation innerhalb der Kliniken und der verschiedenen Aufgabenfelder im großen und ganzen funktioniert. Natürlich haben wir auch gehört, daß es manche Probleme und Berührungsängste zwischen den Disziplinen gibt. Es ist gar nicht verwunderlich, daß eine junge Disziplin, die erst im Jahre 1968 eine Facharztdisziplin geworden ist, auch gewisse Berührungsängste bekommt, wenn plötzlich so viele andere Disziplinen ihr Fachgebiet entdecken. Denn eines kann man ganz klar sagen: vor 15 Jahren war das Interesse an unserem Fach in den Nachbargebieten überhaupt nicht vorhanden; weder die Pädiatrie noch die Psychologie noch andere Disziplinen haben sich in dieser Weise für unser Fach interessiert. Aber es ist doch eigentlich eine positive Bilanz, daß unser Fach so viel Interesse findet. Ich persönlich bin gar nicht pessimistisch bezüglich einer günstigen Weiterentwicklung, auch wenn im Augenblick die finanziellen Möglichkeiten gering sind, auch wenn es dieses und jenes Problem gibt. Ich finde es schon sehr erfreulich, daß wir im Augenblick 70 kinder- und jugendpsychiatrische Einrichtungen in der Bundesrepublik haben und an 18 Universitäten vertreten sind. Das ist eine Bilanz, die unsere Vorgänger und unsere Väter, wenn ich mal so sagen darf, im Jahre 1940, aber auch im Jahre 1960, noch nicht für wahrscheinlich gehalten hätten.

III. Einzelaspekte der Planung und Versorgung

Aspekte der Planung im Bereich der Kinder- und Jugendpsychiatrie – ein Überblick

H. Heinze

Kein Gebiet der Medizin steht, sieht man von der Diskussion über aktive und passive Sterbehilfe ab, so sehr im Mittelpunkt öffentlicher Erörterungen wie die Psychiatrie. Verfolgt man die Entwicklung nach der Vorlage der Psychiatrie-Enquête und ihrer nach meiner Ansicht ungenügenden Diskussion als einer, der im Bereich von Planungen auf der Ebene der Länder Mitverantwortung trägt, dann fällt es nicht selten schwer, eine Standortbestimmung vorzunehmen. Sind die Maßnahmen der Träger der stationären psychiatrischen Versorgung einschl. der Kinder- und Jugendpsychiatrie, die Aufwendung von mehreren Milliarden DM zur Beseitigung menschenunwürdiger Verhältnisse vertan worden, um dem Fortschritt, der sich so deutlich am Horizont einer gemeindenahen, überwiegend ambulant zu betreibenden Psychiatrie abzeichnete, Türen und Tore zu verbauen? Meine Antwort lautet: Nein. Planungen im Bereich der Psychiatrie, ihre Umsetzung in den Alltag verlangen Augenmaß, Fähigkeit zur kritischen Würdigung neuer Erkenntnisse und, wenn nötig, auch Bereitschaft zur Korrektur. Diese Feststellungen gelten im besonderen Maße für das mir gestellte Thema, über Gesichtspunkte der Planung im Bereich der Kinder- und Jugendpsychiatrie zu berichten.

Diese Informationstagung ist nicht zuletzt das Ergebnis eingehender, die Kinder- und Jugendpsychiatrie und ihre Nachbargebiete umfassender Erörterungen innerhalb des seinerzeit von mir geleiteten Ständigen Arbeitskreises der für die Psychiatrie zuständigen Referenten des Bundes und der Länder. Diese wiederum wurden ausgelöst durch die Berichte verschiedener Ländervertreter über Schwierigkeiten sowohl im personellen Bereich als auch bei der Auslastung vorhandener Bettenkapazitäten der Kinder- und Jugendpsychiatrie. Nicht, daß grundsätzlich Zweifel an der Eigenständigkeit oder gar Lebensberechtigung der Kinder- und Jugendpsychiatrie laut wurden. Die Ergebnisse solcher Erörterungen, die in Wiesbaden und Hannover unter Heranziehung von Vorstandsmitgliedern der Deutschen Gesellschaft für Kinder- und Jugendpsychiatrie, aber auch bestimmter Nachbardisziplinen durchgeführt wurden, konnten manche Unklarheiten beseitigen, ließen aber eine ganze Reihe von Fragen offen. Die Absicht der Aktion Psychisch Kranke, sich in einer gesonderten Veranstaltung einer Bestandsaufnahme der Kinder- und Jugendpsychiatrie zu widmen, ist daher mit Nachdruck zu begrüßen. Im Hinblick auf die vorausgegangenen Referate versage ich es mir, noch einmal eine Definition der Aufgaben dieses Fachgebietes vorzunehmen, für das seit 1968 die Eigenständigkeit festgelegt worden ist. Vielleicht ist es aber schon an dieser Stelle berechtigt, die Behauptung aufzustellen, daß die beiden Wurzeln der Kinder- und Jugendpsychiatrie, nämlich die Erwachsenenpsychiatrie und Neurologie und vor allem die Kinderheilkunde, zugleich Ursachen weitreichender Auseinandersetzungen geworden sind. Die Deutsche Gesellschaft für Kinder- und Jugendpsychiatrie hat in einer bemerkenswerten Denkschrift vom März 1984 im Kapitel über Zukunftsperspektiven ausgeführt, daß sich dieses Fachgebiet in der Bundesrepublik Deutschland in einer benachteiligten Situation befindet. Diese sei durch Überkapazitäten, und zwar personelle und institutionelle, im Bereich der Kinderheilkunde ausgelöst worden. Es handele sich hierbei insbesondere auch um die Bestrebungen von Vertretern der sog. Sozialpädiatrie. Diese seien im Begriff, in Bereiche einzudringen, die nach international herrschender Auffassung dem Spektrum der Kinder- und Jugendpsychiatrie zuzurechnen seien. Die Deutsche Gesellschaft für Kinder- und Jugendpsychiatrie beschränkt sich in ihrer Darstellung auf eine solche Feststellung. Prof. Remschmidt hat jüngst in einem Übersichtsreferat im Deutschen Ärzteblatt über die Situation und Entwicklungstendenzen der Kinder- und Jugendpsychiatrie in erster Linie die nach seiner Auffassung erfreuliche Zusammenarbeit zwischen Kinderheilkunde und Kinder- und Jugendpsychiatrie betont. Die von der Kommission für Weiterbildungsfragen der Deutschen Gesellschaft für Kinderheilkunde am 8. Oktober 1983 beschlossenen Erläuterungen (Der Kinderarzt, Nr. 10/84, Oktober 1984, S. 1355-1359) enthalten allerdings zahlreiche Gesichtspunkte, die – zumindest nach meiner Auffassung – Kernbereiche der Kinder- und Jugendpsychiatrie einschließen: So heißt es u.a., die Kinderheilkunde umfasse „die Erkennung und Behandlung aller körperlichen und seelischen Erkrankungen des Kindes von der Geburt bis zum Abschluß seiner somatischen Entwicklung einschließlich Prävention, Schutzimpfungen, pädiatrische Intensivmedizin, Rehabilitation und Fürsorge im Kindesalter". Zu den Inhalten der Weiterbildung in der Kinderheilkunde werden u.a. gerechnet: Die testpsychologischen Grundlagen für die Beurteilung der normalen Entwicklung und ihrer Störungen, was u.a. auch die zuverlässige Einschätzung des geistigen und seelischen Entwicklungsstandes, die Entwicklungsneurologie, Verhaltensbeobachtungen u.a.m. voraussetzt. Man könnte diese Liste durch eine Reihe weiterer Einzelheiten ergänzen, so u.a. durch die Stichworte: „Erziehungsberatung", „die Darstellung der Gefahren von Nikotin, Alkohol und Drogen und andere Abhängigkeiten". So werden auch intensive Kenntnisse von Störungen der Psychosomatik, von Oligophrenien und Demenz sowie von zentralnervösen Funktionsstörungen einschließlich der Lese-Rechtschreibschwäche oder der Psychosen oder Suizidalität gefordert.

Versucht man, allgemeine und spezielle planerische Gesichtspunkte aus den Analysen der Kinder- und Jugendpsychiatrie einerseits und denen der Kinderheilkunde andererseits abzuleiten, so wird klar, daß die bisherigen optimistischen Erwartungen über eine reibungslose Zusammenarbeit zwischen diesen beiden Fächern in mancher Beziehung realitätsfern erscheinen. Dies gilt um so mehr, wenn man Zielvorstellungen der sog. Sozialpädiatrie in die Diskussion einbezieht und die Vorfrage zu beantworten versucht, wie sich der Aufgabenbereich dieser sog. Sozialpädiatrie von dem der Kinder- und Jugendpsychiatrie unterscheidet. Mir scheint, daß hier noch ein erheblicher Nachholbedarf an sachbezogener Diskussion vorliegt.

Wenn man die Aussagen des Weiterbildungskataloges für die Kinderheilkunde ebenso ernst nimmt wie die der Deutschen Gesellschaft für Kinder- und Jugendpsychiatrie, dann müßte eigentlich zwingend gefordert werden, daß die Weiterbildung in der Kinderheilkunde mehrere Monate Kinder- und Jugendpsychiatrie einschließt. Mir scheint es daher für die Zukunft dieser beiden Nachbardisziplinen von besonderer Wichtigkeit, die mit ihren offenen Grenzen zusammenhängenden Fragen einer Lösung zumindest näher zu bringen. Die spezifische Aufgabenstellung der Kinder- und Jugendpsychiatrie hat zu einer Verflechtung von Kenntissen und Methoden aus der Psychiatrie und der Kinderheilkunde geführt und schließt die spezielle Pädagogik und die Entwicklungspsychologie ein. Ebenso gehört die Integration psychotherapeutischer Verfahren untrennbar zur Kinder- und Jugendpsychiatrie. Dennoch glaube ich, die Auffassung vertreten zu können, daß die Mehrzahl der Kinder- und Jugendpsychiater die Psychiatrie als die wesentliche Wurzel ihres seit 1969 selbständigen Fachgebietes bezeichnet. Betrachtet man den Aufgabenkatalog der KJP und bezieht dabei die therapeutischen und vorbeugenden Möglichkeiten bei psychischen Störungen und Erkrankungen, Verhaltensauffälligkeiten und Leistungsbeeinträchtigungen sowie geistige und seelische Behinderungen im Kindes- und Jugendalter ein, dann muß man der Auffassung widersprechen, wonach Kinder- und Jugendpsychiatrie überhaupt kein eigenes Gebiet darstelle. Diese Meinung wird gestützt, wenn man die Entwicklung des Faches bis in die Mitte des vorigen Jahrhunderts zurückverfolgt und dabei auch Parallelen zu anderen europäischen Ländern aufzeigt. Dennoch steht die Frage der sog. offenen Grenzen im Mittelpunkt vielfältiger Erörterungen, nicht zuletzt im Bereich der Planung. Die Entwicklung dieser Planung und der ihr zugrunde liegenden Bedarfsschätzung seit Veröffentlichung der Psychiatrie-Enquête ist bemerkenswert: Das Niedersächsische Sozialministerium hat unter dem 14. März 1978 in seiner Stellungnahme zum Bericht über die Lage der Psychiatrie in der Bundesrepublik Deutschland folgendes ausgeführt:

„Die Forderung nach einer Verbesserung des Versorgungsbereichs der Kinder- und Jugendpsychiatrie wird zwar grundsätzlich unterstützt, jedoch erscheint eine Überprüfung des Bedarfs dringend erforderlich, um Fehlplanungen sowohl im ambulanten als auch im stationären Bereich zu verhindern. Eine ausreichende Anzahl von Fachärzten für Kinder- und Jugendpsychiatrie sowie eine ausreichende Anzahl von Psychotherapeuten für diesen Bereich stehen nicht zur Verfügung. Die Erwartungen, die an die Einführung der Gebietsbezeichnung „Kinder- und Jugendpsychiatrie“ geknüpft worden sind, haben sich bisher nicht erfüllt. Auch in Niedersachsen hat sich bisher kein Arzt für Kinder- und Jugendpsychiatrie niedergelassen. Die Besetzung der diesbezüglichen Stellen in den stationären Einrichtungen bereitet noch immer nicht unerhebliche Schwierigkeiten. Eine ausreichende Abklärung der Möglichkeiten, freiwerdende Ressourcen aus dem Bereich der Pädiatrie in dieses Versorgungsgebiet einzubeziehen, stößt seitens der Kinder- und Jugendpsychiatrie auf teilweise berechtigte, teilweise jedoch auf schwer verständliche Schwierigkeiten. Dabei ist von der Erkenntnis auszugehen, daß sich die Pädiatrie zunehmend der Probleme verhaltensgestörter Kinder und Jugendlicher annimmt und auch der Bereich der „Neuropädiatrie“ sowie der „Psychosomatik bei Kindern und Jugendlichen zunehmend an Bedeutung gewinnt. Eine sinnvolle Kooperation ist nach Ansicht Niedersachsens unerläßlich. (...) Kombinationslösungen zwischen Kinderkliniken und Landeskrankenhäusern sind bei der Darstellung der Ausgangslage in Niedersachsen beschrieben worden. Mit Nachdruck wird die Forderung wiederholt, die Zusammenarbeit aller bereits vorhandenen Einrichtungen der Jugend- und Sozialhilfe mit klinischen und ambulanten Institutionen der Kinder- und Jugendpsychiatrie zu verstärken, dabei der Verbesserung der Versorgung dissozialer Kinder und Jugendlicher eine besondere Bedeutung beizumessen und die Unklarheiten über die Zuständigkeit für diesen zuletzt genannten Personenkreis zu beseitigen“.

Diese Auffassung hat auch der ständige Arbeitskreis der Psychiatriereferenten geteilt, und auch die Bundesregierung hat in ähnlicher Form zu diesem Abschnitt der Psychiatrie-Enquête Stellung genommen. Die Entwicklung im Bundesland Niedersachsen, die ich naturgemäß am besten überblicke, aber auch die in der Mehrzahl der anderen Bundesländer bestätigt die fortbestehende Aktualität solcher Aussagen. Die unauflösbaren Wechselbeziehungen zwischen Kinderheilkunde und Kinder- und Jugendpsychiatrie einerseits und diejenigen zwischen Jugendhilfe und Sozialhilfe sowie Pädagogik andererseits rücken die Forderung der Psychiatrie-Enquête in den Mittelpunkt, wonach das „unkoordinierte, unökonomische und desorientierte Nebeneinander von Aktivitäten dadurch behoben und künftig vermieden werden muß, daß die Einrichtungen eines Versorgungssystems im Verbund geplant werden und ihre multidisziplinäre Zusammenarbeit verbindlich festgelegt wird“. Wie schwierig die Verwirklichung solcher Forderungen in einem pluralistischen System und im Hinblick auf die häufig überbetonte Planungshoheit der verschiedenen Versorgungs- und Kostenträger ist, dürfte von manchen Beteiligten in der Phase der Euphorie nicht hinreichend prognostiziert worden sein. Auch war die Entwicklung des Bevölkerungsanteils der Altersstufe bis 18 Jahren, die 1971 noch 27% betrug, kaum hinlänglich für die Bereiche der Gesundheits- oder Bildungspolitik zu überschauen. Nicht zuletzt hat sich Kritik entzündet an den Angaben über den prozentualen Anteil klärungsbedürftiger Verhaltensauffälligkeiten bei der Gruppe der Schulkinder. Diese Kritik übersieht allerdings häufig, daß Zahlenangaben von über 20-25% in dieser Altersstufe Auffälliger von Anfang an nicht der Bedarfsschätzung ausschließlich für den ambulanten oder stationären Anteil der Kinder- und Jugendpsychiatrie zugrunde gelegt wurden, sondern eine Vielzahl anderer Beratungsmöglichkeiten einschließen sollte. Die Psychiatrie-Enquête und nachfolgende Analysen, etwa auch der niedersächsischen kinder- und jugendpsychiatrischen Arbeitsgruppe haben auf die Schwierigkeiten bei der Bedarfsermittlung hingewiesen und die Verklammerung einer solchen Bedarfsschätzung mit dem Vorhandensein ausreichender ambulanter Versorgungsmöglichkeiten betont. Man wird bei einer solchen Betrachtungsweise berücksichtigen müssen, daß die Ursprünge der

Kinder- und Jugendpsychiatrie im stationären Bereich bei Hochschulkliniken bzw. Abteilungen oder bei psychiatrischen Krankenhausfachabteilungen lagen und daß sich die Ausbreitung des Faches in den ambulanten Bereich nur sehr zögernd vollzog und auch noch vollzieht. Nach wie vor verfügen nur einige Erziehungsberatungsstellen über kinder- und jugendpsychiatrische Möglichkeiten, ist die Zusammenarbeit zwischen schulpsychologischen Diensten und den sozialpsychiatrischen Diensten der Gesundheitsämter unzureichend entwickelt bzw. verfügen die letztgenannten kaum über eigene kinder- und jugendpsychiatrische Beratungsmöglichkeiten. Die häufige Verklammerung neurologischer und psychiatrischer Funktionen bei den niedergelassenen Nervenärzten, deren kinder- und jugendpsychiatrische Ausbildungs-, Weiterbildungs- und Erfahrungsdefizite, die absolute Mangelsituation im Hinblick auf die Zahl der niedergelassenen Kinder- und Jugendpsychiater, beleuchten die nach wie vor unzulängliche ambulante Versorgung. Aus der Sicht einer Landesplanung sind dabei die ständigen Wiederholungen zumindest darüber problematisch, daß allein die Schwierigkeiten der Gebührenordnung die Niederlassung von Ärzten für die Kinder- und Jugendpsychiatrie in freier Praxis verhinderten. Es wäre dabei zu berücksichtigen, welche umfangreichen Aufgabenstellungen neben der Wahrnehmung der kassenärztlichen Versorgung einem solchen Arzt etwa im Rahmen von Heimbetreuung, Mitarbeit in Erziehungsberatungsstellen oder sozialpsychiatrischen Diensten oder auch im Bereich der forensischen Kinder- und Jugendpsychiatrie zufallen würden.

In dem Spannungsfeld zwischen der Nutzung nicht mehr bedarfsgerechter Bettenkapazitäten in Kinderkliniken und der Tendenz, die stationäre Versorgung psychisch Kranker oder verhaltensauffälliger Kinder und Jugendlicher auf das unbedingt notwendige Ausmaß zu begrenzen, gibt es jedoch unverkennbar auch elitäre Tendenzen bei einer Reihe von Kinder- und Jugendpsychiatern bzw. entsprechenden Institutionen: Unter dem Schlagwort, daß kinder- und jugendpsychiatrische Einrichtungen nicht zur Durchführung von Disziplinierungs- und Verwahrungsmaßnahmen geschaffen worden seien, verbirgt sich nicht selten auch die Tendenz, schwer verhaltensauffällige Kinder und Jugendliche nicht nur einem blamablen Wechselspiel der Zuständigkeiten zwischen Jugend- und Sozialhilfe auszusetzen, sondern noch mehr die Unfähigkeit, echte kinder- und jugendpsychiatrische Aufgaben auch in diesem Bereich zu erkennen. Es muß zumindest teilweise der Kinder- und Jugendpsychiatrie angelastet werden, daß sie in Verkennung tatsächlicher Gegebenheiten der Auflösung entsprechender Heime mit sonderpädagogischem Charakter, wenn auch mit erheblich reduzierter Platzzahl, nicht Widerstand geleistet hat. In solchen Einrichtungen hat sich nach eigener Erfahrung ein kinder- und jugendpsychiatrischer heiminterner Konsiliardienst durchaus bewährt. Gleichermaßen ist Kritik anzumelden im Hinblick auf die Beteiligung kinder- und jugendpsychiatrischer Aktivitäten bei der Diagnostik und Therapie geistig Behinderter, insbesondere solcher mit neuropsychiatrischen Komplikationen. Die Auffassung, wonach hier andere Berufsgruppen ein vorrangiges Betätigungsfeld zu finden hätten, widerspricht in hohem Maße den therapeutischen Zielsetzungen und Bedarfsanalysen der Kinder- und Jugendpsychiatrie. Möglicherweise wird die nachfolgende Bemerkung in bestimmten Kreisen zur massiven Kritik führen, wenn ich die Schuld für das Überwiegen von Produktivitätsgesichtspunkten und der Einförmigkeit vieler Arbeitsabläufe in Werkstätten für Behinderte ebenfalls einem mangelnden Einsatz der Kinder- und Jugendpsychiatrie in diesem Bereich anlaste. Kritisch anzumerken bleibt auch, in welch großem Umfang die Kinder- und Jugendpsychiatrie sich außerhalb der wissenschaftlichen Diskussion und praktischer Handhaben bei Präventiv- und therapeutischen Maßnahmen bei der Abhängigkeit von Alkohol, Medikamenten und Rauschdrogen gehalten hat. Gerade dieser Bereich, bei dem die Medizin gegenüber anderen Berufsgruppen noch beachtliche Defizite aufzuweisen hat, könnte bei den der Kinder- und Jugendpsychiatrie eigenen multifaktorellen Ansätzen und unter Berücksichtigung der Erkenntnisse, die in Einrichtungen gewonnen wurden und werden, die ein derartiges diagnostisches und therapeutisches Konzept pflegen, zu durchaus beachtlichen Ergebnissen führen.

Lassen Sie mich kurz die Entwicklung in einem Bundesland, nämlich Niedersachsen, skizzieren:

Im stationären Bereich ging die Bedarfsschätzung der Psychiatrie-Enquête von der Einrichtung eines klinischen Zentrums für je 500.000 Einwohner aus. Dabei sollten je 50 Plätze für Diagnostik sowie für kurz- und mittelfristige Therapie, ferner je 25 Plätze für eine längerfristige Versorgung von Psychosen und Mehrfachbehinderten, sowie je 75 weitere Plätze für die langfristige Versorgung geistig Behinderter mit neuropsychiatrischen Komplikationen vorgehalten werden. Diese 150 Plätze hätten einer Bettenmeßziffer von 0,3‰ entsprochen. Tatsächlich sind in Niedersachsen in 12 stationären Einrichtungen einschließlich eines Funktionsbereiches für die Psychotherapie Kinder und Jugendlicher nur 465 Betten vorhanden. Dies entspricht einer Bettenmeßziffer von nur 0,06‰. Sie liegt somit weit unter den ursprünglichen Ansätzen der Enquête. Die Verteilung der Betten auf die 4 niedersächsischen Hauptversorgungsregionen ist noch unterschiedlich und bewegt sich zwischen 0,03 und 0,09‰. Von den genannten Plätzen waren 205 Betten an Einrichtungen der Landeskrankenhäuser angeschlossen; 217 befinden sich in öffentlicher, 230 in freier Trägerschaft. Bedeutungsvoll ist die Aufschlüsselung der Diagnosen anhand der allerdings nur bedingt verwendbaren Jahresendstatistik vom 31.12.1983 für 7 stationäre kinder- und jugendpsychiatrische Einrichtungen: Bei den bis 15jährigen überwiegen mit rd. 25% Entwicklungsstörungen, gefolgt von Neurosen und Persönlichkeitsstörungen mit 18,4%; danach folgen Störungen des Sozialverhaltens mit 17,8%. Die nächste Position wird von nichtpsychotischen Störungen nach Hirnschäden mit 13,8% eingenommen. 9,9% der Plätze beanspruchten emotionale Störungen, 3,9% endogene Psychosen und ebenfalls 3,9% psychogene Reaktionen. Umschriebene Entwicklungsrückstände waren ebenfalls mit 3,9% vertreten. Die letzten Positionen mit 2,6% nahmen spezielle Symptome sowie psychosomatische Erkrankungen mit 0,7% ein. Geistige Behinderungen waren bemerkenswerterweise in dieser Altersstufe im stationären Bereich überhaupt nicht vertreten. Das Bild wandelte sich bei der Aufschlüsselung der Diagnosen bei den 15- bis 20jährigen erheblich: hier nehmen die Neurosen und Persönlichkeitsstörungen nunmehr mit 28,8% die erste Stelle ein, gefolgt von den Psychosen mit 21,9% und den geistigen Behinderungen mit 9,6%. Danach folgen emotionale Störungen mit 8,9%, psychogene Reaktionen mit 7,5%, psychosomatische Erkrankungen mit 5,5%. Abhängigkeiten und Gefährdungen wurden mit 4,1%, nichtpsychotische Störungen nach Hirnschäden mit 4,8% ermittelt. Demnach muß trotz der beschriebenen relativ ungünstigen regionalen Verteilung im Hinblick auf die Durchschnittsbelegung der Einrichtungen und die mit Sicherheit zu unterstellende Nutzung von nicht- kinder- und jugendpsychiatrischen Bettenkapazitäten von einer Sättigung bzw. zumindest einer weitgehenden Sättigung des stationären Bedarfs ausgegangen werden. Dies gilt auch im Hinblick darauf, daß außer den poliklinischen Möglichkeiten der einzigen niedersächsischen Hochschulabteilung Institutsambulanzen nicht vorhanden sind und nur Beteiligungen oder Ermächtigungen für die Leitenden Ärzte hinsichtlich der Teilnahme an der kassenärztlichen Versorgung bestehen. Die Besonderheiten der niedersächsischen Verhältnisse zeigen sich darin, daß in den großen Einrichtungen der Sozialhilfe eine langfristige Versorgung geistig Behinderter, auch solcher mit neuropsychiatrischen Komplikationen, in der Tradition solcher Einrichtungen entsprechend durchgeführt wird. Der medizinische Anteil ist dabei mit an Sicherheit grenzender Wahrscheinlichkeit noch unzureichend und somit auch ausbaubedürftig. Bei einer Bedarfsplanung können diese Verhältnisse jedoch selbstverständlich nicht vernachlässigt werden. Immerhin ist an dieser Stelle auch darauf hinzuweisen, daß sich allerdings in einem sehr unterschiedlichen prozentualen Anteil noch immer eine Reihe geistig Behinderter mit neuropsychiatrischen Komplikationen in den psychiatrischen Landeskrankenhäusern bzw. in gleichartigen Einrichtungen befindet. Hierbei handelt es sich zumeist um intensiv behandlungs- und betreuungsbedürftige Patienten, die auf den Krankenhauscharakter solcher Einrichtungen angewiesen sind.

Im ambulanten Zugangs- und Behandlungsbereich ist die Umwandlung von Erziehungsberatungsstellen in Beratungsstellen für Kinder, Jugendliche, Eltern und Familien mit der Forderung nach je einer solchen Stelle auf 50.000 Einwohner nach Vorstellungen der Enquête nicht durchgeführt worden. Die Zusammenarbeit zwischen den stationären klinischen Einrichtungen und dem Heimsektor läßt noch vielfältig zu wünschen übrig. Nicht nur hierbei, sondern auch bei den fehlenden Niederlassungen von Kinder- und Jugendpsychiatern zeigen sich die Auswirkungen der personellen Mangelsituation, ferner auch bei der unzureichenden ärztlichen Mitwirkung in Erziehungsberatungsstellen. Die in Niedersachsen gesetzlich vorgeschriebene Einrichtung sozialpsychiatrischer Dienste läßt noch weitgehend, von Ballungsbereichen abgesehen, die Einbeziehung kinder- und jugendpsychiatrischer Aktivitäten vermissen. Kritisch ist auch die Situation für die längerfristige stationäre Versorgung von Adoleszenten mit ausgeprägten Störungen im Sozialverhalten zu beurteilen. Günstiger stellt sich die Situation für die stationäre Psychotherapie bei Kindern und Jugendlichen dar. Für Drogenabhängige stehen in Niedersachsen mehr als 270 Plätze in therapeutischen Wohngemeinschaften zur Verfügung. Im nordwestlichen Niedersachsen befindet sich eine der wenigen bundesdeutschen Spezialeinrichtungen für die

Behandlung von jugendlichen bzw. jungerwachsenen Alkoholabhängigen. Für die Gruppe der Abhängigkeitsgefährdeten und Kranken besteht ein nahezu flächendeckendes Netz von mehr als 70 Beratungs- und ambulanten Behandlungsstellen überwiegend freier Träger.

Versucht man, abschließend aus einer solchen nüchternen, wegen der Kürze der Zeit nur Teilbereiche umfassenden Analyse Schlußfolgerungen zu ziehen, so ergeben sich die nachfolgenden Feststellungen:

1. Es ist dringend erforderlich, zu einer besseren Absprache und Aufgabenteilung zwischen der Kinder- und Jugendpsychiatrie und der Kinderheilkunde bzw. ihr angeschlossener Bereiche zu gelangen.
2. In Kinderabteilungen sind vermehrt kinderpsychiatrische Potenzen zu integrieren, wobei sich dafür verschiedene Möglichkeiten ergeben.
3. Das Spektrum der speziellen Kinder- und Jugendpsychiatrie kann und muß im Hinblick auf die stärkere Berücksichtigung bestimmter Diagnosegruppen nicht nur im stationären, sondern noch mehr im ambulanten Beratungs- und Behandlungsbereich ergänzt und erweitert werden. Dazu gehören vermehrte Niederlassungen, verstärkte Beteiligung von Kinder- und Jugendpsychiatern bei der Heimbetreuung sowie in Beratungsstellen einschließlich der sozialpsychiatrischen Dienste.
4. Die grundsätzliche Existenzberechtigung der Kinder- und Jugendpsychiatrie kann und darf nicht in Frage gestellt werden. Sowohl bei der Weiterbildung der Ärzte für Kinder- und Jugendpsychiatrie als auch anderer beteiligter Berufsgruppen muß allerdings eine Abkehr von mancherorts zu beobachtenden elitären Tendenzen gefordert werden, was sich insbesondere auch auf die Ursachenforschung von Dissozialität, die Einbeziehung der Kinder- und Jugendpsychiatrie bei der Versorgung geistig und seelisch Behinderter und auch auf den Bereich der Abhängigkeiten von Alkohol, Medikamenten und Rauschdrogen bezieht.
5. Im Hinblick auf die Haushaltslage der öffentlichen Hand und auch der freien Träger stellt sich die dringliche Forderung nach einer engeren Zusammenarbeit aller an der ambulanten und stationären Versorgung Beteiligten.

Literatur beim Verfasser.

	– 15 Jahre	– 20 Jahre
Psychosen (290-299)	6 3,9%	32 21,9%
– davon Schizophr. Psychos. (295)	5 3,3%	15 10,3%
Neurosen (300)	24 15,8%	35 24,0%
Persönl. störg. u. Störungen im Sozialverhalten (301/302/312)	31 20,4%	16 11,0%
Suchtmittelmißbrauch (303/305)	–	6 4,1%
funktionelle Störungen psych. Ursprungs (306)	15 9,9%	1 0,7%
Psychogene Reaktion (308/309)	6 3,9%	11 7,5%
spez. Störungen nach Hirnschädigungen (310)	21 13,8%	7 4,8%
emotionale Störg. des Kinder- u. Jugendalters (313)	38 25,0%	13 8,9%
psychosomatische Erkrankungen (316)	1 0,7%	8 5,5%
Schwachsinn (317-319)	–	14 9,6%
sonstige Erkrankungen	10 6,6%	3 2,1%
Summe	152 100%	146 100%
KJP-Betten in berücksichtigten Einrichtungen: 381 B.		

Tab. 1: Aufteilung nach Altersgruppen

Diagnosedaten für den **31.12.1983** lagen nicht von allen Nds. Einrichtungen vor. Zudem Einschränkungen der Aussagefähigkeit durch den erfahrungsgemäß hohen Anteil von Beurlaubungen von Kindern und Jugendlichen zum Jahresende. Statistische Auswertungen sind somit nur als Trendaussagen verwertbar.

Datenquelle: Jahresendstatistiken der KJP-Abteilungen und LKH's mit KJP-Abteilungen

	KJP-Abt.	KJP-LHK
Psychosen (290-299)	7,8%	19,1%
– davon Schizophr. Psychos. (295)	5,4%	8,4%
Neurosen (300)	20,4%	19,1%
Persönl. störg. u. Störungen im Sozialverhalten (301/302/312)	11,4%	21,4%
Suchtmittelmißbrauch (303/305)	1,2%	3,1%
funktionelle Störungen psych. Ursprungs (306)	9,0%	0,8%
Psychogene Reaktion (308/309)	2,4%	9,9%
spez. Störungen nach Hirnschädigungen (310)	15,0%	2,3%
emotionale Störg. des Kinder- u. Jugendalters (313)	24,6%	7,6%
psychosomatische Erkrankungen (316)	2,4%	3,8%
Schwachsinn (317-319)	0,6%	9,9%
sonstige Erkrankungen	5,4%	3,1%
Summe	167 Pat. 100%	131 Pat. 100%
KJP-Betten in berücksichtigten Einrichtungen:	176 B.	205 B.

Tab.: 2 Unterschiedliche Gewichtungen in KJP-Abteilungen an Allgemeinkrankenhäusern und in den KJP-Stationen der LKH's

In den LKH's ist der Anteil von Jugendlichen mit gravierenden und chronifizierungsgefährdeteren psychischen Erkrankungen höher als in KJP-Abteilungen an Allgemeinkrankenhäusern (Psychosen, Persönlichkeitsstörungen u. Störungen im Sozialverhalten, Schwachsinn). Bei den KJP-Abteilungen überwiegen Krankheitsbilder, die der Kinder-Psychiatrie zuzuordnen sind und zu größeren Anteilen psychotherapeutisch und kinderpädagogisch behandelbar sind. Auffällig ist der vergleichbar hohe Anteil der Neurosen.

	männlich		weiblich	
	– 15 J.	– 20 J.	– 15 J.	– 20 J.
Psychosen (290-299)	2,5%	23,6%	2,2%	18,8%
– davon Schizophr. Psychos. (295)	2,5%	16,4%	–	7,8%
Neurosen (300)	11,1%	18,2%	8,7%	31,3%
Persönl. störg. u. Störungen im Sozialverhalten (301/302/312)	21,0%	10,9%	30,4%	14,1%
Suchtmittelmißbrauch (303/305)	–	9,1%	–	1,6%
funktionelle Störungen psych. Ursprungs (306)	12,3%	–	10,9%	1,6%
Psychogene Reaktion (308/309)	2,5%	9,1%	8,7%	4,7%
spez. Störungen nach Hirnschädigungen (310)	23,5%	7,3%	4,3%	3,1%
emotionale Störg. des Kinder- u. Jugendalters (313)	18,5%	5,5%	26,1%	4,7%
psychosomatische Erkrankungen (316)	–	7,3%	2,2%	6,3%
Schwachsinn (317-319)	–	9,1%	–	10,9%
sonstige Erkrankungen	8,6%	–	6,5%	3,1%
Summe	81 Pat. 100%	55 Pat. 100%	46 Pat. 100%	64 Pat. 100%
KJP-Betten in berücksichtigten Einrichtungen:	296 B.			

Tab.3: Geschlechtsspezifische Erkrankungsanteile

In der Gruppe der bis 15-jährigen Patienten fällt auf: der hohe Anteil der Mädchen mit Persönlichkeitsstörungen und Störungen im Sozialverhalten, der relativ gesehen hohe Anteil der Mädchen mit emotionalen Störungen des Kinder- und Jugendalters, bei den Jungen der relativ hohe Anteil von spezifischen Störungen nach Hirnschädigungen.
In der Gruppe der 15-20-jährigen Patienten fällt auf: der relativ hohe Anteil an Psychosen bei männlichen Jugendlichen, insbes. Schizophrene Psychosen, der relativ hohe Anteil der Neurosen bei weiblichen Jugendlichen. Fox 10/84

Inanspruchnahme Psychosozialer Einrichtungen für Kinder und Jugendliche in Niedersachsen – Ergebnisse einer Untersuchung

Ch. Höger

1. Einleitung

In der ENQUETE zur Lage der Psychiatrie in der Bundesrepublik Deutschland (DEUTSCHER BUNDESTAG 1975) wird für die Altersgruppe der Kinder und Jugendlichen die Bildung von Versorgungsregionen vorgeschlagen, innerhalb derer die Betreuung und Behandlung psychisch Kranker und Behinderter durch die Errichtung eines Verbundsystems gewährleistet werden soll. Dem Konzept einer „Stufenfolge der Versorgungsbedürfnisse" (SPECHT, 1981) folgend läßt sich der Verbund in ein

- Vorfeld (u.a. niedergelassene Ärzte, schulpsychologische Dienste)
- den ambulanten Zugangs- und Beratungsbereich (durch Beratungsstellen für Eltern, Kinder und Jugendliche ausgefüllt)
- sowie den zentralen kinder- und jugendpsychiatrischen Dienst gliedern.

Das kinder- und jugendpsychiatrische Zentrum soll innerhalb dieses Systems die notwendigen stationären Behandlungsplätze für die Region zur Verfügung haben und in seinem ambulanten Arbeitsbereich – gemeinsam mit den Erziehungsberatungsstellen – für präventive Maßnahmen, Beratung und Behandlung zuständig sein.

Die Größe einer solchen Versorgungsregion beträgt ca. 500.000 Einwohner, dies entspricht einem doppelten Standardversorgungsgebiet. Unabhängig davon, wieweit diese Modellvorstellungen der Psychiatrie-ENQUETE verwirklicht sind, ist die kinder- und jugendpsychiatrische Tätigkeit angewiesen auf und eingebunden in Zusammenarbeit mit anderen Personen und Institutionen der psychosozialen Versorgung. Eine Bestandsaufnahme des Fachgebietes Kinder- und Jugendpsychiatrie wäre also unvollständig ohne die Einbeziehung anderer Einrichtungen, die mit psychisch auffälligen Kindern und Jugendlichen zu tun haben.

Dazu erscheint es sinnvoll, darüber Kenntnis zu haben,

1. welche Einrichtungen in einer umschriebenen Region zur Verfügung stehen, wo ihre Versorgungsschwerpunkte liegen, wie die personelle Ausstattung ist und welche Kooperationsformen mit anderen psychosozialen Diensten bestehen;
2. wie sich Inanspruchnahmepopulationen der verschiedenen Einrichtungen charakterisieren lassen (Alter, Geschlecht, Sozialstatus, Auffälligkeiten, bisheriger Versorgungsweg).

Wir haben zur Zeit die Möglichkeit, diesen Fragen nachzugehen, da wir – gefördert durch den Niedersächsischen Sozialminister – ein Projekt zur Inanspruchnahme ambulanter psychosozialer Einrichtungen für Kinder und Jugendliche in Südniedersachsen durchführen. Aus dieser noch laufenden Untersuchung möchte ich Ihnen erste Ergebnisse berichten.

2. Die Region

Die untersuchte Region besteht aus den Städten und Landkreisen Göttingen, Northeim, Osterode/Harz und Goslar mit insgesamt 672.342 Einwohnern (Stand 31.12.83). Sie ist also etwas größer als eine Versorgungsregion, wie sie in der ENQUETE zur Lage der Psychiatrie vorgesehen ist. Die Zahl der Kinder und Jugendlichen unter 18 Jahren in diesem Gebiet betrug am gleichen Stichtag 133.329. Prävalenzraten für psychisch auffällige Kinder und Jugendliche schwanken zwar von Untersuchung zu Untersuchung beträchtlich; nach der vor-

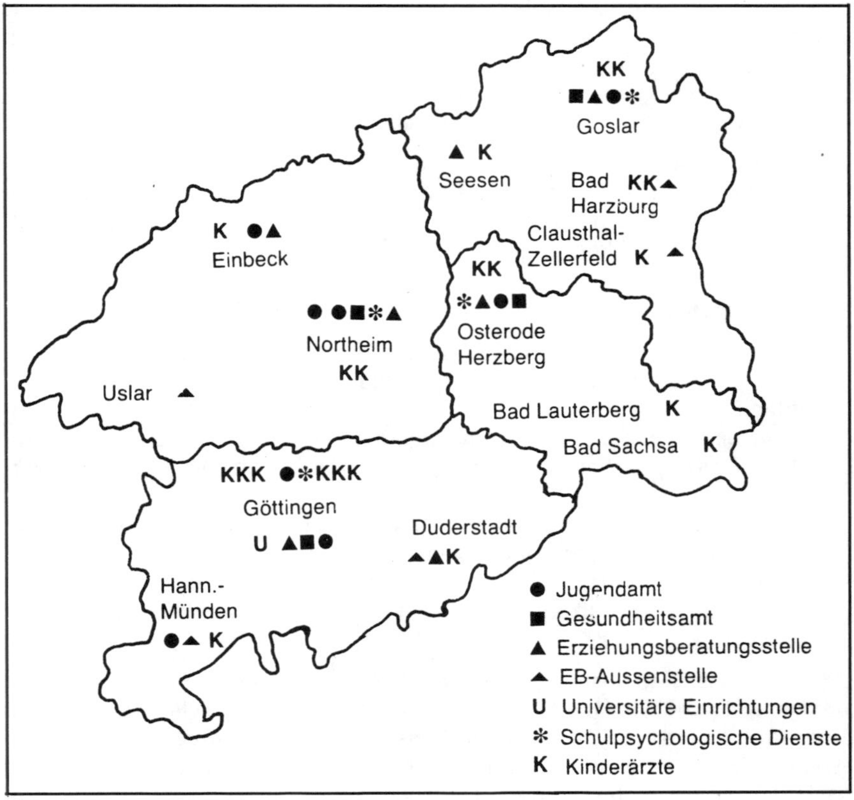

Abb. 1: Regionale Verteilung der Kinder- und Jugendpsychiatrischen Einrichtungen in der Untersuchungsregion

liegenden Literatur ist jedoch ein Anteil von 7% durch Fachleute der psychosozialen Versorgung behandlungsbedürftiger Kinder und Jugendlicher eher eine vorsichtige Schätzung. Dies würde bedeuten, daß in der Untersuchungsregion mindestens 9.300 Kinder und Jugendliche leben, die fachpsychologischer und/oder kinderpsychiatrischer Hilfe bedürfen.

Im ambulanten Bereich sind dafür Erziehungsberatungsstellen und Einrichtungender Universität Göttingen (Psychosomatische Abteilung der Kinderklinik, Abteilung für Kinder- und Jugendpsychiatrie, Psychologisches Institut) vorhanden. Neben diesen Institutionen haben wir in die Untersuchung die Jugendämter, Schulpsychologischen und Sozialpsychiatrischen Dienste, die Kinder- und Nervenärzte der gesamten Region sowie die Hausärzte der Stadt und des Landkreises Göttingen einbezogen.

Die regionale Verteilung der universitären Einrichtungen, Jugendämter und Erziehungsberatungsstellen sehen Sie auf Abbildung 1. Darauf ist zu erkennen, daß die Einrichtungsdichte sehr unterschiedlich ist. Während z.B. im Landkreis Osterode 1 Erziehungsberater auf 44.780 Einwohner kommt, liegt diese Relation in den übrigen Landkreisen niedriger (1 Berater auf 15.000-17.500 Einwohner). Exakte Berechnungen sind kaum möglich, da die universitären Einrichtungen und eine Beratungsstelle keinen umschriebenen Einzugsbereich haben.

Da das Gebiet vorwiegend ländlich strukturiert ist, sind für Klienten oft weite Anfahrtwege in Kauf zu nehmen; bei Ausnutzung öffentlicher Verkehrsmittel beträgt der zeitliche Aufwand in einigen Fällen mehrere Stunden, um in die Beratungsstelle bzw. das Jugendamt zu gelangen.

3. Untersuchungsvorgehen

Die Planung unseres Vorgehens läßt sich in folgende Schritte untergliedern:
- die in Frage kommenden Einrichtungen mußten an der Mitarbeit interessiert werden;
- mithilfe eines Fragebogens sollten Informationen über institutionelle Merkmale (z.B. Trägerschaft, Zielgruppe, personelle Besetzung) gewonnen werden;
- die Mitarbeiter der betreffenden psychosozialen Dienste sollten zu ihrer Sicht der Versorgungssituation befragt werden;
- die Inanspruchnahmepopulationen der einzelnen Einrichtungen sollten durch die Erfassung aller Erstkontakte über einen bestimmten Zeitraum beschrieben werden.

Dabei interessierten uns die Merkmale, Alter, Geschlecht, Sozialstatus, gegenwärtiger Aufenthalt des Kindes, weiterhin, wegen welcher individueller und familiärer Probleme die psychosozialen Dienste aufgesucht werden, auf welchem Wege die Betroffenen in die Einrichtungen gelangen und welche Maßnahmen nach dem ersten Kontakt vorgeschlagen werden.

Zur Erfassung dieser Angaben entwickelten wir einen anonymisierten Erhebungsbogen, der sich an der Basisdokumentation der Bundeskonferenz für Erziehungsberatung orientiert. Wegen der relativ kurzen Planungs- und Durchführungszeit sollte auf die in den Einrichtungen geführten Akten zurückgegriffen werden.

Der Realisierung dieser Vorgehensweise standen zunächst erhebliche Datenschutzprobleme entgegen, die sich letztendlich auf den Zielkonflikt zwischen Persönlichkeitsrechten und Forschungsfreiheit zurückführen lassen. Das Suchen nach akzeptablen Lösungswegen nahm einen wesentlichen Teil der Planungsphase in Anspruch. Es war zwar von vorneherein beabsichtigt, die Daten nur in anonymisierter Form auszuwerten; ihre Übertragung von den Akten auf Erhebungsbögen durch Mitarbeiter des Forschungsprojektes hätte jedoch unter den gegebenen gesetzlichen Bestimmungen für einige psychosoziale Dienste die unbefugte Offenbarung personenbezogener Daten bedeutet. Hier bestand eine der realisierten Lösungen darin, bereits anonymisierte Daten zur Verfügung gestellt zu bekommen. In einigen Fällen bedeutete dies, auf einen Teil der gewünschten Angaben verzichten zu müssen. Einzelheiten zu dieser Problematik haben wir an anderer Stelle ausführlicher dargestellt (BAHR et al. 1984).

4. Ausgewählte Ergebnisse

Im folgenden möchte ich Ihnen einige Ergebnisse vorstellen, die auf ersten Auswertungen der Inanspruchnahmepopulationen der Erziehungsberatungsstellen, der Poliklinik der Abt. für Kinder- und Jugendpsychiatrie und der Jugendämter beruhen. Sie betreffen diejenigen Kinder und Jugendlichen, die eine dieser Einrichtungen im 1. Halbjahr 1984 erstmalig aufsuchten.

Ich werde dabei so vorgehen, daß ich Einstellungen und Wertungen von Mitarbeitern psychosozialer Dienste in der Region gegenüber anderen Einrichtungen mit den von uns erhobenen Daten vergleiche.

1. Vor allem von Mitarbeitern der Jugendämter wurde die Vorstellung geäußert, Kinder- und Jugendpsychiatrie sei gleichbedeutend mit stationärer Behandlung. Dabei vermischten sich unzureichende Informationen über das tatsächliche Verhältnis zwischen ambulanter und stationärer Versorgung der Abteilung für Kinder- und Jugendpsychiatrie mit dem Wunsch, ausreichend stationäre Behandlungsplätze zur Verfügung zu haben.
   Daß der Anteil ambulant betreuter Kinder und Jugendlicher denjenigen der stationär behandelten weit überwiegt, hat SPECHT in seinem gestrigen Vortrag gezeigt.

2. Eine zweite oft geäußerte Meinung lautete, daß die Kinder- und Jugendpsychiatrie mit schweren „Psychiatrie-Fällen" zu tun habe und daher Kinder nur überwiesen werden sollten, wenn kein anderer Ausweg bleibe.
   Andererseits wurde mehrfach gefragt, ob denn überhaupt ein Unterschied zu Erziehungsstellen bestehe.

Die nächste Abbildung soll zu einer Klärung beitragen:
Aufgetragen sind Maximalwert, Minimalwert und Median der Häufigkeiten, mit denen bestimmte Symptomgruppen in Erziehungsberatungsstellen auftreten, im

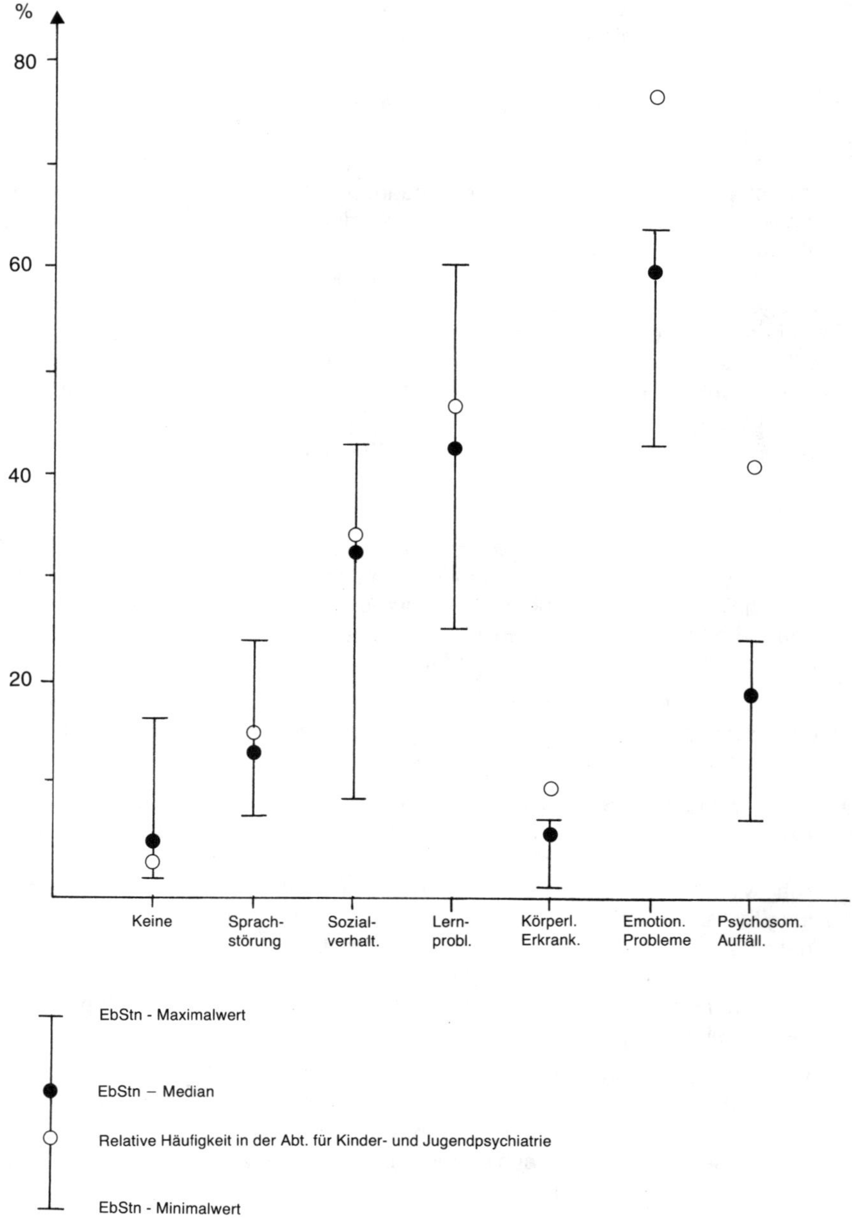

Abb. 2: Vergleich Erziehungsberatungsstellen – Abteilung für Kinder- und Jugendpsychiatrie: Auffälligkeit beim Kind/Jugendlichen

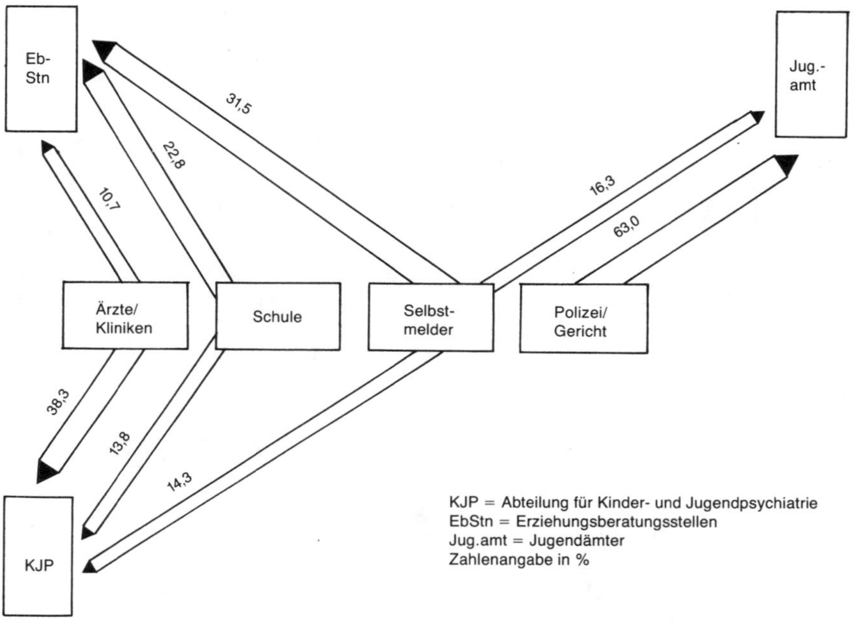

Abb. 3: Anregung zur Vorstellung

Vergleich zur Häufigkeit, mit der diese entsprechende Kategorie in der Ambulanz für Kinder- und Jugendpsychiatrie vorkommt (markiert durch offene Punkte).

In den Symptomgruppen „Sprachstörungen", „störendes Sozialverhalten" (aggressives, dissoziales Verhalten) und „Lernprobleme" liegen die Häufigkeiten bei der kinder- und jugendpsychiatrischen Klientel innerhalb der Streubreite der Erziehungsberatungsstellen. „Emotionale Probleme (Ängste, depressive Zustände, Abkapselung), „körperliche Erkrankungen" sowie „Auffälligkeiten im körperlichen Bereich" (z.B. Enuresis, Schlafstörung, Eßstörung, Migräne) kamen hingegen in der kinder- und jugendpsychiatrischen Ambulanz häufiger vor.

Wodurch können diese Unterschiede erklärt werden? Kinder und Jugendliche, die die kinder- und jugendpsychiatrische Poliklinik aufsuchen, scheinen eine längere Problemkarriere zu haben; die Wahrscheinlichkeit der Verfestigung ihrer Auffälligkeiten nimmt damit zu.

Diese Annahme wird dadurch gestützt, daß bei der kinder- und jugendpsychiatrischen Klientel weitaus häufiger als bei der Klientel von Erziehungsberatungsstellen vorher bereits andere Instanzen wegen der gleichen Problematik eingeschaltet waren. Es ist zu vermuten, daß verfestigte, ausgeprägtere Störungen vorwiegend unter die Kategorie „emotionale Probleme" fallen. Dies könnte die hohe Auftretenshäufigkeit dieser Symptomgruppe in der kinder- und jugendpsychiatrischen Ambulanz verständlich machen.

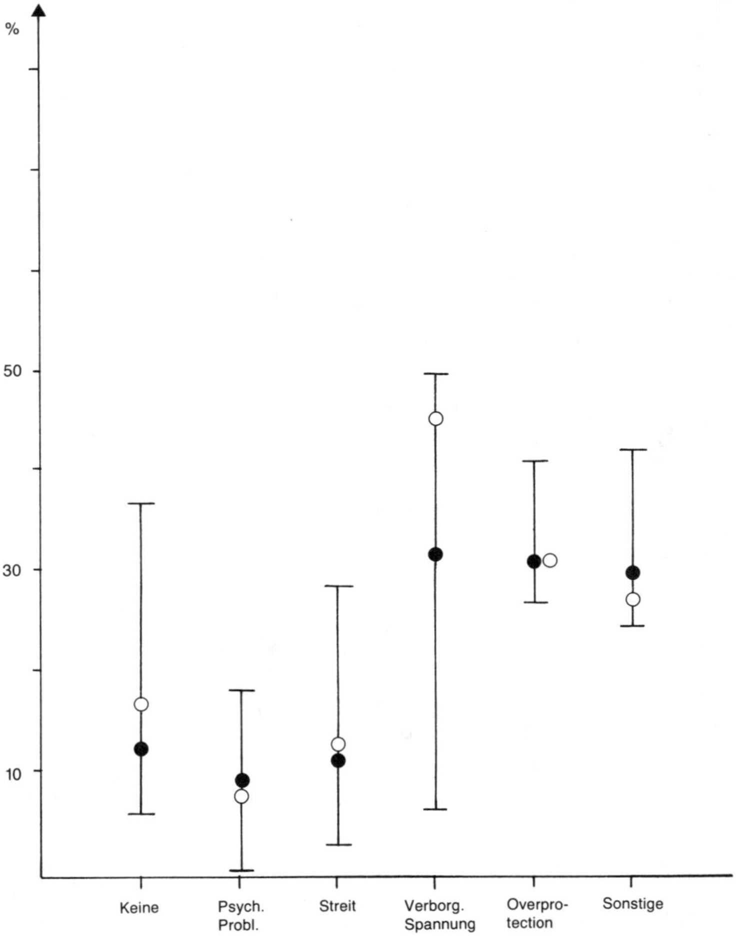

Abb. 4: Vergleich Erziehungsberatungsstellen – Abteilung für Kinder- und Jugendpsychiatrie: Familiäre Probleme

Bei Auffälligkeiten im körperlichen Bereich liegt ein Zusammenhang mit der Kompetenz im medizinischen Bereich nahe, über die die kinder- und jugendpsychiatrische Poliklinik allein schon aufgrund ihrer personellen Besetzung verfügt; zudem ist die Poliklinik stärker als die übrigen Einrichtungen in das medizinische Versorgungssystem eingebunden:

Knapp 39% der kinder- und jugendpsychiatrischen Klientel kommt auf Anregung von Ärzten/Kliniken – im Vergleich zur EbStn-Klientel: hier sind es knapp 11%.

Neben diesen Unterschieden gibt es viele Gemeinsamkeiten zwischen den Kindern und Jugendlichen, die in die kinder- und jugendpsychiatrische Poliklinik

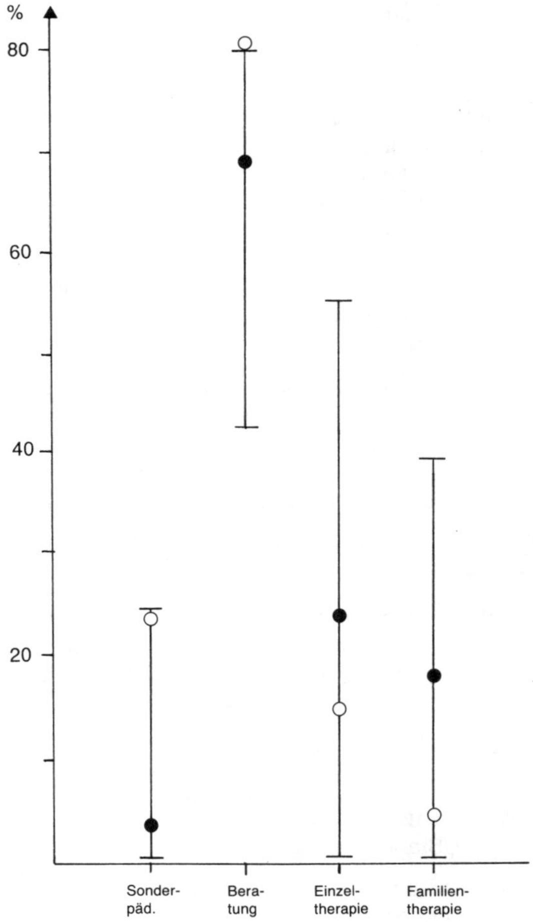

Abb. 5: Vergleich Erziehungsberatungsstellen – Abteilung für Kinder- und Jugendpsychiatrie: Geplante Maßnahmen

kommen und denjenigen, die Erziehungsberatungsstellen aufsuchen. Zur Verdeutlichung dienen die nächsten Abbildungen. Auf der ersten sind Median, Maximal- und Minimalwerte der Häufigkeiten familiärer Probleme in Erziehungsberatungsstellen im Vergleich zur kinder- und jugendpsychiatrischen Ambulanz angegeben.

Die Kategorien sind der Basisdokumentation der Bundeskonferenz für Erziehungsberatungsstellen entnommen.

Auf der nächsten Abbildung sind in der gleichen Darstellungsform einige geplante Maßnahmen aufgezeichnet.

Die eingangs referierten Meinungen können also in ihrer vereinfachenden Form nicht aufrecht erhalten werden:

Inanspruchnahmepopulationen von Erziehungsberatungsstellen und der Poliklinik der Abteilung für Kinder- und Jugendpsychiatrie sind offenbar in vielen Merkmalen ähnlich; anders ausgedrückt: Erziehungsberatungsstellen und kinder- und jugendpsychiatrische Ambulanzen sind oft mit ähnlichen Problemen in ihrer Praxis konfrontiert. Unterschiede bestehen bei den genannten Symptomgruppen, sowie dem Sachverhalt, daß Erziehungsberatungsstellen häufig direkt in Anspruch genommen werden (hohe Zahl von Selbstmeldern, selten vorher Interventionen zur gleichen Problematik durch andere Institutionen). Der Weg der Betroffenen in die kinder- und jugendpsychiatrische Ambulanz ist hingegen länger, ein Hinweis darauf, daß Auffälligkeiten schwerwiegend geworden sind.

Ein weiteres Ergebnis ist bemerkenswert: vielleicht ist Ihnen aufgefallen, daß die Streubreite der Häufigkeiten bei Erziehungsberatungsstellen (der Abstand zwischen Maximal- und Minimalwert) oft recht groß ist. Das bedeutet, daß beträchtliche Unterschiede zwischen den einzelnen Beratungsstellen bestehen, sowohl im Hinblick auf die Inanspruchnahmepopulation als auch auf die Arbeitsweise.

3. Eine weitere häufig gemachte Äußerung lautet: Erziehungsberatungsstellen sind Beratungsstellen für die Mittelschicht.

Wie sehen unsere Daten dazu aus? Wenn alle Erziehungsberatungsstellen gemeinsam betrachtet werden, entspricht die Relation Mittelschicht zu Unterschicht in etwa den Angaben von KLEINING (1975) für die Gesamtbevölkerung der Bundesrepublik.

Zwischen den einzelnen Beratungsstellen differiert diese Relation jedoch beträchtlich: von

66.7% MS zu 30% US einerseits zu
37,5% MS zu 62,5% US andererseits.

Für einige Beratungsstellen trifft eine Orientierung auf mittlere Sozialschichten also zu, für andere hingegen nicht.

4. Gegenüber der Institution Jugendamt fielen häufig negative Wertungen; so z.B., diese Einrichtung sei eine repressive Instanz für Jugendliche aus unteren sozialen Schichten.

Diese Einstellung scheint ihre Bestätigung zu finden, wenn man sieht, daß 63% der Klientel von Polizei oder Gericht geschickt werden, ca. 57% der vorgeschlagenen Maßnahmen auf der Grundlage „Vormundschaftsrichterliche Anfrage“ erfolgen, 73,2% der Kinder und Jugendlichen aus den unteren sozialen Schichten kommen und auffälliges Sozialverhalten deutlich überwiegt. Andererseits versteht sich das Jugendamt durchaus als Einrichtung mit Beratungsfunktionen: in 34% der Fälle wurde eine Beratung vorgesehen.

Das insgesamt eher trübe Bild des Jugendamtes kann nicht uneingeschränkt aufrechterhalten werden:

Wir konnten nur Erstkontakte erfassen, und davon auch nur diejenigen, von denen Akten angefertigt wurden. Wie wir von Sozialarbeitern in den Jugendämtern erfahren haben, hängt das Anlegen von Akten vor allem davon ab, ob dies aus administrativen Gründen unabdingbar ist; vor allem bei „reinen Beratungsfällen" ist dies nicht so.

Im übrigen sind die Sozialarbeiter selber sehr skeptisch, ob die in Akten festgehaltenen Angaben über ihre Klienten ausreichend geschützt sind; auch aus diesem Grund werden Angaben oft nicht in dem Maße festgehalten, wie es für die Weiterbetreuung der betroffenen Kinder, Jugendlichen und Familien eigentlich notwendig wäre. Zudem war die Wahrscheinlichkeit gering, mit unserer Vorgehensweise Problemfamilien zu erfassen, die langfristig durch Sozialarbeiter des Jugendamtes betreut werden. Es ist also anzunehmen, daß beraterische Funktionen im Jugendamt einen breiteren Rahmen einnehmen, als wir es ermitteln konnten. Viele Sozialarbeiter erleben sich in ihrer Funktion in einem schwer auflösbaren Spannungsfeld: einerseits – eingegliedert in eine hierachisch aufgebaute Administration – Kontrollfunktionen ausüben zu müssen, andererseits Betroffenen soziale und pädagogische Unterstützung geben zu wollen.

5. Schlußfolgerungen

Ich möchte nun nochmals auf die anfangs genannte Zahl von ca. 9300 behandlungsbedürftigen Kindern und Jugendlichen zurückkommen und diese geschätzte Prävalenzrate in Beziehung setzen zu den von uns ermittelten Zahlen der Erstkontakte.

Im ersten Halbjahr 1984 sind insgesamt 734 Kinder und Jugendliche erfaßt worden, die erstmals die Erziehungsberatungsstellen und die Poliklinik der Abteilung für Kinder- und Jugendpsychiatrie aufgesucht haben. Ca. 40 Kinder einer Beratungsstelle sowie ca. 100 Kinder einer universitären Einrichtung konnten nicht einbezogen werden. Hochgerechnet auf das ganze Jahr 1984 ergäbe das eine Zahl von etwa 1760 Erstkontakten für die Region Südniedersachsen im ambulanten Zugangs- und Beratungsbereich sowie dem ambulanten Sektor der Abteilung für Kinder- und Jugendpsychiatrie. Für die folgenden Überlegungen nehmen wir diese Zahl als Grundlage. Die Inanspruchnahmedaten der Jugendämter werden dafür nicht berücksichtigt, da eine Einordnung dieser Institution in ein Versorgungsmodell für Kinder und Jugendliche mit Beratungs- und Behandlungsfunktion fragwürdig bleibt. Wir können nach den oben angestellten Schätzungen davon ausgehen, daß allenfalls jedes fünfte behandlungsbedürftige Kind im Laufe eines Jahres eine der dafür vorgesehenen Einrichtungen erstmals aufsucht.

Wenn auch diese Feststellung aus verschiedenen Gründen nicht zu einer exakten Angabe der Relation zwischen Behandlungsbedarf und tatsächlicher Inanspruchnahme ausreicht, so erlaubt sie schon die Aussage, daß quantitative Versorgungsmängel bestehen. Diese sind darüber hinaus über die Region ungleichmäßig verteilt.

Qualitativ zeichnete sich in den Interviews mit den Mitarbeitern der verschiedenen Einrichtungen vor allem eine Versorgungslücke ab: in der gesamten Region bestehen weder konzeptionelle noch institutionelle Voraussetzungen für eine dem derzeitigen Wissensstand angemessene Versorgung von Kindern und Familien, die von Mißhandlungen oder anderen Formen familiärer Gewalt betroffen sind.

Folgende Forderungen lassen sich aus dem Gesagten ableiten:

1. Die Kontrastierung von Meinungen über die Tätigkeit anderer Einrichtungen mit den tatsächlichen Gegebenheiten verdeutlicht die Notwendigkeit eines guten Informationsflusses innerhalb eines Versorgungssystems. Dies ist eine wesentliche Voraussetzung für eine effektive Zusammenarbeit.
2. Nicht die beraterische Inkompetenz der Sozialarbeiter im Jugendamt, sondern ihre administrativen, kontrollierenden und auch sanktionierenden Aufgaben schränken die notwendige Vertrauensbasis für beraterisches Handeln ein. Diese Vertrauensbasis gilt es herzustellen.
3. Neben Modellen zur Kinderschutzarbeit sind vor allem in ländlich strukturierten Gebieten mobile ambulante Dienste anzustreben.

Literatur

BAHR, J., QUISTORP, S., HÖGER, C.: Datenschutz und Forschung: Konflikte und Lösungen in: Prax. Kinderpsychol. Kinderpsychiat. 33, 296-301 (1984).

KLEINING, G.: Soziale Mobilität in der Bundesrepublik Deutschland II in: Kölner Z. Soziol Sozialpsychol. 27, 273-292 (1975).

SPECHT, F.: Strukturen kinder- und jugendpsychiatrischer Versorgung in: LAND SCHAFTSVERBAND RHEINLAND: Die jetztige und zukünftige Entwicklung der kinder und jugendpsychiatrischen Versorgung, Köln 1981.

Forensische Kinder- und Jugendpsychiatrie

G. Schütze

Einführung

Die Geschichte der Kinder- und Jugendpsychiatrie ist zeitlich ähnlich kurz bemessen wie die des Jugendstrafrechtes, da beide zumindest in ihren wesentlichen Bestandteilen Schöpfungen unseres Jahrhunderts sind. Die Ursprünge des Jugendstrafrechtes, die gesonderte Behandlung jugendlicher Rechtsbrecher reichen jedoch wesentlich weiter in die Vergangenheit zurück. So werden in der „Carolina", der ersten reichsrechtlichen Kodifikation des deutschen Strafrechts von 1532, bereits gesonderte Regelungen für „junge Diebe" von unter 14 Jahren genannt. Ausgehend von dem „Marburger Programm" von 1882, der „Modernen Schule" um Franz von LISZT, forderte 1892 der Staatsanwalt APPELLIUS in seiner Schrift „Die Behandlung jugendlicher Verbrecher und verwahrloster Kinder" eine radikale Abkehr vom tatvergeltenden Strafrecht zugunsten eines erzieherischen Leitgedankens. Unter anderem schlug er vor, die Strafmündigkeit auf das 14. Lebensjahr heraufzusetzen und die Erziehung straffälliger Kinder in der Familie oder in Anstalten staatlich überwachen zu lassen. Neben der Möglichkeit, die Strafvollstreckung auszusetzen, sollten intensive Erziehungsmaßnahmen eingeleitet werden, insonderheit sollte auch die Entlassung aus der Strafhaft pädagogisch begleitet werden. Schließlich weist APPELLIUS noch darauf hin, daß die Beachtung der Persönlichkeit des Täters notwendig sei, weshalb eine Erforschung der häuslichen Verhältnisse unumgänglich würde. Diesen Reformbestrebungen wurde schließlich in den Jugendgerichtsgesetzen von 1923, 1943 und 1953 Rechnung getragen, so daß wir es heute bei der jugendstrafrechtlichen Gesetzgebung tatsächlich mehr mit einem spezialpräventiven Täterstrafrecht als mit einem tatvergeltenden Strafrecht zu tun haben.

Der Erziehungsgedanke des Jugendstrafrechtes führte dazu, daß vermehrt neben den Juristen auch in der Erziehung von Kindern und Jugendlichen erfahrene Personen in die Strafverfahren gegen jugendliche Rechtsbrecher mit einbezogen werden mußten. Der Jugendpsychiater wird nicht nur bei Beurteilungsproblemen der strafrechtlichen Verantwortlichkeit und Zurechnungsfähigkeit als Helfender zu Rate gezogen, sondern auch bei Fragen der individuellen Entwicklungsprognose und bei pädagogisch-psychotherapeutischen Unklarheiten. Andere Bereiche der Mitwirkung ergeben sich in der Beurteilung der Glaubwürdigkeit kindlicher Zeugen und bei vormundschaftsrichterlichen Fragestellungen. Wenngleich es sich herausgestellt hat, daß in speziellen Fragen des Familienrechtes und der Glaubwürdigkeitsbeurteilung ein klinisch erfahrener Psychologe unter Umständen kompetenter ist als ein Jugendpsychiater, soll auf solche Fragen der standespolitischen Kompetenzabgrenzungen hier nicht näher eingegangen werden. Gleichwohl werde ich diesem Umstand insofern Rechnung tragen, als ich mich in meinen folgenden Ausführungen auf die Problematik der gutachterlichen Tätigkeit im Rahmen strafrechtlicher Verfahren begrenzen werde. Im Mittelpunkt stehen Überlegungen zur seelischen Abartigkeit und den sich daraus ergebenden Schwierigkeiten für die Erstellung eines Gutachtens. Das Dilemma des jugendpsychiatrischen Sachverständigen infolge der Inkompatibilität aus ärztlicher Verpflichtung einerseits und der Rolle als Gehilfe des Gerichts mit allen Reglementierungen durch die Strafprozeßordnung andererseits soll auch hinsichtlich möglicher Lösungswege diskutiert werden.

Der Jugendpsychiater im Strafverfahren

Im zweiten Gesetz zur Reform des Strafrechtes (2. StRG), das mit dem 1.10.1973 in Kraft getreten ist, wurde der frühere § 51 StGB um den Begriff der „schweren anderen seelischen Abartigkeit" erweitert. Damit wurde der Erkenntnis Rechnung getragen, daß auch bei sogenannten Psychopathien, Charakteropathien, bei Neurosen und Triebanomalien – soweit es sich um schwerste Krankheitsprozesse handelt – die Schuldfähigkeit eingeschränkt oder unter Umständen auch aufgehoben sein kann. Es versteht sich von selbst, daß die Tat bzw. das Tatgeschehen als unmittelbarer Ausfluß des krankhaften Prozesses zu verstehen sein muß, was bei neurotischen Erkrankungen und bei den schwerwiegenden sexuell-devianten Entwicklungen, speziell denjenigen vom Typ der suchtähnlichen Dranghaftigkeit, relativ häufig auch der Fall ist. Problematischer sind die sog. Psychopathien oder Charakteropathien gelagert, wohinter sich nach unserem Verständnis u.a. auch strukturelle Ich-Störungen verbergen, wie wir sie aus der Narzißmusforschung beispielsweise unter dem Schlagwort der Borderline-Persönlichkeit kennengelernt haben.

Mehr noch als zu den Bereichen des Schwachsinns und der seelischen Störungen bedarf es zur psychiatrisch-differentialdiagnostischen Einengung der anderen seelischen Abartigkeit einer anspruchsvollen Strukturanalyse der Täterpersönlichkeit, auch unter Einbeziehung von biographischen Daten. Selbstverständlich gewinnen die psychopathologischen Erkenntnisse auch eine zentrale Bedeutung bei der Motivationsanalyse. Unter dem vierten Aspekt der §§ 20 und 21 StGB, der tiefgreifenden Bewußtseinsstörung, sind psychodynamische Erwägungen unter Umständen ebenfalls von Bedeutung. Bei der Beurteilung eines eventuellen Drogeneinflusses zur Tatzeit gilt es ja abzuklären, inwieweit die Hemmschwelle eventuell schon vorzeitig, d.h. bereits nach geringerer Drogeneinnahme, in einem erheblichen Umfange herabgesetzt wurde. Von einer solchen Annahme ist auszugehen, wenn sich die enthemmende Drogenwirkung mit einer unterlagerten, für die Tat bedeutsamen und als krankhaft anzusehenden Psychodynamik gleichgerichtet verbunden hat (vgl. hierzu NStZ 8, 298-299; 1981).

Im Rahmen einer jugendpsychiatrisch-forensischen Beurteilung gewinnen auch prognostische Aussagen – so unsicher sie auch immer sein mögen – eine größere Bedeutung. Zunächst einmal gilt es, die strafrechtliche Verantwortlichkeit gemäß §§ 3 und 105 JGG zu beurteilen. In einem ersten Schritt sollte der Reifegrad des zu Untersuchenden, d.h. gegebenenfalls eine graduell zu beschreibende Unreife festgestellt werden. Diese Unreife muß einerseits im Hinblick auf die §§ 3 und 105 JGG einer reinen Entwicklungsverzögerung mit der potentiellen Möglichkeit einer Nachreifung oder aber andererseits im Zusammenhang mit dem §§ 20 und 21 StGB einem Krankheitsprozeß und damit einer Fixierung an die Grunderkrankung und deren Verlauf zugeordnet werden. Dieser gutachterliche Entscheidungsprozeß wird zusätzlich noch dadurch erschwert, daß die auf die Entwicklung verzögernd einwirkenden Einflüsse sich vielfältig überlagern und miteinander verflechten können, so daß häufig lediglich eine schwerpunktmäßige Zuordnung der Unreife zu den §§ 3 und 105 JGG einerseits und den §§ 20 und 21 StGB andererseits möglich ist.

Ebenfalls unter prognostischen Aspekten muß die festgestellte Psychopathologie noch insofern hinterfragt werden, ob es sich zum einen um den Ausdruck eines krankhaft fixierten Prozesses oder aber zum anderen um eine als prognostisch wesentlich günstiger einzustufende übersteigerte Reaktion im Rahmen der adoleszenten Reifung handelt. Eine entsprechende Zuordnung ist sowohl hinsichtlich der Unterbringungsfragen wie auch eventuell einzuleitender therapeutischer Maßnahmen, aber auch hinsichtlich der späteren Entlassungsmodalitäten von Bedeutung.

Meine bisherigen Ausführungen sollten zeigen, daß die Beantwortung forensischer Fragestellungen in jedem Falle eine komplexe Diagnostik unter Einbeziehung der Psychopathologie notwendig macht, auch wenn es sich um eine reine Fragestellung hinsichtlich der strafrechtlichen Verantwortlichkeit gemäß §§ 3 und 105 JGG handelt. Infolge der radikalen Offenbarungsverpflichtung des Gutachters hinsichtlich aller seiner gewonnenen Erkenntnisse im Rahmen der Gutachtenerarbeitung dem Gericht gegenüber ergeben sich jedoch unter Umständen Probleme, die gutachterlich-ärztliche Untersuchung lege artis durchführen zu können. Hierzu soll nun auszugsweise die Problematik des 15 Jahre, 1 Monat alten Tim vorgestellt werden:

Kasuistik

Aus einer Anklageschrift der Staatsanwaltschaft wird entnommen, daß der Fliesenlegerlehrling Tim angeklagt wird, am 10.8. zwischen 22.00 und 23.00 Uhr in W. als strafrechtlich verantwortlicher Jugendlicher durch dieselbe Handlung

a) eine Frau mit Gewalt zum außerehelichen Beischlaf mit ihm genötigt zu haben und
b) einen Menschen heimtückisch getötet zu haben.

Bei der Getöteten handelte es sich um ein 15jähriges, dem Täter schon länger bekanntes Mädchen. Einem polizeilichen Vernehmungsprotokoll vom zweiten Tag nach der Tat – es handelt sich um ein Tonbandprotokoll – sind folgende gekürzte Ausschnitte aus einem Dialog zwischen dem vernehmenden Beamten und dem beschuldigten Jugendlichen entnommen:

Frage: Ich hatte Dich gefragt, was Du gedacht hast auf dem Weg in Höhe des Fußballtores bis zu der Stelle, wo Du Karin zum ersten Mal gewürgt hast. Was hast Du da gesagt?

Antwort: Ich habe mir so gedacht, soll ich jetzt den Arm um sie legen oder nicht? Auf einmal war ich eben schräg hinter ihr und dann hab' ich ... hat mich nichts mehr gehalten und da habe ich zugedrückt.

Frage: Wie kann dann ein junger Mensch einfach einen anderen Menschen töten?

Antwort: Weiß ich nicht.

Frage: Hast Du z.B. Filme gesehen oder Hefte, wo Du jetzt irgendwie angeregt worden bist dazu?

Antwort: Angeregt nicht.

Frage: Was denn?

Antwort: Das hat mich irgendwie fasziniert – kann man sagen.

Frage: Ja. Was meinst Du „fasziniert"? Wo lag denn die Faszination?

Antwort: Am Tod eben.

Frage: Ja, dann mußt Du Dich ja schon mal mit dem Begriff „Tod" irgendwie auseinandergesetzt haben gedanklich?

Antwort: Ja. Das kommt ja überall vor. In der Kirche auch, in Filmen und so.

Frage: In der Kirche? Verstehe ich im Moment nicht.

Antwort: Na, Wiederauferstehung und so was.

Frage: Wiederauferstehung? Verstehe ich nicht. Du mußtest doch jetzt annehmen, wenn Du Karin jetzt da tötest, daß sie nicht wieder aufstehen kann.

Antwort: Hm.

Frage: Ja. Und?

Antwort: Ich mein', ein schlechtes Gewissen hab' ich irgendwie auch nicht.

Frage: Du hast also jetzt kein schlechtes Gewissen, daß Du das getan hast?

Antwort: Nein.

Frage: Ja, wie erklärst Du Dir das?

Antwort: Das ist irgendwie ' ne alltägliche Sache.

Frage: Was meinst Du, was ist alltäglich?

Antwort: Das Gefühl hab' ich irgendwie.

Frage: Ja, schilder mal Dein Gefühl.

Antwort: Ja, als wenn das nichts Besonderes ist.

Frage: Ja, aber jetzt sind schon zwei Tage vergangen. Hast Du das Gefühl immer noch, daß es nichts Besonderes ist?

Antwort: Ja.

Frage: Hast Du das Gefühl, daß Du gar nichts Schlimmes begangen hast?

Antwort: Ja.

Frage: Ja, wie kann das sein. Kanntest Du Karin vorher nicht?

Antwort: Doch.

Frage: Wie lange kanntest Du sie vorher?

Antwort: Mindestens zwei Jahre.

Frage: Ja, ich begreife Deine Einstellung nicht, daß Leben Dir nichts bedeutet.

Antwort: Versteh' ich auch nicht. Aber ist nun mal so ...

Frage: Wie erklärst Du denn ... woher kommt das eigentlich?

Antwort: Weiß ich nicht.

Frage: Ja. Ich habe den Eindruck, Tim, und eigentlich gestern auch schon, Du bist eigentlich gar nicht richtig aufgeregt. Du gehst gar nicht richtig mit. Du gibst Antworten zu dieser Tat, Du schilderst alle Einzelheiten, aber Du bist nicht richtig berührt davon. Du gehst gar nicht richtig mit. Ich hab' noch keine Träne gesehen. Ich hab' noch keinen Ausdruck des Bedauerns gesehen. Du selbst sagst auch gar nicht, daß es Dir leid tut. Ich versteh' das eigentlich gar nicht. Im Alter von 15 Jahren, wie das sein kann? Wie erklärst Du Dir das?

Antwort: Ich kann mir das auch nicht erklären.

Frage: Also Du würdest meinen, man müßte nicht bestraft werden dafür?

Antwort: Dann müßte man bei Tieren genauso bestraft werden, wenn man die einfach umbringt.

Frage: Tim, ich hab' noch eine Frage. Weshalb sagtest Du vorhin zu Beginn unseres Gespräches, daß Du eigentlich gefühlsmäßig nicht nochmal über die Tat sprechen wolltest, weil sie Dich irgendwie belastet. Was meintest Du damit?

Antwort: Das Töten machte mir eigentlich nichts aus. Bloß denn das Letzte. Das mit dem GV.

Frage: Ja, wieso belastet Dich das denn mit dem GV oder beschämt Dich das mit dem GV und nicht das Töten?

Antwort: Weil das mit dem GV, das finde ich irgendwie pervers.

Frage: Ja, aber findest Du nicht, daß das Töten schlimmer ist als eine Vergewaltigung?

Antwort: Eigentlich nicht.

Mit dieser kasuistischen Darstellung sollte neben dem Gefühl der Betroffenheit auch die Ratlosigkeit hinsichtlich der Reaktionsweisen des 15-jährigen Täters sowohl auf Seiten des vernehmenden Beamten als auch auf Seiten des Jugendlichen selbst vermittelt werden. Die insgesamt sehr offene und detaillierte Schilderung zum Tatgeschehen wurde nicht dargestellt. Es überrascht aber die Dranghaftigkeit zur Offenbarung des Tatgeschehens. In dem zitierten Abschnitt fällt besonders die unvermittelte Mitteilung auf „...ein schlechtes Gewissen habe ich irgendwie auch nicht“ und später dann die Feststellung „das Töten macht mir eigentlich nichts aus, bloß dann das Letzte, das mit dem GV...“. Schließlich dann auch noch die Mitteilung des Jugendlichen, daß er nicht das Gefühl habe, etwas Schlimmes getan zu haben, sondern er vielmehr das Empfinden habe, als wenn das Ganze nichts Besonderes sei. Beide, der vernehmende Beamte und der Jugendliche selbst finden keine Antwort auf die Frage, warum das Tatgeschehen den Jugendlichen gefühlsmäßig so unberührt läßt. Bereits durch diese wenigen Beobachtungen wird augenscheinlich, daß es sich hier vermutlich nicht nur um eine Augenblickshandlung mit einem furchtbaren Ausgang gehandelt haben dürfte. Einigkeit besteht wohl auch dahingehend, daß pauschale Aburteilung des Jugendlichen mit oberflächlichen Erklärungsversuchen wie „es handelt sich um einen haltlosen Triebtäter“ „einen Psychopathen“, „einen gefühlskalten Gewaltverbrecher“ u.a.m. in keiner Weise dazu geeignet sind, die hier vorliegende Problematik näher zu beleuchten. Im Rahmen einer eingehenden psychiatrischen Analyse muß geklärt werden, ob die Tat eventuell im Zusammenhang mit einer verborgenen sexuellen Deviation oder aber als Folge einer aktuell potenzierten Adoleszentenentwicklungskrise oder als Ausdruck der Zuspitzung einer krankhaften innerpsychischen Dynamik bei einer strukturellen Ich-Störung, vielleicht sogar im Rahmen eines psychotischen Krankheitsprozesses geschehen ist.

Die Klärung all dieser Fragen ist nicht nur von akademischem Interesse, sondern hat eine zentrale Bedeutung für die Beurteilung der strafrechtlichen Verantwortlichkeit und Schuldfähigkeit des Tim zum Tatzeitpunkt, insbesondere aber auch im Hinblick auf eine eventuelle Inhaftierung und eine spätere Entlassung des Jugendlichen. Muß beispielsweise befürchtet werden, daß sich ein solcher situativ ja kaum ableitbarer aggressiver Durchbruch später eventuell einmal an einem nächsten Opfer wiederholen könnte, oder aber schicken wir einen im Jugendalter einmal auf schreckliche Weise entgleisten jungen Mann ggfs. für den Rest seiner ca. 60 Lebensjahre in eine geschlossene Einrichtung? Die aufgezeigten Dimensionen machen die Verantwortung aller an einem solchen Entscheidungsprozeß Beteiligten, hier speziell aber auch die Verantwortung des Jugendpsychiaters dem Untersuchten wie auch der Öffentlichkeit gegenüber deutlich.

Das Dilemma des forensisch tätigen Jugendpsychiaters

Der zum Sachverständigen in einem solchen Verfahren ernannte Jugendpsychiater muß sich bei der Tragweite der zu treffenden Entscheidungen und unter Berücksichtigung seiner ohnehin problembeladenen Beurteilungskriterien auf eine möglichst umfassende und eingehende Untersuchung des Beschuldigten stützen können. Neben einer Fremdanamnese – in aller Regel Angaben der Eltern – und der Analyse innerfamiliärer Beziehungsstrukturen sowie einer ausführlichen Exploration des Jugendlichen selbst sollte eine eingehende psychiatrische und testpsychologische Untersuchung Grundlage für die Beurteilung sein.

Schon die von einigen Autoren umstrittene Exploration der Eltern stößt auf gewisse Schwierigkeiten im Umgang mit der Strafprozeßordnung. Gemäß § 52 Abs. 1 StPO steht den engen Familienangehörigen ein Aussageverweigerungsrecht zu. Da eine entsprechende Belehrung der Eltern in aller Regel erst im Rahmen der Hauptverhandlung erfolgen kann, der ärztliche Gutachter aber dem Gericht gegenüber aussageverpflichtet ist, könnte eine Exploration der Eltern vor der Belehrung ggfs. deren Aussageverweigerungsrecht unterlaufen. Wir versuchen diese Schwierigkeit zu umgehen, indem wir die Eltern hinsichtlich der Rolle eines ärztlichen Gutachters informieren und indem wir sie auf eine eventuell entstehende Interessenkollision nachdrücklich hinweisen. Die Eltern von Tim waren, wie eigentlich alle Eltern sonst auch, durchaus bereit, detaillierte Angaben über die Entwicklung des Jugendlichen und der übrigen Familienangehörigen zu machen.

Im Gegensatz zu der Situation mit den Eltern kann bezüglich des Beschuldigten selbst immer davon ausgegangen werden, daß dieser fach- und sachgerecht hinsichtlich des § 136 Abs. 1 u. 2 StPO durch die zuvor bereits tätigen Ermittlungsbehörden belehrt worden ist. Fraglich bleibt aber für den mit Sorgfalt arbeitenden Sachverständigen, ob der zu Untersuchende diese Belehrung auch ausreichend präsent hat und ob er sie auch angemessen auf die ärztliche Untersuchungssituation übertragen kann. Überwiegend liegt leider zwischen dem Zeitpunkt der Belehrung und der Untersuchung durch den ärztlichen Sachverständigen ein längerer Zeitraum. Außerdem erfolgen die gutachterlichen Gespräche im Gegensatz zu Verhören und Vernehmungen ausschließlich in der sehr viel intimeren Zweiersituation, welche von dem ärztlichen Untersucher, dem ihm gewohnten Beziehungsrahmen Arzt-Patient entsprechend, unbewußt auch noch mit einer sehr persönlichen, von Vertrauen getragenen Note versehen wird. Diese den Beschuldigten unter Umständen täuschende Einflußkomponente bleibt während der ganzen Untersuchungssituation potentiell erhalten und rückt die ärztlich-gutachterlichen Gespräche dadurch in die Nähe der verbotenen Vernehmungsmethoden gemäß § 136 a StPO. Es stellt sich hier die Frage, ob der Untersucher ggfs. sogar gehalten ist, den zu Begutachtenden auch wiederholt im Laufe der Exploration gemäß § 136 Abs. 1 u. 2 StPO zu belehren.

Gemäß § 81 a StPO ist ein Beschuldigter verpflichtet, eine notwendige Untersuchung im Rahmen der Gutachtenerstattung zu erdulden. Allerdings gilt diese Verpflichtung nur soweit, als der Untersuchte hierdurch keinen Nachteil für seine eigene Gesundheit befürchten muß. Nicht verpflichtet ist er jedoch, aktiv an einer solchen Untersuchung mitzuarbeiten. Es wäre auch unsinnig, eine solche Verpflichtung auszusprechen, da die aktive Mitarbeit ja nicht erzwungen werden könnte. Bei jeder Persönlichkeitsanalyse im Rahmen einer psychiatrisch-differentialdiagnostischen Untersuchung ist aber die möglichst offene und bemühte Mitarbeit des zu Untersuchenden als eine conditio sine qua non zu betrachten. Es erhebt sich hier die Frage, ob erwartet werden kann, daß ein Beschuldigter überhaupt bereit ist, aktiv und mit genügender Offenheit an einer Untersuchung teilzunehmen, deren Verlauf und Ausgang für ihn unkontrollierbar, gleichzeitig aber immens bedeutungsvoll ist. Auf der einen Seite wäre es denkbar, daß die psychiatrische Untersuchung sich entlastend auf das folgende Strafverfahren auswirken könnte, andererseits muß aber auch einkalkuliert werden, daß beispielsweise einschneidende Maßnahmen wie eine lebenslängliche Unterbringung und anderes die Folge sein können. Diese Unsicherheiten hinsichtlich des Untersuchungsverlaufes und Ausganges beziehen sich nicht nur auf die psychiatrische Exploration, sondern ganz besonders auch auf die eventuell anzuwendenden testpsychologischen Untersuchungen.

Im § 81 a StPO wird neben der Verpflichtung des Beschuldigten ausdrücklich auch darauf hingewiesen, daß die Untersuchungen nur soweit zu erdulden seien, wie hierdurch keine Nachteile für die Gesundheit des Untersuchten befürchtet werden müßten. Im Rahmen einer Persönlichkeitsanalyse können aber sehr wohl aufgedeckte Beziehungsstrukturen zu einer schweren Belastung für den Untersuchten werden, unter Umständen können sogar psychisch krankmachende Prozesse hierdurch ausgelöst werden. Die ärztliche Kunst schreibt deshalb vor, daß eine invasive Persönlichkeitsanalyse durch begleitende psychotherapeutische Maßnahmen zu komplettieren ist. Die Grenze, von der an mit einer iatrogenen Schädigung des Untersuchten gerechnet werden muß, wurde bei der Untersuchung des Tim schon bald erreicht, da die Tat eng mit einer recht problematischen innerfamiliären Beziehungsdynamik verbunden war. Da grundsätzlich ein Arzt-Patienten-Verhältnis infolge der Offenbarungsverpflichtung des Arztes dem Gericht gegenüber im Rahmen einer Begutachtungssituation nicht hergestellt werden kann, kann streng genommen eine begleitende psychotherapeutische Arbeit während der gutachterlichen Untersuchung nicht geleistet werden. Bleibt der Gutachter auf dem Boden des geltenden Rechtes und geht er lege artis mit der Untersuchungssituation um, so sind der psychiatrischen Begutachtung unter Umständen sehr enge Grenzen hinsichtlich der Erkenntnismöglichkeiten gezogen. Im Falle des Tim wurde nach Absprache mit dem Auftraggeber der gutachterliche Auftrag so erweitert, daß begleitende therapeutische Gespräche möglich wurden. Nachdem in dem Tatablauf zum Tragen gekommene Beziehungsstörungen des Jugendlichen zu seinen Eltern aufgedeckt werden konnten, wurden erste Antworten mit dem Jugendlichen zum Verständnis seiner eigenen Person im Tatablauf erarbeitet.

Schwierigkeiten ergaben sich auch hinsichtlich der differentialdiagnostisch abzugrenzenden sexuellen Deviation, da diesbezüglich sowohl mit den Eltern wie auch mit Tim selbst detaillierte Explorationen notwendig waren, die bei dem Jugendlichen u.a. auch den Bereich seiner Masturbationsphantasien berührten. An dieser Stelle muß gefragt werden, ob solche Informationen aus dem intimsten Persönlichkeitsbereich überhaupt an eine, wenn auch begrenzte Öffentlichkeit gebracht werden dürfen, oder aber ob dadurch nicht Grundrechte eines jeden Menschen auf Schutz seiner Person in grober Weise verletzt würden. In diesem Zusammenhang muß daran erinnert werden, daß jeder Beschuldigte solange als unschuldig zu gelten hat, bis ihm in einem ordnungsgemäßen Strafverfahren die Schuld in einem rechtskräftigen Urteil zuerkannt wurde.

Eine Auflösung des Dilemmas zwischen den ärztlich-psychiatrischen Möglichkeiten und Notwendigkeiten einerseits und den gutachterlichen Erfordernissen und Verpflichtungen andererseits infolge einer radikalen Offenbarungsverpflichtung des Arztes dem Gericht gegenüber ist zur Zeit nicht in Sicht. Am sinnvollsten wäre wohl eine Änderung der Strafprozeßordnung dahingehend, daß der gesamte Prozeß der Persönlichkeitsanalyse – wie HAARS (1978) es in ihrer vorzüglichen juristischen Dissertation vorgeschlagen hat – ausdrücklich der ärztlichen Schweigepflicht unterstellt würde. In diesem Falle könnten tatsächlich alle ärztlich-psychiatrischen Erkenntnismöglichkeiten ohne Einschränkung ausgenutzt werden. Die Schaffung eines Arzt-Patienten-Verhältnisses wäre nur dann möglich, wenn der Untersuchte so lange als Geheimnisherr mit dem Recht zur freien Widerrufbarkeit der Entbindungserklärung anzusehen wäre, bis der Gutachter mit Einwilligung des zu Begutachtenden gegenüber der Staatsanwaltschaft bzw. dem Gericht hinsichtlich seiner Erkenntnisse berichtet hätte.

Noch stehen wir aber auf dem Boden des jetzt geltenden Rechts und sind deshalb gehalten, uns als Sachverständige der Offenbarungsverpflichtung zu unterziehen. Allerdings sollte schon jetzt versucht werden, soweit erforderlich, durch individuelle Absprachen mit den Verfahrensbeteiligten auch für problematisch gelagerte Fälle solche Untersuchungsmodalitäten zu schaffen, daß eine ausreichende Untersuchung und Begutachtung ermöglicht wird. Im Falle des Tim gelang es, die der Tat zugrunde liegende psychodynamische Problematik schwerpunktmäßig mehr einer krisenhaften Zuspitzung in der Adoleszenz als einer frühen strukturellen Ich-Störung zuzuordnen. Da es sich bei dem Jugendlichen auch nicht um eine sexuelle Devitation handelt, kann bei Einleitung geeigneter, die Inhaftierungssituation begleitender Betreuungsmaßnahmen davon ausgegangen werden, daß auch nach einer Haftentlassung nicht mit Folgetaten gerechnet werden muß.

Gelingt eine befriedigende Auflösung der durch die Strafprozeßordnung vorgegebenen Einschränkungen der Erkenntnismöglichkeiten nicht, so sollte der Untersucher sich entsprechend seiner ärztlichen Verpflichtungen in seiner Tätigkeit beschränken, was der Staatsanwaltschaft und dem Gericht dann offengelegt werden müßte. Aber auch in diesen Fällen bleibt es dem forensisch tätigen Jugendpsychiater unbenommen, seiner ärztlichen Verpflichtung folgend, auch nach Abschluß des Gutachtenauftrages mit dem Untersuchten auf der Grundlage eines Arzt-Patienten-Vertrages weiter zu arbeiten. Es wäre wünschenswert, wenn von dieser Möglichkeit mehr als bisher Gebrauch gemacht würde, was auch für die intensivere Mitarbeit von Jugendpsychiatern im Strafvollzug gilt. Die gutachterliche Verpflichtung ist mit Erstellung einer forensischen Beurteilung beendet, die ärztliche Verpflichtung dem Untersuchten gegenüber jedoch nicht.

Mit meinen Ausführungen sollten folgende Aussagen zur forensischen Jugendpsychiatrie gemacht werden:

1. Die Mitwirkung des Jugendpsychiaters in Strafverfahren gegen Jugendliche und Heranwachsende ist häufig nützlich und bei Kapitaldelikten in aller Regel notwendig.

2. Die fachlich zur Verfügung stehenden diagnostischen Möglichkeiten können infolge der strikten Offenbarungsverpflichtung des ärztlichen Gutachters dem Gericht gegenüber nicht immer voll ausgeschöpft werden, was für die jugendlichen Straftäter selbst wie auch für die berechtigten Sicherheitsinteressen der Allgemeinheit unter Umständen zum Nachteil sein kann.

3. Es wäre wünschenswert, daß die Persönlichkeitsanalyse – soweit eine aktive Mitarbeit des Beschuldigten erforderlich ist – der ärztlichen Schweigepflicht unterstellt werden könnte.

4. So lange wir auf dem Boden des unverändert geltenden Rechtes der Strafprozeßordnung stehen, bedarf es individuell abzusprechender Modalitäten oder aber muß die Einschränkung der Erkenntnismöglichkeiten respektiert werden.

5. Der ärztliche Gutachter sollte in jedem Beschuldigten auch den potentiellen Patienten sehen, der einen Anspruch auf ärztlich-therapeutische Hilfe hat.

Jeder forensisch tätige Jugendpsychiater sollte sich seiner ärztlichen Verpflichtung bewußt bleiben und es nicht mit der Erstellung einer forensischen Beurteilung bewenden lassen.

Literatur

HAARS, H.: Das Verhältnis zwischen Gutachter und Beschuldigtem im Vergleich zum Arzt-Patienten-Verhältnis. Inauguraldissertation Kiel 1978

Prävention und Rehabilitation in der Kinder- und Jugendpsychiatrie am Beispiel jugendlicher Schizophrener

M. Martin

Primäre Prävention zielt darauf ab, die Inzidenzrate neuer Fälle von psychischen Störungen und Behinderungen in einer Population zu verringern. Sekundäre Prävention umfaßt Maßnahmen zur Früherkennung und wirksamen Frühbehandlung psychischer Störungen mit dem Ziel einer Verkürzung der Erkrankungsdauer und der Senkung der Prävalenzrate in einer Population. Tertiäre Prävention hat zum Ziel, mögliche Folgeschäden einer psychischen Erkrankung für die Betroffenen, deren Angehörige sowie die Gesellschaft möglichst gering zu halten. Sie beinhaltet vor allem Rehabilitations- und Resozialisierungsmaßnahmen. Gemeinsam sind diesen drei Präventionskonzepten: die Prinzipien der Breitenwirksamkeit und Gemeindeorientierung, d.h. die Abkehr von der Einzelfallhilfe und die Hinwendung zu Populationen sowie die explizite Betonung der Vorbeugung gegenüber dem korrektiven Element (Lit. bei BECKER, 1984).

Primäre Prävention einer Erkrankung setzt aber voraus, daß man ausreichende Kenntnisse über deren Verursachung hat. Die letzten Jahrzehnte haben zwar enorme Fortschritte in der Behandlung schizophrener Psychosen erbracht; man wird aber zugeben müssen, daß die Diskussion über die Ätiologie der Erkrankung auch für den Experten vielfach verwirrend gewesen ist und daß wir letztendlich über die ursächlich wirksamen Faktoren nach wie vor sehr wenig wissen. Es ist deswegen von verschiedener Seite grundsätzliche Skepsis angemeldet worden, ob bei dieser mangelhaften Kenntnis über die Ätiologie der schizophrenen Psychosen überhaupt eine sinnvolle präventive Arbeit möglich sei (BLUM, 1979).

Es lassen sich fünf verschiedene präventive Ansätze voneinander abgrenzen, davon seien die mit kinder- und jugendpsychiatrischer Relevanz etwas näher besprochen (BUCHKREMER, 1984).

1. Bei dem sogenannten *personenorientierten Ansatz* „soll der betroffenen Person geholfen werden, sich vor Belastungen zu schützen, die im intrapsychischen, interpersonellen, biologischen und sozialen Bereich liegen können. Dadurch soll eine verbesserte Krisenkompetenz geschaffen und somit der Ausbruch schizophrener Störungen verhindert werden.“ Es ist ohne weiteres klar, daß für eine breit angelegte primäre Prävention dieser Ansatz wenig geeignet ist. Bei der tertiären Prävention, also nach Ausbruch der Erkrankung, bei den Bemühungen, eine Wiedererkrankung zu verhindern, sehen wir den Stellenwert dieses Ansatzes. Näheres soll hierzu in den Ausführungen über die Rehabilitationsstrategien besprochen werden.

2. Ein sogenannter umweltorientierter Ansatz „strebt Veränderungen in der Umwelt an, z.B. humanere Bedingungen am Arbeitsplatz oder Maßnahmen gegen soziale Isolierung beim Städtebau". Spezifische Prävention wird man von diesem Ansatz nicht erwarten können.

3. Von eminentem kinder- und jugendpsychiatrischen Interesse für die Entwicklung einer primären Prävention ist hingegen das unter dem Ansatz „Risikoforschung" bekannt gewordene Konzept, das sich darum bemüht, frühzeitig Kinder zu identifizieren, die ein hohes Risiko tragen, später an einer schizophrenen Psychose zu erkranken („high-risk-group"). Es handelt sich hierbei um die prospektive Erfassung von Kindern, die ein an Schizophrenie erkranktes Elternteil haben. Liegt das Erkrankungsrisiko an Schizophrenie in der Bevölkerung bei 1%, so liegt das Erkrankungsrisiko eines Kindes einer chronisch schizophrenen Mutter bei 16%. Als Beispiel für die Risikoforschung seien die Langzeitstudien von MEDNIK und SCHULZINGER (1980) genannt. Die Forschungsstrategie wurde 1960 beschrieben, 1962 wurde in Kopenhagen eine Stichprobe von 207 Kindern untersucht mit einem hohen Risiko für die Entwicklung einer Schizophrenie. Erwartungsgemäß erkrankte ein Teil der als high-risk-Personen identifizierten im Verlaufe der Untersuchung an einer schizophrenen Psychose. 10 Jahre nach Beginn der Untersuchung (1972) waren 9 männliche und 6 weibliche high-risk-Individuen schizophren erkrankt, 55 andere boten verschiedene Störungsmuster, die von den Autoren mit dem Etikett einer „Borderline-Schizophrenie" gekennzeichnet wurden.

Die erkrankten Probanden unterschieden sich in folgenden Punkten von den nichterkrankten:

a. Verlust der Mutter in einem relativ frühen Lebensabschnitt durch deren psychiatrische Hospitalisierung;
b. störendes aggressives Verhalten in der Schule;
c. Hinweise für ein assoziatives Driften;
d. psychophysiologische Anomalien;
e. 70% der erkrankten Gruppe wiesen ernsthafte Schwangerschafts- und Geburtskomplikationen auf.

Derzeit wird von der Forschergruppe ein Interventionsprojekt in Mauritius durchgeführt (einbezogen sind 1.800 Kinder), wobei die Kinder, die anhand ihrer psychophysiologischen Besonderheiten (empfindliches autonomes Nervensystem) zur high-risk-Gruppe zu zählen sind, in besonderen Kindergärten bzw. Schulen betreut werden und ihre weitere Entwicklung beobachtet wird. Insgesamt dürfen von dieser Forschungsrichtung, die das komplexe Wechselspiel von Umwelt und Anlagefaktoren berücksichtigt, wohl weiterführende Ergebnisse erwartet werden.

4. Das „lebenslauforientierte Konzept" zur Prävention schizophrener Psychosen stellt heraus, daß häufig entwicklungsbezogene Lebenskrisen, z.B. Adoleszentenkrise, spätere schizophrene Psychosen ankündigen. Seelische Krisen von Kindern und Jugendlichen werden unter kinder- und jugendpsychiatrischen Gesichtspunken immer auch und besonders vor dem jeweiligen familiären Hinter-

grund des Patienten betrachtet. Da Kindheit und Jugend jene Lebensabschnitte sind, in denen Prävention am wirksamsten ist, richtet sich das Forschungsinteresse zwangsläufig auf die familiäre Umwelt später schizophren erkrankter Patienten. Kaum ein Forschungsgegenstand hat kontroversere Diskussionen ausgelöst als die Rolle der Eltern in der Verursachung schizophrener Psychosen. Große präventive Hoffnungen sind hieran geknüpft worden. Aber auch hier ist nach leidenschaftlich geführter Diskussion Ernüchterung eingetreten. In einer 1979 publizierten Arbeit „Eltern als Verursacher der Schizophrenie" setzt sich HIRSCH mit dem derzeitigen Wissensstand auseinander und kommt zu der kritischen Stellungnahme, daß die sehr spezifischen Ausgangstheorien, die auch in den Medien weite Verbreitung gefunden hatten, in dieser spezifischen Form, wie sie publiziert wurden, sich nicht auf sorgfältig kontrollierte Untersuchungen stützen konnten und daß sie nicht ohne weiteres auf die Mehrzahl der schizophrenen Patienten und ihrer Familien anwendbar seien (HIRSCH, 1979). Dies trifft sowohl für das Konzept der sogenannten „double-bind-Kommunikation" (BATESON) oder auch auf das Konzept der „gespaltenen und strukturverschobenen Ehe" (LIDZ) zu. Das bleibende Ergebnis dieser Untersuchungen wird heute darin gesehen, daß sie verschiedene Formen familiären Stresses aufzeigen, der in Zusammenhang mit anderen Faktoren kranheitsauslösend oder krankheitsunterhaltend sein kann. Insofern liegen in diesen Erkenntnissen auch primärpräventive Möglichkeiten, gerade für den Kinder- und Jugendpsychiater.

5. Eine Erweiterung des lebenslauforientierten ist das sogenannte lebensereignisorientierte Konzept: Als Ergebnis der „life-event-Forschung" wird herausgestellt, daß kritische Lebensereignisse „streßerzeugend" sein können und damit in unspezifischer Weise zur Auslösung schizophrener Psychosen führen können. Solche stark einwirkenden Lebensereignisse können z.B. Tod eines nahen Angehörigen sein.

Bei Würdigung der verschiedenen Konzepte zur primären Prävention schizophrener Psychosen scheint aus kinder- und jugendpsychiatrischer Sicht am praktikabelsten, sich der Gruppe von Kindern zuzuwenden, die nachgewiesenermaßen ein hohes Risiko tragen, später selber psychotisch zu erkranken. Dies sind Kinder schizophrener Eltern, die ja nicht nur bedroht sind von einer psychotischen Erkrankung, sondern die auch in einer gestörten Umwelt aufwachsen, bedingt durch die seelische Erkrankung eines oder beider Elternteile. Kinder psychotischer Eltern sind zudem nicht nur von einer psychotischen Erkrankung bedroht, sondern sie zeigen auch vielfältige andere psychische Störungen. Ein gleiches gilt übrigens für die Kinder psychotisch depressiver Eltern (REMSCHMIDT).

So unbefriedigend bei unserem derzeitigen Wissensstand die Möglichkeiten der primären Prävention schizophrener Psychosen sind, so lassen sich doch im Bereich der sekundären und tertiären Prävention wesentlich konkretere und empirisch überprüfbare Aussagen machen.

Sekundäre Prävention umfaßt Maßnahmen zur Früherkennung und wirksamen Frühbehandlung. Hier eröffnet sich der klinischen, aber auch der ambulanten

Kinder- und Jugendpsychiatrie ein breites Arbeitsfeld: ein Teil der sogenannten Pubertäts- und Adoleszentenkrisen gehen früher oder später in schizophrene Psychosen über, das gleiche gilt aber auch für längerfristige depressive Syndrome in der Pubertät, die im Rückblick als „Vorpostenerkrankung" anzusehen sind. Auch schwere Zwangssyndrome und die mancherorts mit dem etwas unscharfen diagnostischen Terminus „Borderline-Syndrom" gekennzeichneten Zustände fallen hierunter. Die Frage muß offenbleiben, weil sie empirisch schwer überprüfbar ist, ob eine intensive Behandlung von manchen dieser Patienten das Schicksal eines späteren schizophrenen Zusammenbruchs abwenden kann, die Hoffnung hierauf beseelt aber jeden therapeutisch tätigen Kinder- und Jugendpsychiater.

Gehen wir davon aus, daß die tertiäre Prävention das Wiederauftreten einer Psychose nach einer Ersterkrankung möglichst verhindern soll, so wird deutlich, daß Maßnahmen der tertiären Prävention gleichzusetzen sind mit Maßnahmen der Rehabilitation schizophrener Patienten.

Wie sieht diese Arbeit im Bereich der Kinder- und Jugendpsychiatrie aus? Ich will Ihnen zunächst die Grundprinzipien der Rehabilitation jugendlicher Schizophrener schildern, um sodann abschließend von den Erfahrungen mit einem eigenen Rehabilitationsprojekt zu berichten.

Katamnestische Untersuchungen an präpuberal Erkrankten (EGGERS, 1973) sowie an Erwachsenen (M. BLEULER, 1972, HUBER et al., 1979) zeigen übereinstimmend einen günstigen Heilungsverlauf bei etwa 50% der beobachteten Patienten (20% Vollremission, 30% eine gute bis befriedigende Sozialremission).

CIOMPI und MÜLLER (1979) haben Bedingungsfaktoren analysiert, die den Verlauf beeinflussen. Sie haben gefunden, daß der Verlauf u.a. abhängig ist von langdauernden Milieueinflüssen, von Gruppen- und Familienkonstellationen, aber auch von einschneidenden irreversiblen „psychobiologischen Umstellungen". Entscheidend für den Verlauf seien insbesondere die prämorbide Persönlichkeit, die urspüngliche vorhandene erreichte oder nicht erreichte soziale Integrationsstufe sowie die sozio-familiäre Anpassung. Als Ergebnis dieser Verlaufsforschung kann man festhalten, das „nachhaltige, dauerhafte Realitätsveränderungen" und langandauernde Milieueinflüsse von Gruppen- und Familienkonstellationen (CIOMPI und MÜLLER) den Verlauf zu beeinflussen mögen. Dies berechtigt zu der Annahme, daß im Jugendalter nach Ausbruch einer Psychose längerfristige Rehabilitationsmaßnahmen angezeigt sein können, die u.a. auch außerhalb der Familie durchgeführt werden müssen.

Die Indikation für eine längerfristige – außerfamiliäre – Rehabilitationsbehandlung wird man erst nach ausreichend langer und intensiver stationärer Behandlung treffen können.

Die Indikation für eine Rehabilitationsbehandlung kann bestehen

1. aus Gründen, die im Patienten bzw. seiner Erkrankung liegen: nach Abklingen der produktiven Symptome können sogenannte chronische Minussymptome wie

starke Aktivitätseinbußen und die Tendenz zum sozialen Rückzug, affektive Verflachung, Minderung und Einbuße der Initiativefähigkeit, Kontaktmangel, Fortbestehen von leichteren Denk- und Konzentrationsstörungen bestehen. Es liegt auf der Hand, daß in diesem Zustand die Normalschule nicht erfolgreich beendet werden kann und auch eine Berufsausbildung nicht möglich ist.

2. Zum anderen können familiäre Konstellationen es nahelegen, den Jugendlichen für eine längere Zeit nicht in die Familie zu reintegrieren. Ergebnisse der Familienforschung legen nahe, daß es familiäre Beziehungsstrukturen gibt, die eine Rezidivneigung fördern. Entsprechende familiäre Interaktionsformen sind beschrieben worden als Familien mit einem hohen Pegel an sogenannten „expressed emotions", der Umgang mit dem Patienten ist besonders „kritisch, ablehnend oder auch einmischend" (OLBRICH, 1983).

Der englische Psychiater WING hat für eine Rehabilitationsbehandlung folgende systematische Planung gefordert (WING, 1956):

1. Abschätzung der Art und des Ausmaßes der Behinderung und der „sozialen Unfähigkeit";
2. Formulierung einer Reihe von begrenzten Zielen, ausgedrückt im Begriff einer objektiven, nachprüfbaren Besserung, von denen jedes durch spezifische Formen der Therapie erreichbar sein sollte;
3. Systematisches Vorgehen durch Versuch und Irrtum, Modifizierung des Behandlungsprogramms, je nachdem, ob das begrenzte Ziel erreicht wurde oder nicht, unter Berücksichtigung von Veränderungen der Zielvorstellungen der Beteiligten (Patient und Betreuer).

Nach dem heutigen Kenntnisstand müssen bei der Rehabilitation Schizophrener verschiedene Behandlungsmaßnahmen kombiniert werden und zwar
1. psychopharmakologische,
2. psychotherapeutische,
3. familienbezogene Maßnahmen

sowie Einflußnahme auf den engeren Wohn- und Lebensraum des Patienten. Außerdem sind schulbezogene, arbeitsrehabilitative und berufsausbildende Maßnahmen in der Regel notwendig. Diese Maßnahmen müssen – gemäß den Forderungen von WING – teilweise parallel, teilweise nacheinander, in der Rehabilitation Schizophrener angewendet werden.

Zu den einzelnen Maßnahmen:

1. Psychopharmakotherapie

Der prophylaktische Wert der neuroleptischen Behandlung ist heute unbestritten, offene Probleme sind die Dauer der Nachbehandlung, die Höhe der Dosierung sowie die Frage der prophylaktischen Behandlung bei primär symptomarmen Schizophrenen bzw. bei schizoaffektiven Psychosen.

2. Psychotherapeutische Maßnahmen

Nach unseren Erfahrungen ist eine fortlaufende, stützende Psychotherapie der Patienten unabdingbar, wobei folgende Probleme im Vordergrund stehen: Angst vor dem Verlust der Identität, Probleme mit den Beziehungen zum Elternhaus insbesondere bei symbiotischen Konstellationen, das Erlebnis von Defiziten im emotionalen Bereich, die Meisterung von zukünftigen Lebenssituationen sowie die Bearbeitung von aggressiven und sexuellen Impulsen. Insgesamt kann man das einzeltherapeutische Vorgehen als ich-stützend beschrieben mit dem Ziel Rückführung zur Realität, Bewältigung real gegebener Lebenssituationen.

3. Familie und soziale Umwelt
Die Rückfallquote ist stark von den familiären und sonstigen Umweltbedingungen abhängig. Der negative Einfluß bestimmter Familienkonstellationen bezüglich des Rückfallrisikos wird heute zusammenfassend unter dem Konzept der „expressed emotions" diskutiert. Je enger der persönliche Kontakt zu der Familie, desto eher kommt es zu einem erneuten Rückfall. Um Mißverständnissen vorzubeugen, sei nochmals ausdrücklich betont, daß dies nur für einen Teil der Familien gilt. Die Rückfallgefahr ist aber nicht nur von solchen familiären Faktoren abhängig, z.B. fanden die englischen Forscher BROWN und BURLEY (1970), daß auch als positiv erlebte berufliche Beförderung oder eine Verlobung zu Rückfällen führen kann, kurz gesagt, emotionaler Streß, sei er positiv oder negativ getönt, wirkt destabilisierend. Weiter ist zu berücksichtigen, daß ein Milieu, das zuwenig Anregung bietet, zu sekundärer Beeinträchtigung führt. Insgesamt ist dieses Phänomen als „Hospitalismus" bekannt. Bei allen Rehabilitationsmaßnahmen ist also zu berücksichtigen, daß ebenso wie die soziale Unterstimulation schädigend wirken, die soziale Überstimulation rückfallprovozierend sein kann. Die Rehabilitation Schizophrener ist eine ständige Gratwanderung zwischen Unter- und Überforderung.

In der praktischen Konsequenz bedeutet dies, daß für Jugendliche, die an einer Schizophrenie erkrankt sind und die aus den oben skizzierten Gründen einer Rehabilitation bedürfen, entsprechende Einrichtungen eingerichtet werden müssen, die über ein entsprechend qualifiziertes Betreuungspersonal verfügen, außerdem über schulbildende und berufsrehabilitative Förderungsmöglichkeiten.

Ausgehend von den oben skizzierten Rehabilitationsstrategien sahen wir uns mit der Tatsache konfrontiert, daß es für jugendliche Schizophrene kaum spezielle Rehabilitationseinrichtungen gibt. So haben wir seitens der Marburger Klinik im Jahr 1979 die Kooperation eines Heimträgers unseres Umfeldes, des Vereins für Jugendfürsorge und Jugendpflege e.V. in Gießen, gesucht.

Mit einer dieser Einrichtungen dieses Vereins, dem heilpädagogischen Kinder- und Jugendheim Leppermühle in 6305 Buseck, bestanden seitens der Klinik seit langen Jahren gute Kontakte. Erstehung und Aufbau dieser Rehabilitationseinrichtung haben wir andernorts detailliert beschrieben (MARTIN und REMSCHMIDT, 1984).

Ich möchte Ihnen nur kurz über die bisherigen Erfahrungen berichten:

Gemäß dem vorstehend skizzierten Behandlungsansatz besteht in dem dortigen Heim die Möglichkeit, die Patienten längerfristig jugendpsychiatrisch, psychopharmakologisch, psychotherapeutisch, heilpädagogisch zu betreuen und entsprechende schulische und arbeitsrehabilitative Maßnahmen durchzuführen. Die Jugendlichen sind untergebracht in kleinen Wohngruppen, jeweils etwa 9 Jugendliche beiderlei Geschlechts. Die Erfahrung hat gezeigt, daß eine sehr intensive pädagogische Betreuung notwendig ist. Der Personalaufwand ist wesentlich höher als etwa in den Übergangsheimen für erwachsene Patienten. Unabdingbarer Bestandteil der Rehabilitation ist eine eigene spezielle Schule für Kranke, die auf die kognitiven Defizite jugendlicher Schizophrener gezielt im Unterricht eingehen kann. Die mögliche Palette muß reichen von der Einzelbeschulung bis zur Beschulung in Klassen, aber auch vom Sonderschulabschluß für Lernbehinderte bis zum Realschulabschluß. Die mittlerweile 5-jährige Erfahrung hat gezeigt, daß selbst bei weitgehender Stabilisierung der Übergang in eine Normalschule sehr erhebliche Probleme mit sich bringt und nur in wenigen Einzelfällen möglich war.

Andererseits kann herausgestellt werden, daß die überwiegende Mehrzahl der Patienten einen Schulabschluß erreicht hat, der ihren ursprünglichen intellektuellen Fähigkeiten angemessen war (Realschulabschluß).

Gleichrangig neben der schulischen Rehabilitation wird eine Werk- und Arbeitstherapie durchgeführt. Hierfür stehen zur Verfügung eine Metallwerkstatt, ein hauswirtschaftlicher Bereich mit Nähstube und Kochen sowie eine Gärtnerei. Diese Arbeitstherapie wird in verschiedenen Stufen durchlaufen. Ziel ist es, über einen 2- bis 4-stündigen Arbeitseinsatz allmählich zu einer vollen 8-stündigen Arbeitsbelastung zu gelangen. Ziel der Werk- und Arbeitstherapie ist es, auf ein annähernd normales Arbeitsniveau zu gelangen. Ist dies erreicht, erfolgen versuchsweise Praktika in Handwerks- und Industriebetrieben. In Zusammenarbeit mit dem Arbeitsamt wird eine Berufseignung durchgeführt, es ist dann zu entscheiden, ob nach abgeschlossener Rehabilitation in der dortigen Einrichtung eine entsprechende weitere berufliche Karriere zu Hause möglich ist oder ob ein Beruf in einem entsprechenden Berufsbildungswerk bzw. Rehabilitationswerk für psychisch Kranke angezeigt ist. Die bisherigen Behandlungsergebnisse können für den größten Teil der Patienten als ermutigend angesehen werden, die Mehrzahl der bisher behandelten ca. 40 Patienten erzielte einen ihren Fähigkeiten angemessenen Schulabschluß und wurden nach entsprechender Erprobung für eine Berufsausbildung in einem Berufsbildungswerk für geeignet gehalten.

Aus unseren Erfahrungen möchten wir folgendes Resümee ziehen:

Es besteht eine Versorgungslücke für die Rehabilitation jugendlicher Schizophrener, weil die rehabilitativen Anstrengungen sehr umfassend und vielgestaltig sein müssen. Die Zusammenarbeit mit einem potenten Heimträger hat sich bewährt zum Nutzen der Patienten. Vorhandene Institutionen der Jugendhilfe zeigen sich bei entsprechender Unterstützung durch jugendpsychiatrische Kliniken in der Lage, entsprechende Aufgaben zu übernehmen. Dies ist eine zugleich kostengünstige Lösung, weil keine neuen Institutionen geschaffen werden müssen. Durchführbar ist eine solche Arbeit aber nur in engster Kooperation zwischen jugendpsychiatrischer Klinik, Heimträger und den entsprechenden Landschaftsverbänden.

BECKER, P.: Primäre Prävention, in: Schmidt, L.: Lehrbuch der klinischen Psychologie Enke-Verlag, Stuttgart 356-389, 1984.
BLEULER, M.: Die schizophrenen Geistesstörungen im Lichte langjähriger Kranken- und Familiengeschichten. Thieme-Verlag, Stuttgart, 1972.
BUCHKREMER, G.: Prävention bei schizophrenen Patienten: Konzepte und Ergebnisse in: Prävention in der Psychiatrie, Hrsg. G.A.E. Rudolf und R. Tölle. Springer-Verlag, 1984.
BLOUM, Bl.: Prävention Mental Disorders. Community Mental Health. J15: 191-197, 1979.
CIOMPI, L., MÜLLER, C.: Lebensweg und Alter der Schizophrenen. Springer-Verlag, Berlin-Heidelberg-New York, 1979.
EGGERS, Sh.: Verlaufsweisen kindlicher und präpuberaler Schizophrenien. Springer-Verlag, Berlin 1973.
HIRSCH, S.R.: Eltern als Verursacher der Schizophrenie. Nervenarzt 50, 337-345, 1979.
HUBER, G., SCHÜTTLER, R., GROSS, G.: Schizophrenie. Springer-Verlag, Berlin-Heidelberg-New York, 1979.
MARTIN, M., REMSCHMIDT, H.: Rehabilitationsbehandlung jugendlicher Schizophrener in: Remschmidt, H.: Psychotherapie bei Kindern, Jugendlichen und Familien. Enke-Verlag Stuttgart, 1984.
MEDNICK, SCHULZINGER: Kinder schizophrener Eltern: Möglichkeiten der Früherkennung und Intervention, in: Remschmidt, H.: Psychopathologie der Familie und kinderpsychiatrische Erkrankung. Huber-Verlag, Bern, 1980.
MÜLLER, P.: Was sollen wir Schizophrenen raten: medikamentöse Langzeitprophylaxe oder Intervallbehandlung? Nervenarzt 11, 477-486, 1983.
OLBRICH, R.: Expressed Emotions (EE) und die Auslösung schizophrener Episoden: eine Literaturübersicht. Nervenarzt 54, 113-121, 1981.
REMSCHMIDT, H.: Kinder von Eltern mit endogenphasischen Psychosen, in: Remschmidt, H.: Psychopathologie der Familie und kinderpsychiatrische Erkrankungen. Huber-Verlag, Bern, 1980.
WING, J.K.: eine praktische Grundlage für die Soziotherapie bei Schizophrenie, in: Huber, G. (Hrsg.): Therapie, Rehabilitation und Prävention schizophrener Erkrankungen. Schottauer-Verlag, Stuttgart, 1976.

Diskussion

(gekürzte Fassung)

Moderation: R. Lempp

Schydlo: Herr Heinze, ich fand viele Ihrer Aussagen sehr provokativ, vielleicht haben Sie das ja bewußt gemacht. Ich will auf zwei Dinge besonders eingehen: Zum einen sprachen Sie davon, daß innerhalb der Pädiatrie die Weiterbildungsordnung auch auf Erkennung und Behandlung psychischer Erkrankungen, Psychosomatosen usw. erweitert wurde. Die Realität sieht aber doch heute noch so aus, daß kaum ein weitergebildeter Kinderarzt die Fähigkeiten erwirbt, sowohl testpsychologische oder psychodiagnostische Methoden innerhalb der Pädiatrie einzusetzen, geschweige denn psychotherapeutische Methoden umzusetzen; und die Realität in den Kinderkliniken ist meistens die, daß man sich ein, wie wir es nennen „psychologisches Feigenblatt" zulegt, daß also ein Psychologe angestellt wird, der dann Testpsychologie macht, vielleicht auch noch einige psychotherapeutische Methoden beherrscht, aber nicht das gesamte Spektrum der Kinder- und Jugendpsychiatrie überblickt. Wir haben gestern schon darüber gesprochen, daß Pädiatrie plus Psychologie mit Sicherheit nicht mit Kinder- und Jugendpsychiatrie gleichzusetzen ist. Auf der anderen Seite wurde und wird das erschwert, was wir sowohl vom Berufsverband wie von der Deutschen Gesellschaft für Kinder- und Jugendpsychiatrie immer angestrebt haben, daß nämlich ein in der pädiatrischen Weiterbildung befindlicher Assistenzarzt ein Jahr in der Kinder- und Jugendpsychiatrie arbeitet und umgekehrt einem Kinder- und Jugendpsychiater in Weiterbildung das pädiatrische Jahr ermöglicht wird. Hier sind einige Hemmnisse, die zu diskutieren sind. Die Haupthemmnisse liegen hier immer noch in den Vorurteilen mancher pädiatrischer Chefärzte, auch in den Schwierigkeiten oder in ihrer mangelnden Bereitschaft, einen Arzt nur für ein Jahr in Weiterbildung zu nehmen, und in der bisherigen Weiterbildungsordnung, in der dem Pädiater von einem Jahr Kinder- und Jugendpsychiatrie nur ein halbes Jahr auf seine Weiterbildung angerechnet wurde. Dies soll jetzt geändert werden, und ich hoffe nur, daß diese Änderung auch die pädiatrischen Chefärzte aufgeschlossen macht, denn das halten wir ja auch für eine Voraussetzung für eine sinnvolle Zusammenarbeit zwischen Kinder- und Jugendpsychiatrie und Pädiatrie. Wenn das nicht der Fall sein sollte, sehe ich nämlich die Gefahr des Auseinanderlaufens, nicht zuletzt auch wegen der Änderung der kinder- und jugendpsychiatrischen Weiterbildungsordnung, die ja nach dem jüngsten Ärztetag nicht mehr unbedingt vorschreibt, daß der weiterzubildende Kinder- und Jugendpsychiater ein pädiatrisches Jahr zu machen habe. Sie wissen, daß wir das natürlich mit gespaltenen Gefühlen sehen, denn wir halten die Pädiatrie durchaus für einen unabdingbaren Weiterbildungsinhalt.

Was ich als niedergelassener Kinder- und Jugendpsychiater allerdings in erster Linie auch sehr provokativ empfand, war Ihre Aussage, daß wir doch nicht immer nur über die Gebührenordnung reden sollten, sondern uns doch vielleicht auch mehr Heimen und anderen Institutionen zuwenden sollten, da hätten wir schon ein genügendes Tätigkeitsfeld. Sie haben ausgeführt, daß in ganz Niedersachsen kein einziger Kinder- und Jugendpsychiater niedergelassen ist und daß auf der anderen Seite 71 klinische Psychologen tätig sind. Woran liegt das denn? Die klinischen Psychologen sind ja kein anerkannter Heilberuf, aber wenn sie sich niederlassen, haben sie auf dieser im Grunde illegalen Basis zumindest die Möglichkeit das abzurechnen, was sie meinen, wirtschaftlich zu benötigen, um diese freie Praxis aufrecht zu erhalten, während wir Ärzte völlig gebunden sind an die ärztliche Gebührenordnung. Und jetzt kommt das Paradoxon: Wir wollen gerne dem Versorgungsauftrag genügen, es gibt genügend Ärzte, die bereit sind oder bereit wären sich niederzulassen, aber auf der anderen Seite lassen uns die Bundesregierung und auch die Länder im Grunde hier völlig im Stich. Die Bundesregierung spart ausgerechnet die kinder- und jugendpsychiatrischen Positionen aus der ärztlichen Gebührenordnung aus; das heißt, daß wir im Grunde die Leistungen, die notwendig sind, überhaupt nicht abrechnen können oder auf so eigenartige Konstruktionen wie Analogleistungen und andere Dinge ausweichen müssen, die dann das Arzt/Patienten-Verhältnis wirklich erschweren. Wir bekommen in den Praxen einen Großteil der Rechnungen zurück, weil die Patienten sie nicht verstanden, die Beihilfeträger sie nicht verstanden und auch nicht akzeptierten und dann die Beihilfeleistungen ablehnten, was wiederum zur Folge hatte, daß wir im Grunde fast wie sog. ‚Beutelschneider' dastanden. Ich möchte es mal auf die einfache Formel bringen: Sie fordern, daß sich mehr Kinder- und Jugendpsychiater niederlassen, lassen uns aber auf der anderen Seite, vom politischen Raum her und von Seiten der politischen Gremien in diesem Bereich doch völlig im Stich! Hier sind wir auf Ihre Mithilfe angewiesen und deshalb wollte ich Sie bitten, dies auch von Seiten der Länder in das Bundessozialministerium hineinzutragen, denn das ist die einzige Voraussetzung, eine flächendeckende ambulante Versorgung zu gewährleisten.

Heinze: Meine Grundtendenz war eindeutig ein „Ja" zur Kinder- und Jugendpsychiatrie. Ich rechne mich diesem Fach auch zu. Zu Punkt eins: Sie haben völlig recht, daß in vielen pädiatrischen Einrichtungen mit der Einbeziehung eines Diplom-Psychologen oder ähnlicher Stellen eine Art Feigenblattfunktion ausgeübt wird; nur muß man sich einfach einmal die Realität vor Ort anschauen. Ich könnte auch aus unserem Bundesland eine ganze Reihe von Beispielen dafür nennen, was die Pädiatrie in diesem Bereich durch bestimmte Erweiterungen, durch die Nutzung leerstehender Kapazitäten – das wird natürlich nicht so laut gesagt – im Grunde zu leisten vermag. Daß das nicht gut ist, daß diese Tendenz natürlich darauf hinausläuft, solche Entwicklungen zu fördern, ist klar. Aber ich glaube, es geht auch ein klein wenig um den Abbau der Schwellenangst vor stationären Einrichtungen der Kinder- und Jugendpsychiatrie, die ja zuweilen nicht gering ist. Wir sehen das im Grunde genau so, wie Sie das gesagt haben. Ich meine, die Grundtendenz ist wohl, daß es auch im Interesse der Kinderpsychiatrie zu einer Zusammenarbeit kommen muß. Sie können davon ausgehen, daß wir in planerischer Hinsicht im Hinblick auf mögliche zukünftige Entwicklungen dies natürlich sehen. Es kann nicht angehen, daß die Pädiatrie nur aus Gründen der mangelnden Auslastung sich in Bereiche vorwagt, die sie von ihrer Potenz her gar nicht darstellen kann.

Zu Ihrer Frage nach der Gebührenordnung: Ich möchte schon sagen, daß wir nicht immer nur über Gebührenordnungen reden können und daß in der Zwischenzeit eine ganze Menge geschehen ist, um vom Primat der Bewertung technischer Leistungen usw. abzukommen. In den zuständigen Ausschüssen der Ärztekammer sitzen inzwischen ja teilweise Fachkollegen, die sich gerade darum bemüht haben; die Klagen etwa der Psychiater in dieser Richtung haben etwas nachgelassen. Beweis dafür ist, daß ja wohl die Zulassungsziffer in den letzten Quartalen für die Psychiatrie einen deutlichen Anstieg um etwa 7,5% aufweist. Ich gebe Ihnen aber gerne Recht, daß die besonderen Schwierigkeiten für die Kinder- und Jugendpsychiatrie dabei noch nicht mit hinreichendem Nachdruck Berücksichtigung gefunden haben. Ich kann hier nur sagen, wir können hier nicht nur theoretische Erklärungen abgeben und versprechen, daß wir uns sehr intensiv bemühen werden, daß sich die Dinge weiter verbessern.

Martin: Herr Heinze, auch ich habe mich doch durch einige Abschnitte provoziert gefühlt. Wenn ich Sie richtig verstanden habe, haben Sie doch zum Ausdruck gebracht, daß im Bereich der Versorgung sozial gestörter Jugendlicher, im Bereich der Versorgung geistig behinderter Jugendlicher und im Bereich der Drogenabhängigen manches im Argen läge, und es ist bei mir so angekommen, als ob diese Aufgaben von den Kliniken vielleicht etwas unwillig erledigt würden. Ich will Ihnen mal die Marburger Verhältnisse schildern, weil ich nicht für die Niedersachsens sprechen kann: In unserem Bereich gibt es kein Heim, das nicht konsiliarisch von der Klinik aus versorgt wird. Wir haben, um gerade unsere Zuständigkeit auch hierfür zu unterstreichen, im letzten Jahr die Pflichtversorgung für den Landkreis Marburg-Biedenkopf als Universitätsklinik mit übernommen, obwohl es ja in Marburg eine weitere jugendpsychiatrische Klinik gibt.

Aber man muß doch noch einmal die Frage aufwerfen, ob jugendpsychiatrische Kliniken wirklich der richtige Ort sind, auch langfristig sozial gestörte Jugendliche zu behandeln. M.E. haben sie überhaupt nicht die vielfältigen sozialpädagogischen Möglichkeiten, um das erfolgreich zu tun. Ich habe auf dieses Problem in meinen Gesprächen mit dem hessischen Landesjugendamt immer wieder hingewiesen, daß wir in Hessen für schwer gestörte, dissoziale Jugendliche beiderlei Geschlechts sicherlich einige sozialtherapeutische Einrichtungen bräuchten; aber auf diesem Sektor tut sich nichts. Ich denke, hier sind planerische Aktivitäten notwendig. Das gleiche gilt für die drogenabhängigen Jugendlichen. Es ist ja bekannt, daß drogenabhängige Jugendliche nicht langfristig auf psychiatrischen Allgemeinstationen behandelt werden können, sondern auch hierfür braucht man Spezialeinrichtungen. Mir ist keine Klinik bekannt, die sich geweigert hätte, die erste Phase einer Drogenbehandlung, nämlich Entgiftung und Motivationsphase, zu übernehmen.

Specht: Herr Heinze, Sie haben moniert, daß Kinder- und Jugendpsychiater sich nicht genügend dafür eingesetzt hätten, daß solche Einrichtungen, wie sie eben von Herrn Martin erwähnt worden sind, erhalten blieben. In Niedersachsen hat man ja eine derartige Einrichtung über Bord geworfen. Ich glaube, Kinder- und Jugendpsychiater haben damals durchaus warnend ihre Stimme erhoben. Es war dies das niedersächsische Jugendheim in Göttingen, das seiner Entstehungsgeschichte nach bereits immer einen kinder- und jugendpsychiatrischen Leiter gehabt hat. Auf diese Weise war eine relativ gute Verbindung zwischen psychiatrischer Kompetenz und einer Einrichtung der Jugendhilfe vorhanden. Den meisten ist sicher bekannt, daß dieses Heim in eine Jugendvollzugsanstalt umgewandelt, also vom Justizministerium übernommen worden ist. Die Aufgabe solcher Einrichtungen, über deren Struktur und deren Arbeitsweise sicher sehr viele Erörterungen angebracht sind, wäre es, Jugendliche aufzunehmen, bei denen keine kinder- und jugendpsychiatrische Indikation für eine stationäre Behandlung besteht und die oft auch gar nicht einsehen, warum sie in eine Klinik sollten.

Ich möchte noch eine kurze Anmerkung zur Psychiatrie-Enquête und deren Bedarfsschätzungszahlen machen. Die Arbeitsgruppe Kinder- und Jugendpsychiatrie ist ja innerhalb der Sachverständigen-Kommission die einzige gewesen, die es gewagt hat, solche Zahlen überhaupt zu Papier zu bringen und somit auch zur Diskussion zu stellen. Sie sind ja dann auch von Anfang an diskutiert worden und sie sind auch von Anfang an unter verschiedenen Kriterien modifiziert worden, insbesondere in der nachfolgenden Planungsstudie der Firma Heinle und Wischer. Doch wenn man die gegenwärtige Realität betrachtet – Sie sagen, in Niedersachsen könne man vielleicht schon von einer Sättigung im stationären Bereich sprechen – dann kann man das durchaus zu den Schätzzahlen der Psychiatrie-Enquête in Beziehung setzen, wenn man berücksichtigt, daß sich seit Anfang der siebziger Jahre einfach bestimmte Prämissen geändert haben. Eine Prämisse war z.B. damals noch eine relativ konstante Alterszusammensetzung der Bevölkerung. Eine andere wichtige Prämisse, oder besser gesagt Zielvorstellung, die auch gestern hier angeklungen ist, war die, daß behinderte Kinder und Jugendliche mit akuten psychiatrischen Komplikationen, die stationär behandlungsbedürftig sind, im Zusammenhang eines solchen Zentrums für Kinder- und Jugendpsychiatrie längerfristig aufgenommen werden sollten, ehe sie wieder in teilstationäre Einrichtungen oder Heime zurückgehen. Bei den Schätzzahlen machte diese Gruppe die Hälfte aus. Gestern ist angeklungen, daß in Wahrheit leider doch etwas entstanden ist, was man verhindern wollte, nämlich eine Art Zweiklassenpsychiatrie. Ich will darauf jetzt nicht weiter eingehen. Wenn man aber berücksichtigt, daß sich inzwischen die Alterszusammensetzung geändert hat, entsprechen die Zahlen, die in Niedersachsen erreicht worden sind, für den Akut-Bereich durchaus den Vorstellungen der Psychiatrie-Enquête.

Stober: Ich wollte auf einen weiteren Aspekt aufmerksam machen, der mir im Bereich Nord-Baden auffiel: Wir haben eine ganze Menge Kinderärzte, die in der Niederlassung bekanntlicherweise nicht gerade mit Reichtümern gesegnet sind und die gemerkt haben, daß sie mit den Einnahmen nicht so recht leben können. Diese Kollegen haben dann konsequenterweise eine zusätzliche Psychotherapieausbildung gemacht und arbeiten heute als Kindermediziner mit Psychotherapietitel. In dieser Situation stellt man fest, daß Eltern, die Kinder mit Problemen haben, sehr viel eher geneigt sind, zu diesem Kollegen zu gehen, und zwar vorwiegend, um einer „Stigmatisierung“ vorzubeugen, die sie aus ihrer Sicht erleiden, wenn sie ihre Kinder direkt dem Kinder- und Jugendpsychiater „vorführen“. Wenn ich daher heute einem Kollegen raten müßte, der das Staatsexamen hat, ob er das Fach Kinder- und Jugendpsychiatrie machen sollte, dann würde ich ihm auch in Anbetracht dessen, was man hier gestern gehört hat bezüglich der Niederlassung, ziemlich klar und deutlich sagen: Lieber Kollege, no future! Machen Sie lieber etwas anderes!

Franke: Ich möchte noch etwas zu Herrn Höger sagen: Die Behauptung, es gebe sehr viele Eltern und sehr viele Kinder, die unbedingt zum Kinderpsychiater müßten, ist durchaus mit einem Fragezeichen zu versehen! Es ist nicht unbedingt meine Aufgabe, das zu tun, aber ich denke, daß die Einschätzung, daß noch mindestens die fünffache Zahl sich in Erziehungsberatungsstellen oder beim Kinderpsychiater melden müßten, doch ein wenig zu hochgegriffen ist.

Frau Kohte-Meyer: Ich arbeite seit sechs Jahren in Berlin-Kreuzberg im ambulanten Bereich in einer kinderpsychiatrischen Beratungsstelle und bin sehr erfreut, einmal solche genauen Daten zu hören zum Vergleich zwischen Erziehungsberatungsstellen und kinderpsychiatrischen Ambulanzen. Wir hatten bei der Installierung der Beratungsstelle in Kreuzberg auch entsprechende Schwierigkeiten, uns abzugrenzen im Kontakt mit Schulärzten und Jugendämtern: „Was macht ihr denn anderes als Schulpsychologen oder EB?“ Wir sind zunächst davon ausgegangen, daß wir im Wesentlichen wohl Ähnliches tun, aber noch etwas Medizinisches dazubringen können. Jetzt, nach sechs Jahren haben wir doch die Erfahrung gemacht, daß wir genau solche Kinder bekommen, wie Sie sie beschrieben haben: wir sehen längerfristige und sehr verfestigte Störungen, die uns von verzweifelten Sozialarbeitern im Jugendamt oder Schulärzten usw. zugewiesen werden; Kinder mit abgebrochenen EB-Therapien u.a. Wir haben gelernt, daß unsere Möglichkeiten und anderen Zugangswege, auf die Familien zuzugehen und sie zu motivieren, Hilfe anzunehmen – vielleicht auch von der Teambesetzung her – recht gute Erfolge bringt.

Schydlo: Was hier gesagt wurde, ist im Grunde das Problem: daß sehr viele Beratungsstellen da sind und daß Kinderärzte das Feld abdecken oder, wie Sie sagen, auch abdecken sollten. D.h. also: „Macht doch lediglich eine ‚edelpsychotherapeutische' Ausbildung, das ist doch viel besser, das kommt auch viel besser an bei der Bevölkerung“. Aber die schwierigsten Fälle, die abgebrochenen Therapien in den Beratungsstellen, die nachher psychotischen Kinder und Jugendlichen, die schwersten Fälle, die landen ja letztlich doch beim Kinder- und Jugendpsychiater. Und der wiederum wird von außen völlig im Stich gelassen, so habe ich den Eindruck. Das ist doch das Problem!

Heinze: Ich glaube, ich bin falsch verstanden worden, wenn ich gesagt haben sollte, daß ich für eine langfristige Behandlung sozial gestörter Kinder und Jugendlicher in kinder- und jugendpsychiatrischen Einrichtungen plädiert habe. Ich bin nur der Auffassung, daß sowohl der diagnostische als auch der therapeutische Teilbereich sehr wohl dabei eine Rolle spielen kann. Wir haben festgestellt, daß konsiliarische Betreuung durch Kinder- und Jugendpsychiater in solchen Bereichen eine ganze Menge bringt. Wenn vorhin auch auf die Bedeutung der ambulanten Dienste hingewiesen wurde, dann würde ich das in vollem Umfang unterstreichen; ich sehe nur auf der anderen Seite gerade in Ballungsgebieten eine Menge von Fällen, wo der Streit losgeht, ob hier die Zuständigkeit von Jugendhilfe oder von Sozialhilfe usw. gegeben ist; und diese Kinder und besonders die Jugendlichen, fallen dann leicht durch alle Maschen.

Der zweite Punkt waren die geistig Behinderten. Auch da haben Sie mir vorgeworfen, meine Kritik sei provokativ gewesen. Ich würde diese Provokation eigentlich annehmen und sagen, daß wir auch in den großen stationären Einrichtungen noch viel zu wenig Aktivitäten speziell der Kinder- und Jugendpsychiatrie haben! Das Überlassen dieses Feldes an andere Berufsgruppen, die vom Vorrang der Pädagogik ausgehen, kann sicher für Teilbereiche durchaus richtig sein, aber wenn wir uns auf der anderen Seite in den Einrichtungen in Niedersachsen intensiv umschauen, müssen wir feststellen, daß es ganz beachtliche und ganz erhebliche Defizite gibt; ich glaube, hier liegen gute Betätigungsmöglichkeiten für die Kinder- und Jugendpsychiatrie. Ich könnte das noch viel weiter ausdehnen und fragen: Wie ist es eigentlich dazu gekommen, daß auch in diesem Bereich eine so weitgehende Konfrontation zwischen der ambulanten und der stationären Versorgung eingetreten ist? Gibt es da nicht viel mehr Wechselbeziehungen, muß man nicht auch die Eltern motivieren?

Bei dem Problem der Drogen-, Alkohol- und Medikamentenabhängigen glaube ich aus meiner eigenen Sicht, daß ich leider nicht so ganz Unrecht habe. Die Medizin weist Defizite in diesem Bereich auf. Wir haben kaum Ärzte, und wir können auch kaum Ärzte oder Psychiater für diesen Bereich für Beratungsstellen und ambulante Behandlungsstellen gewinnen. Es gibt m.E. auch noch keine ausreichenden Konzepte etwa zur Behandlung von Alkoholismus bei Jugendlichen und Jungheranwachsenden; ich jedenfalls habe vergeblich in der Literatur nach ihnen gesucht; auch die Kinder- und Jugendpsychiatrie hat einen relativ hohen Anteil dieses Feldes anderen Berufsgruppen überlassen. Wir haben in Niedersachsen Einrichtungen, die vorrangig mit einem multifaktoriellen Ansatz arbeiten also abgegangen sind von einer einseitigen Behandlung und Versorgung von Drogenabhängigen; was dabei festzustellen ist, auch was die z.B. prämorbiden Persönlichkeitsstrukturen solcher Abhängigkeit angeht, wäre m.E. gerade für die Jugendpsychiatrie ein außerordentlich interessantes Feld.

Bei den Bedarfsschätzungszahlen, Herr Specht, liegen wir wohl nicht weit auseinander: die damaligen Vorstellungen gingen ja eher dahin, daß in klinischen Zentren auch eine relativ hohe Anzahl von geistig Behinderten mit neuro-psychiatrischen Komplikationen versorgt werden sollte. Wir hatten ein bißchen Kontroverse darüber, wie das im Heimbereich aussehen könnte; ich habe die Forderung erhoben, daß im Heimbereich der medizinische Anteil erheblich verstärkt werden sollte. Das kann aber auf der anderen Seite nicht bedeuten, daß wir nicht auch klinische Einrichtungen der Kinder- und Jugendpsychiatrie zumindest vorübergehend zur Diagnostik o.ä. für diese Kinder und Jugendliche mit neuropsychiatrischen Komplikationen zur Verfügung stellen sollen.

Höger: Ich habe nicht behauptet, und es ist auch nicht meine Absicht zu unterstellen, daß die fünffache Zahl von Kindern und Jugendlichen zu Kinder- und Jugendpsychiatern gehen sollte. Doch wir sollten durchaus klar sagen, daß ein bestimmtes Maß an Behandlungsbedürftigkeit besteht. Dieses Maß liegt auf der Grundlage von – wie ich meine – verläßlichen epidemiologischen Daten, bei etwa sieben Prozent – das ist jedenfalls mehr, als die verfügbaren Möglichkeiten zumindest nach unseren Zahlen im Moment bewältigen können. An sinnvollen Modellen, diesem Behandlungsbedarf nachzukommen, gibt es sicherlich viele Möglichkeiten, die auch über die kinderpsychiatrische Praxis oder Erziehungsberatungsstelle hinausgehen. Ich habe als Beispiel den mobilen ambulanten Dienst angesprochen, womit, wie Herr Remschmidt gestern sagte, in Marburg gute Erfahrungen gemacht wurden. Wir wollten das auch schon lange machen, es ist nur sehr schwierig, dies in die Tat umzusetzen. Ein anderes Beispiel, von dem ich gestern erstmalig gehört habe und das man weiterverfolgen sollte, hat Herr Tolstrup beschrieben, wie nämlich eine qualitative Versorgungsverbesserung auch über niedergelassene Ärzte und Kinderärzte zu erreichen ist.

Eine zweite Sache. Von großer Bedeutung für eine bessere Einschätzung des bestehenden Behandlungsbedarfs ist auch die Erforschung der Frage, welche Inanspruchnahme-Schwellen bei potentiell Betroffenen nun tatsächlich existieren. Wir haben schon angefangen, mal in der Literatur zu kramen; es gibt hier sehr wenig Berichte über persönliche Erfahrungen von Betroffenen, wir wissen auch ganz wenig darüber, welche Vorstellungen die Betroffenen selber davon haben, welche Hilfe sie gerne hätten. Mein Vorschlag ist deshalb, nicht alles auf die kinderpsychiatrischen Behandlungskapazitäten im engeren Sinne zu schieben, sondern alternative Behandlungsmodelle zu entwickeln und der Frage der Inanspruchnahmeschwellen genauer nachzugehen.

Lempp: Ich meine, wir Kinder- und Jugendpsychiater sollten nicht neidisch auf die Stellen schielen, denen gewissermaßen ein besserer Ruf vorausgeht; wir sollten mit dem Odium der Psychiatrie, wie sie es nun einmal hat, auch zu leben versuchen. Es hat ganz tiefe Gründe, daß wir nicht damit rechnen können, daß die Leute begeistert zum Psychiater gehen. Aber, ich meine, damit kann man leben, und man kann es kompensieren durch die entsprechende Kompetenz. Wenn wir letztlich die Dinge, weil wir mehr übersehen, auch besser übersehen, dann werden wir uns auch durchsetzen. Wenn der Herr Heinze uns Felder zeigt, wo noch viel zu tun übrig bleibt, dann mag zwar stimmen, daß die Zukunft hinsichtlich der freien Niederlassung nicht so ganz rosig ist, aber bezüglich unserer Tätigkeit in den verschiedenen Bereichen ist dies doch der beste Beweis dafür, daß es noch viel zu wenig Kinder- und Jugendpsychiater gibt.

Jungmann: Ich meine, daß der Beitrag von Herrn Martin noch einmal unterstrichen hat, daß die Kinder- und Jugendpsychiatrie in der Zukunft sehr wohl Aufgabenfelder zu bestellen hätte, die noch viel zu wenig bearbeitet worden sind. Er hat die Ausführungen von Herrn Heinze noch einmal in der Weise beleuchtet, wie sie vielleicht gemeint waren, nämlich daß sowohl im Bereich der langfristigen Rehabilitation von schwerkranken psychotischen Jugendlichen und Kindern wie auch auf dem Gebiet von geistig Behinderten tatsächlich Einsatzfelder sind, denen wir uns bislang viel zu wenig zuwenden. Ich denke, wir lägen, wenn wir so denken würden, auch auf der Linie der Erwachsenenpsychiatrie. Auf dem letzten Kongreß in Tübingen wurde ja mehrfach betont, daß die Psychiatrie davon wegkommen muß, mit immer mehr Zeit immer gesündere Patienten zu behandeln. Der Trend muß dahin gehen, wirklich neue Aufgabenfelder anzunehmen und die Schwerkranken, die wir in der Psychiatrie zu behandeln haben, flächendeckend zu versorgen. Das gilt auch für die Kinder- und Jugendpsychiatrie.

Noch eine Frage an Herrn Schütze: Ist es bei diesen schwierigen forensischen Themen vielleicht denkbar, die zu Begutachtenden doch häufiger auch stationär aufzunehmen? Ich könnte mir vorstellen, daß ein gewisser therapeutischer Einsatz über mehrere Monate vielleicht bei der prognostischen Beurteilung vor Gericht helfen könnte.

Schmidt: Herr Martin, Sie haben über die schulische Rehabilitation und die dabei in von Ihnen geschilderten Institutionen angewendeten Hilfen gesprochen. Habe ich Sie dahingehend richtig verstanden, daß Sie gute Schulerfolge bei der beobachteten Gruppe auf die spezifische Art der Beschulung zurückführen? Unsere Erfahrung zeigt nämlich, daß ein Großteil der entlassenen jugendlichen Psychotiker einen beruflichen Abstieg zeigt, wenigstens ein Drittel, ein weiteres Drittel aber völlig aus Maßnahmen der Ausbildung oder Beschulung herausfällt. Beobachten Sie solche Verläufe trotz Ihrer Möglichkeiten auch, oder müssen wir die Konsequenz ziehen, daß jugendliche Psychotiker grundsätzlich eine solche besondere Beschulung brauchen?

Martin: Wir haben unter unseren sechs Rehabilitationsgruppen eine, die einen chronisch defektuösen Verlauf genommen hat. Die haben wir jetzt in eine längerfristig angelegte Betreuung genommen, vorwiegend arbeitstherapeutischer Natur, um die Entwicklung weiter zu beobachten. Insgesamt sind aber selbst bei einem Teil der Patienten, die von den anweisenden Kliniken mit dem Prädikat „defektuöser Verlauf" gekommen sind, ganz erstaunliche Entwicklungen in Gang gekommen. Ich will ein Beispiel nennen: Ein Jugendlicher mit einer schizoaffektiven Psychose aus Mannheim, der im Stadium der Aufnahme noch sehr entgrenzt war und dissoziale Symptome aufgeboten hat, hat sich innerhalb eines Jahres so hervorragend entwickelt, daß er nach Hause entlassen werden konnte und jetzt zu Hause die öffentliche Schule weiter besuchen kann – eine Prognose, die zu Beginn der Behandlung keiner zu stellen gewagt hätte.

Es kommt doch häufiger vor, daß während eines 2-3jährigen Verlaufs zwar einerseits immer wieder fluktuierende psychotische Symptome auftreten – das ist auch gar nicht anders zu erwarten –, daß man aber, wenn so eine Einrichtung genügende Kompetenz hat, nicht gleich zur Klinikeinweisung schreiten muß, sondern bei subklinischer psychotischer Symptomatik die Rehabilitation ungebrochen weiter laufen lassen und diese Krisen recht gut überstehen kann. Was in diesem wichtigen Entwicklungsabschnitt zwischen 14 und 18 Jahren gerade in schulischer und berufsanbahnender Sicht erreicht wird, das ist etwas, worauf der Patient ein Leben lang aufbauen kann. Es kann natürlich sein, daß die Schule einer Langzeiteinrichtung in ihrem Verständnis als therapeutische Schule den Abschluß eher vergibt als eine Normalschule. Aber auch ein „therapeutischer" Abschluß kann eine enorme stabilisierende Wirkung haben, so daß anschließend eine „normale" Weiterbildung – etwa im Berufsbildungswerk – möglich wird. Unsere Schule führt allerdings nicht zum Abitur, weil das ihre Möglichkeiten überschreitet. Wir haben insgesamt drei Patienten, die in Gießen das Gymnasium besuchen.

Ungewitter: Ich betreue in der Nähe von München ein Berufsbildungswerk und habe dort zufällig einen ehemaligen Patienten aus der Lepper-Mühle kennengelernt. Ich möchte auf eines hinweisen: Es ist ein genereller Eindruck, den ich da gewonnen habe; die Versorgung von ehemals – oder noch immer – Kranken oder Behinderten in Berufsbildungswerken ist herzlich schlecht realisiert, auch wenn sich Berufsbildungswerke in einzelnen Fällen dazu bereit erklären, solche ehemalige Patienten aufzunehmen, auch weil sie oft sehr gedrängt sind, da alternative Möglichkeiten nicht zur Verfügung stehen. Ich meine, daß eine enorme Lücke besteht, was die berufliche Rehabilitation von psychotischen, aber auch im weiteren Sinne überhaupt seelisch behinderten Patienten angeht.

Martin: Das Problem ist mir natürlich nicht unbekannt. Wir haben Initiativen übernommen beim Landesarbeitsamt in Hessen und haben angeboten, im Bereich der Lepper-Mühle eine entsprechende berufsrehabilitative Keimzelle zu entwikkeln. Dies ist aber aus Finanzgründen nicht zustande gekommen. Wir versuchen jetzt aus eigenen Mitteln, den begonnenen Weg fortzuschreiten, und ich denke, daß wir in einigen Jahren so weit sind, auch diese Berufsbildung wenigstens zum Teil in eigene Hände nehmen zu können.

Vodak: Eine Anmerkung zum Vortrag von Herrn Schütze: Ich glaube nicht, daß bei Jugendlichen aufgrund von Vernehmungsprotokollen Schlüsse gezogen werden können. Ich hätte auch nicht heraushören können, daß es ein Hilferuf war, denn nach meiner Erfahrung verändern sich bei Jugendlichen die Aussagen sehr stark und sehr schnell. Meine Frage zu diesem Problem: Machen Sie auch indirekte Befragung und Projektionsverfahren? Ich glaube, diese Art der Untersuchung gibt am Ende mehr als die direkte Befragung, besonders wenn sie von einem Kriminalbeamten durchgeführt wurde.

Zum Referat von Herrn Martin: Die Probleme zwischen Hessen und Nordrhein-Westfalen beziehen sich nicht auf die BSHG-Fälle, denn nach acht Wochen soll Hessen die Kosten übernehmen und umgekehrt. Es gibt auch keine Probleme, wo die Krankenkassen die Kosten übernehmen, mit Ausnahme vielleicht der Fahrtgelder. Das offene Problem sind solche Fälle, wo die Jugend- oder Sozialämter zu zahlen haben!

Schütze: Ich fürchte, Sie haben mich ganz falsch verstanden! Sehen Sie, ich wollte Ihnen nicht anhand eines Vernehmungsprotokolls zeigen, wie wir eine psychiatrische Persönlichkeitsanalyse durchführen können, sondern ich wollte Ihnen lediglich das Problem darstellen. Selbstverständlich beginnt jetzt die Arbeit erst! Ich wollte Ihnen aufzeigen, daß unter Umständen bei Jugendlichen ganz schwerwiegende psychische Probleme und Schwierigkeiten hinter einem solchen Testgeschehen stehen, und ich bin mit Ihnen völlig einig, daß man natürlich nicht auf dem Boden eines Vernehmungsprotokolls seine gutachterliche Aussage machen kann, sondern wir müssen weit darüber hinausgehen und einschließlich auch projektiver Testverfahren alles anwenden, was wir an Möglichkeiten haben. Ich wollte gerade darstellen, daß wir durch die Offenbarungsverpflichtung der Strafprozeßordnung behindert sind, all das auszuschöpfen, was wir an diagnostischen Möglichkeiten zur Beantwortung solcher Fragen haben. Aber es geht eigentlich nicht so sehr darum, daß wir nicht in einen Kontakt mit den Jugendlichen kommen, es geht ja auch nicht so sehr darum, daß wir sie sofort für sechs Wochen in die Klinik bekommen unter Umständen, sondern es geht eben darum, daß wir, wenn wir uns unsere Offenbarungsverpflichtung immer vergegenwärtigen, eben oft mit unserer aufklärenden diagnostischen Arbeit an einem Punkt aufhören müssen, wo sie erst beginnen sollte.

Martin: Ich verfüge in der Frage der Kostenübernahme über reichhaltige Erfahrungen. Wir sind ja als Universitätsklinik in der Lage, überregional aufzunehmen, und wir haben gleichzeitig klassische Versorgungsgebiete, z.B. die Stadt Siegen und Umgebung. Es kommen zu uns durchaus Patienten von auswärts nach Hessen, und Hessen wird tatsächlich kostenpflichtig. Nun hat sich immerhin der Landeswohlfahrtsverband Hessen bemüßigt gesehen, uns aufzusuchen, womit vielleicht zum Ausdruck gebracht werden sollte, daß wir unsere überregionalen Aktivitäten nicht so sehr ausdehnen sollten, weil ja immer wieder hessische Kosten entstehen. Wir stehen da durchaus unter Beobachtung und auch unter Druck. Und ich habe den – zugegeben – subjektiven Eindruck, daß mittels Aktenrotation die Beantragungszeiten sehr lange sind, und habe durchaus erlebt, daß mehrfach ganze Aktenfaszikel in der Verwaltung unauffindbar waren. Wir haben uns aber durch einen guten japanischen Kopierer relativ schnell in der Lage gesehen, diesem Notstand abzuhelfen!

Lempp: Ich glaube, das hat auch ganz gut beleuchtet, was gestern zum Problem des Zeit- und Kraftverschleißes angesprochen wurde für Klärung und Kompetenz- und Zuständigkeitsfragen.

Frau Heyser: Meine Tätigkeit besteht in gutachterlichen Aufgaben im Bereich der gesetzlichen Krankenversicherung. Ich möchte behaupten, im deutschen Staate ist grundsätzlich alles machbar, was den Patienten dient! Es geht nur darum zu formulieren, wie man das bewerkstelligen kann; man braucht nicht unbedingt hinzugehen und etwas unter ICD-Ziffern einzuklemmen. Die Schwierigkeit ist häufig, unter dem Druck der anfallenden Aufgaben sich adäquat mit besonderen Problemfällen auseinanderzusetzen. Vorige Woche kam z.B. ein 23jähriger „Jugendlicher" auf mich zu. Eine klassische Drogenkarriere: Vaterverlust mit zwölf Jahren, daraufhin zeitweise Alkohol und Barbiturate. Mit vierzehn LSD, Amphetamine, mit siebzehn erster Heroinkontakt. Und dann immer wieder aufs Neue rein in diese ganze Heroinproblematik. Wie sieht das nun aus mit diesem „Jugendlichen"? Er soll jetzt für siebzehn Monate zur Langzeittherapie in eine niedersächsische Einrichtung in der Nähe von Hannover. Wie verhalte ich mich in diesem Falle? Für mich ergeben sich drei Fragen: Erstens, ist der Patient krankheitseinsichtig; zweitens, ist er behandlungswillig; drittens, besteht überhaupt eine Chance bei diesem kostenaufwendigen Unterfangen, daß da noch irgendetwas Positives bei herauskommen würde? Und da muß ich sagen, bei diesem dritten Punkt, da hakt es bei mir immer wieder! Das ist für mich ein großes Dilemma, vor allem, da ich ja der Krankenkasse oder auch anderen Institutionen gegenüber rechtfertigen muß, daß diese Kosten nun, die ja der Bürger, die Gemeinschaft aufbringen muß, letztlich nicht in den Wind geschossen sind.

Remschmidt: Herr Schütze, sie haben uns den Fall geschildert, aber wir sind nun auch neugierig, zu welcher gutachterlichen Stellungnahme Sie gekommen sind. Das sollten Sie uns noch sagen.

Zur Kostenfrage: Natürlich hat unser System viele Möglichkeiten und mit der nötigen Zähigkeit, Energie und dem nötigen Zeitaufwand kann man auch diese Möglichkeiten ausschöpfen; und wir haben da auch sehr viel durchgedrückt. Allerdings ließ sich die Kostenfrage bei einigen kritischen Fällen nur so regeln, daß ich mich persönlich ans Telefon gehängt und gleich den Leiter der Behörde verlangt habe; und da ging so manches viel schneller als über andere Ebenen. Nur ist das ein Weg, der nicht in jedem Fall gegangen werden kann, weil man sonst vollends nur mit solchen Dingen zu tun hat und zu anderen wichtigen Aufgaben nicht mehr kommt. Es muß doch möglich sein, in solchen Fragen zwischen den Bundesländern zu Vereinbarungen zu kommen! Es gibt ja auch Hessen, die in Nordrhein-Westfalen, und Nordrhein-Westfalen, die in Hessen behandelt werden, um bei diesem Beispiel zu bleiben; wenn man es übergeordnet sieht, kommt das Geld doch alles vom Steuerzahler, man muß also nur hoch genug hinauf. Es ist eine wichtige praktische Aufgabe, die vielleicht auch durch diese Tagung etwas angestoßen werden könnte, daß man solche Regelungen unkomplizierter macht!

Zu dem 23jährigen Jugendlichen: Das ist allerdings ein schwerwiegendes Problem, weil man ja auch fragen muß, ob man da überhaupt noch etwas machen kann. Wir müssen auch den Mut haben zu sagen: Es gibt durchaus Fälle, die man nicht mehr resozialisieren, rehabilitieren kann. Das gibt es im somatischen Bereich und das gibt es auch im Bereich der Psychiatrie. Aber man sollte natürlich – ich glaube, das ist unser aller Impetus – die Grenze nicht zu niedrig ansetzen, sondern so viel ausschöpfen wie möglich! Ich glaube, dies ist unsere Verpflichtung, denn wenn wir diesen Optimismus nicht hätten, würden wir manche Dinge, die auch zum Teil erfolgreich sind, gar nicht anpacken.

Heinze: Es gibt eine Vorleistungspflicht der Rentenversicherungsträger bei einer Drogentherapie, und das ist an sich eine bundeseinheitliche Angelegenheit; ich bin da etwas verwundert, daß das nicht klappen sollte! Wir haben in Niedersachsen ungefähr 50% von Nicht-Niedersachsen in Drogeneinrichtungen. Sollte dies nicht der Fall sein, möchte ich sagen: Ich stehe direkt zur Verfügung!

Das zweite ist das generelle Problem. Es gibt Vereinbarungen zwischen den überörtlichen Sozialhilfeträgern, die an sich funktionieren müßten, auch in solchen Fällen, wie Sie von Ihnen geschildert worden sind, was solche Rehabilitationsansätze angeht. Dennoch sollte man auch nicht verniedlichen, daß wir zwar ein Rehabilitationsgleichungsgesetz in der Bundesrepublik Deutschland haben, daß es aber nicht überall funktioniert. Wir stehen noch immer vor der Frage, wer eigentlich zuständig ist, Sozialhilfeträger, Arbeitsverwaltung, Rentenversicherungsträger, Krankenkassen usw. Ich darf nur daran erinnern, daß wir seit 1980 einen Entwurf einer Vereinbarung für Übergangseinrichtungen auf dem Tisch liegen haben – das gilt auch für verschiedene Gruppen, natürlich auch für die Kinder- und Jugendpsychiatrie – und daß nunmehr neue Schwierigkeiten erkennbar werden, indem man fragt: Was ist eigentlich medizinische Rehabilitation? Ich glaube, auch auf dieser Tagung besteht völlige Übereinstimmung, daß es nun endlich einmal zu einer vernünftigen Vereinbarung aller Betroffenen kommt.

Stern: Ich würde Sie gern fragen, Herr Schütze, wie Sie als Gutachter und wie die Gerichte damit umgehen, wenn die Eltern oder die zu Begutachtenden von Ihrem Aussageverweigerungsrecht Gebrauch machen?

Tolstrup: Auch in Dänemark haben wir die Offenbarungspflicht; aber es wird für uns dennoch möglich sein zu bestimmen, ob der Knabe abweichend ist oder nicht, obwohl wir nicht weiter fragen sollen über die Tat und den seelischen Zustand während der Tat. Wir haben kein Jugendgericht und keine Jugendgesetze. Wenn man fünfzehn Jahre alt ist, dann ist man den Erwachsenen gleichgestellt. In einem Fall wie dem geschilderten werden wir zuerst gefragt: Ist er psychotisch oder nicht? Ich denke, das ist er nicht. In diesem Falle wäre es bei uns so, daß gewisse Zeiten abweichenden Verhaltens, junges Alter und eine gewisse unreife Persönlichkeit ausreichen würde, ihn als abweichend zu bezeichnen. Und dann würde vom Gericht gefragt: Ist es *zweckmäßig,* ihn nicht zu bestrafen, sondern stattdessen zu behandeln? Wir würden dann empfehlen, ihn zur Behandlung in einem psychiatrischen Krankenhaus unterzubringen, und das Gericht würde in seinem Urteil dieser Empfehlung entsprechen. Abweichung und Zweckmäßigkeit also würden bei uns alles bestimmen, nicht der Zustand zur Zeit der Tat oder ihre Motivation.

Schütze: Die Beurteilung dieses Falles ist eine sehr differenzierte Geschichte; ich kann die ganze kasuistische Diskussion hier natürlich nicht vorführen; aber die Analyse hat folgendes ergeben: Erstens, es ist keine sexuelle Deviation; zweitens, es ist keine Psychose; drittens, es ist mit Sicherheit eine frühe Störung im Beziehungsfeld dieser Familie, die ganz problematisch ist. Der Junge war bisher unauffällig, also keine Verwahrlosung, sondern eine aktuelle Eskalation im Rahmen der adoleszenten Entwicklung. Die Tat hat eine starke Komponente von Protesthandlung und zerfällt vielleicht in einen sexuellen Akt und einen aggressiven Anteil, wenn man das genau analysiert. Insofern war die Prognose dann mit Einschränkungen immerhin nicht ganz so düster. Ich meine, es ergeben sich hier durchaus Möglichkeiten, dem Jugendlichen weiterzuhelfen.

Was Herr Tolstrup sagte, ist sicherlich richtig, und das war auch mein Anliegen: Wir dürfen es nicht damit genug sein lassen, eine forensische Beurteilung abzugeben, sondern wir sind als Ärzte, wenn wir mit solchen Jugendlichen konfrontiert sind, auch aufgerufen, als Ärzte zu handeln! Wir müssen uns also um einen solchen 15jährigen auch kümmern; es kann nicht damit aufhören, daß ich eine forensische Beurteilung nach den Paragraphen 3 und 20/21 StGB abgebe, und damit bin ich draußen, sondern damit bin ich eigentlich erst drin. Nun ist es sicherlich sehr schwierig, das geeignete Mittel der Betreuung zu finden. Ich persönlich stehe auf dem Standpunkt – bisher zumindest –, nach Möglichkeit den Strafvollzug mit einer begleitenden Therapie der Unterbringung vorzuziehen. Unterbringung in einer psychiatrischen Klinik ist ja recht problematisch, weil wir für diese Klientel nicht ausgerüstet sind. Innerhalb des Vollzuges bestehen viel mehr Möglichkeiten: Berufsausbildung, Schule usw., während die Möglichkeiten der Therapie und der Resozialisierung bei einer Unterbringung sehr viel schlechter sind. Es gibt durchaus Möglichkeiten, sowohl im Rahmen des bestehenden Strafvollzuges Psychotherapien durchzuführen, als auch, wie ich es hier gemacht habe, die Unterbringung in der Strafvollzugsanstalt beratend zu begleiten, nämlich den Lehrherren von diesem Buben beraten. In einem anderen Fall, zwei 14jährige Mörderinnen, inzwischen sechzehn, die in der Haft untergebracht waren, haben wir eine Haftunterbrechung erreicht und werden demnächst wohl ein Gnadenerlaß erwirken. Diese Mädchen sind jetzt in meiner Klinik zur Behandlung aufgenommen, aber nicht im Sinne der Unterbringung, sondern als Unterbrechung der Inhaftierung. Mir scheint dieser Weg bei unseren Möglichkeiten günstiger zu sein. Im übrigen sind die Juristen mit solchen Straftätern ja auch überfordert. Da ist eine ärztliche Behandlung angezeigt.

Zur Frage, was ich tue, wenn Eltern oder der Beschuldigte selbst von ihrem Verweigerungsrecht Gebrauch machen. Dann kann ich überhaupt nichts tun, dann muß ich meine Akte sofort schließen! Wir müssen da als Gutachter sehr aufpassen; Sie sind sogar gehalten, nicht weiter in ihn einzudringen, oder auf Umwegen doch an die Tat heranzukommen, sondern Sie dürfen als Gutachter dann nicht weiter tätig werden. Nun sind das, gottseidank, die seltenen Fälle! Wenn es nämlich gelingt, ein bißchen die Position des Gutachters zu verlassen und auch ärztlich zu sein, dann kann man meistens zum Wohle des Beschuldigten doch eine Kooperation erreichen – übrigens auch zum Wohle der Umgebung. Ich möchte das mit einem letzten Beispiel unterstreichen. Ich begutachte jetzt gerade einen Straftäter, bei dem es dem Vorgutachter nicht gelungen war, mit ihm ins Gespräch zu kommen. Er hat seine Strafe abgesessen und ist dann als Erwachsener rausgekommen und hat drei Wochen nach der Entlassung das nächste Tötungsdelikt begangen. Inzwischen ist es gelungen, mit ihm einen Kontakt herzustellen. Er spricht über die Tat, und wäre das damals schon gelungen – so meine Unterstellung –, dann hätte man voraussehen können, daß diese Entlassung gar nicht hätte gut gehen können.

Stern: Was machen die Gerichte damit, wenn Sie sagen: „Der spricht nicht mit mir darüber! Ich kann den also nicht begutachten!"

Schütze: Das ist sehr unterschiedlich und von Kammer zu Kammer sehr different, denn es ist die Frage an den einzelnen Juristen, was er damit macht, wenn ein Beschuldigter von seinem Aussageverweigerungsrecht Gebrauch macht. Ich denke – das ist jetzt völlig ungeschützt und ganz persönlich –, das ist häufig unklug von den Jugendlichen. Meiner Erfahrung nach provozieren die Angeklagten damit eher eine Negativeinstellung vor Gericht. Aber das ist jetzt meine ganz persönliche Meinung. Es ist sicherlich in aller Regel günstiger, wenn die Jugendlichen sich tatsächlich kooperativ zeigen; darin sehe ich auch einen Teil meiner Arbeit.

Lempp: Ich glaube, es ist in diesen anderthalb Tagen deutlich geworden, daß die Kinderpsychiatrie eine Spezialdisziplin ist, die etwas zu bieten hat, die aber auch ihre Probleme hat. Die Veranstaltung sollte ja auch dazu dienen, diese Probleme deutlich und bekannt zu machen, wo wir unsere Aufgaben sehen und daß wir sehr wohl für diese Aufgaben gerüstet sind, vor allem, wenn wir die dazu noch nötige Förderung und Hilfe erwarten können.

Verzeichnis der Autoren und Diskussionsteilnehmer

Autoren und Moderatoren

MR Dr. H. HEINZE, Psychiatriereferent, Niedersächsisches Sozialministerium Hannover
Dr. Ch. HÖGER, Oberarzt an der Abteilung für Kinder- und Jugendpsychiatrie der Universität Göttingen
Dr. J. JUNGMANN, Leiter der Abteilung für Kinder- und Jugendpsychiatrie am Psych. Landeskrankenhaus Weinsberg
Prof. Dr. C. KULENKAMPFF, stellv. Vorsitzender der AKTION PSYCHISCH KRANKE e.V., Bonn
Prof. Dr. R. LEMPP, Ärztl. Direktor der Abt. Kinder- und Jugendpsychiatrie der Universität Tübingen
Dr. M. MARTIN, Oberarzt an der Klinik für Kinder- und Jugendpsychiatrie der Universität Marburg
Dr. F.-M. MÜLLER, Chefarzt der Abteilung für Psychiatrie des Ev. Hospitals Lilienthal
Prof. Dr. Dr. H. REMSCHMIDT, Leiter der Klinik und Poliklinik für Kinder- und Jugendpsychiatrie der Universität Marburg
Prof. Dr. H.-G. SCHLACK, Ärztl. Leiter des Kinderneurologischen Zentrums im Gustav-Heinemann-Haus, Bonn
Prof. Dr. Dr. M.H. SCHMIDT, Direktor der Kinder- und Jugendpsychiatrischen Klinik am Zentralinstitut für Seelische Gesundheit, Mannheim
Prof. Dr. G. SCHÜTZE, Direktor der Abteilung für Kinder- und Jugendpsychiatrie der Universität Kiel
Dr. R. SCHYDLO, niedergelassener Kinder- und Jugendpsychiater, Düsseldorf
Prof. Dr. F. SPECHT, Abteilungsvorsteher der Abteilung für Kinder- und Jugendpsychiatrie der Universität Göttingen
Prof. Dr. K. TOLSTRUP, Børnepsykiatrisk Afdeling des Rigshospitalet Kopenhagen
Dr. H. TRAPPE, Chefarzt der Abteilung für Kinder- und Jugendpsychiatrie des Kinderhospitals Osnabrück

Diskussionsteilnehmer

Ch. BRADL, Dipl. Pädagoge, Universität Köln, Heilpädagogische Fakultät
Dr. FRANKE, Ltd. Arzt, Krankenhäuser des Märkischen Kreises GmbH, Klinikbereich Philippstraße, Kinder- und Jugendpsychiatrie, Lüdenscheid

Dr. R. GRENNER, Chefarzt, Klinik für Kinder- und Jugenspsychiatrie, Kleinbittersdorf
Dr. Dorothee HEYSER, Ärztin, Bonn
Dr. B. van HUSEN, Chefarzt des Fachbereiches Kinder- und Jugendpsychiatrie der Vestischen Kinderklinik Datteln
Frau Dr. KAMPHUES, Ass. Ärztin, Kinder- und Jugendpsychiatrie Hestenberg, Schleswig
Dr. Irmhild KOHTE-MEYER, Ltd. Ärztin, Kinder- und Jugendpsychiatrische Beratungsstelle, Gesundheitsamt Berlin-Kreuzberg
R. MEYER, Heilpädagoge, Rhein. Landesklinik Bonn, Abt. Kinder- und Jugendpsychiatrie, Bonn
Ch.K.D. MOIK, Oberarzt für Kinderheilkunde, Kinder- und Jugendpsychiatrie, Psychotherapie, Rhein. Landesklinik Viersen
Dr. E. PERES, Arzt für Kinderkrankheiten, Psychotherapie, Koblenz
W. SCHÄFER, Jurist, Ltd. Landesverwaltungsdirektor, Landschaftsverband Westfalen-Lippe, Abt. Gesundheitswesen, Münster
Dr. H. SCHRÖTER, Facharzt für Kinderheilkunde, Sozial-psychiatrische Beratungsstelle für Kinder und Jugendliche, Gesundheitsamt der Stadt Kassel
Tina SCHULZE, Heilpädagogin, Kinderklinik Göttingen
M. STERN, Kinder- und Jugendpsychiater, Abt. für Kinder- und Jugendpsychiatrie an der Neurologisch-psychiatrischen Klinik des Klinikums der Stadt Nürnberg
Dr. B. STOBER, Kinder- und Jugendpsychiater, Kinderarzt, Psychotherapeut, Oberarzt, Psychiatrische Klinik des Zentralinstituts für Seelische Gesundheit, Mannheim
Dr. A. TROST, Arzt für Kinder und Jugendpsychiatrie, Psychotherapie, Oberarzt im Fachbereich Kinder- und Jugendpsychiatrie, Rhein. Landesklinik Viersen
Dr. D. UNGEWITTER, Kinder- und Jugendpsychiater, Heckscher Klinik für Kinder und Jugendliche des Bezirks Oberbayern, München
Dr. B. VIETEN, Ass.Arzt, Abt. für Kinder- und Jugendpsychiatrie der Universitätsnervenklinik, Münster
Dr. P. VODAK, Arzt für Kinder- und Jugendpsychiatrie, Fachklinik für Jugendpsychiatrie im St. Laurentius-Heim Warburg, Warburg